Polices entre État et marché

SCIENCES PO
Gouvernances

Polices entre État et marché

Frédéric Ocqueteau

Catalogage Électre-Bibliographie (avec le concours des Services de documentation de la FNSP)

Polices entre État et marché / Frédéric Ocqueteau – Paris, Presses de Sciences Po, 2004. – (Collection académique.)
ISBN 2-7246-0943-3

RAMEAU :
- Police : Pays industrialisés
- Ordre public : Pays industrialisés
- Services privés de sécurité : Pays industrialisés
- Police privée : Pays industrialisés

DEWEY :
- 363.1 : Problèmes sociaux et services adaptés – Sécurité et morale publique
- 351.52 : Activités diverses de l'administration – Maintien de l'ordre public – Police – Censure

Public concerné : Public universitaire et professionnel

SCIENCES PO
LES PRESSES

Je dédie ces réflexions à Clifford S.,
Dominique M., et Jean-Paul B.,
trois maîtres ès sciences policières.

Table des matières

Introduction

Cet ouvrage prend comme point de départ le postulat suivant : il faut repenser entièrement les fondamentaux de la production de l'ordre dans les sociétés occidentales, en mettant en relief la mobilisation des ressources publiques et privées disponibles ; il faut réinterroger la façon dont l'ordre public est assuré aujourd'hui, et montrer comment ce phénomène affecte en retour une prérogative régalienne restée jusqu'à présent indiscutée.

État, société, risques

La prise en charge par l'État gendarme puis par l'État social de la protection des ressortissants de leur territoire contre les coups du sort, les menaces, les dangers ou les risques a été, dans le cadre des sociétés occidentales, une conquête progressive et effective depuis deux siècles (Castel, 2003). Toutefois, après la « seconde Révolution française » des années 1980 (Mendras, 1994), au moment même où la sécurité (sûreté) était perçue par la quasi-totalité des citoyens comme un droit et non plus comme une liberté formelle, l'État social de sécurité est entré en crise durable. Maints observateurs ont montré que les décennies de l'après Deuxième Guerre mondiale étaient en effet caractérisées par l'institutionnalisation d'un État providence qui avait permis « une extraordinaire amélioration de la sécurité due à la progression constante de techniques de sûreté, et la mise en place par bonds successifs d'un énorme appareil allant de la Sécurité sociale aux plans ORSEC en passant par les comités d'hygiène et de sécurité et l'évolution des risques » (Theys, 1988). Ce qui eut pour corollaire une multiplication sans précédent de dispositifs de sécurité élaborés « sous le coup d'une lente division du travail et d'une scientificisation croissante des problèmes, des systèmes et des méthodes de sécurité » (Dourlens *et al.*, 1991, p. 28). Or, cette évolution n'est pas linéaire. La conquête de sécurité en vue d'assurer à chacun une part égale des bienfaits procurés par les sciences et les techniques s'accompagne aujourd'hui d'une aversion croissante pour les risques, comme si plus la violence physique dans les rapports sociaux et la vie quotidienne reculait sur le long terme (Chesnais, 1981), plus ce qu'il restait de non maîtrisé dans cette phase de conquête devenait insupportable aux contemporains. Ce trait ne surprendra aucun des lecteurs de Norbert Elias, qui remarquait de son côté que le processus de civilisation des mœurs ne parvenait jamais à vaincre complètement « une forme spécifique d'angoisses intérieures à demi inconscientes naissant de la peur de la rupture des barrières que la société impose à l'homme civilisé » (1939 ; éd. 1990, p. 245). La montée de l'individualisation est un phénomène devenu tellement patent que l'homme contemporain vivrait désormais dans une condition contradictoire, à l'intersection d'une demande croissante de sécurité et d'une aversion grandissante à l'égard d'insécurités diverses liées aux incertitudes de l'univers, au fur et à mesure de la progression des dispositifs de protection collective. Il est symptomatique que des penseurs d'horizons très divers en soient arrivés à se rejoindre sur semblable constat : grands témoins de l'histoire des mentalités (Delumeau, 1989 ; Muchembled, 1998), théoriciens et sociologues de la « société vulnérable » (Dourlens *et al.*, 1991), ou encore économistes du risque (Moatti, 1989). Michel Foucault avait entrevu le problème de philosophie politique que posait cette contradiction dans la gouvernementalité des populations, autrement dit celle de la délicate compatibilité du couple sécurité/liberté. Il évoquait dans la recherche d'un gouvernement idéal un difficile compromis consistant à « gouverner assez bien, à la limite du trop et du trop peu de sécurité », et cela, dans un assujettissement constant aux progrès de la science. François Guéry (1991), proche de la pensée de Michel Foucault, avait réactualisé cette contradiction en réfléchissant à la montée du doute concernant les capacités de la science à prévoir et à gérer les risques, finalisant les enjeux des politiques de sûreté pour le IIIe millénaire de la façon suivante : « En généralisant des méthodes efficaces, [il s'agit de] rendre acceptable à la cité des hommes ce qui n'est le fait que de ceux d'entre eux qui disposent de la puissance scientifique et technique, afin de prouver qu'ils la mettent bien au service de l'humanité entière, entendue au sens de leur commun dénominateur, l'appartenance à la race mortelle pour qui la vie est le premier des biens. » Comment pouvait-on croire que les progrès de la science et de la technique allaient contenir longtemps la prolifération de risques survenant aussi bien sous forme de catastrophes (désastres écologiques, risques naturels, conflits militaires, crises politiques, destructions d'installations sensibles) que sous la forme de problèmes domestiques quotidiens, telles les violences interpersonnelles ou les violences dans les espaces publics ou urbains ? Comment avait-on pu croire que les risques ne seraient plus que des aléas à gérer selon les techniques assurantielles fondées sur la raison probabiliste de leur survenue (Ewald, 1986) ? Les champs d'application de la sécurité ont en effet connu une telle expansion au cours des années 1980, les techniques de gestion des risques étant exportées dans des domaines tellement plus variés que jadis, qu'il était fatal que le « réel » oppose tôt ou tard un démenti à cet âge d'or de la croyance en une éradication totale des risques. En réalité, la persistance et la gravité des risques contemporains dans nos sociétés développées, les doutes récurrents sur les vertus du progrès scientifique ont exigé, au cours des années 1990, de changer ces paradigmes de lecture. Pour fonder sa vision paradigmatique de la « société du risque », le sociologue allemand Ulrich Beck (2003) a été amené, parmi d'autres[1], à renouveler le diagnostic de la montée de l'individualisation dans les sociétés contemporaines d'Occident. Il a montré comment l'émancipation des individus à l'égard des institutions et des formes sociales de la société industrielle (flexibilité dans la sphère productive, émancipation du statut prescrit dans la stratification sociale, remise en cause de la famille et de la répartition des rôles sexués) impliquait une perte des repères et, par voie de conséquence, la nécessité de se guider en faisant des choix à vue. L'individualisation aurait pris un caractère réflexif comme la science, suscitant de plus en plus d'interrogations sur la conscience du devenir, et la nécessité de se projeter dans le futur avec des anticipations incertaines sur le bien-fondé des décisions arrêtées. L'individu est ainsi conduit à mettre sa « biographie en risque », affirme le sociologue Patrick Peretti Watel (2000). Les conséquences des risques technologiques contemporains sont de plus en plus graves parce que les risques sont globalisés, et ils se diffusent d'autant plus vite qu'ils deviennent largement invisibles. Les individus sont alors conduits à s'en remettre à des outils de contrôle qui permettent aux scientifiques d'en garder la trace, les scientifiques ne percevant eux-mêmes plus les risques au-delà de leurs propres instruments de mesure. Et de plus en plus de risques semblent échapper à leur appréhension : non seulement la science apparaît comme impuissante à contenir les risques, mais, pire, comme la complice même de la création et de la diffusion des risques technologiques. Anthony Giddens (1994) campe les sociétés modernes comme étant caractérisées par de fortes incertitudes et opacités. Les individus se rassurent en se repliant sur des croyances relevant de la superstition, ces symptômes montrant que le besoin d'être

1. Voir, par exemple, les travaux d'Alain Ehrenberg (1995, 1998).

en sécurité et en confiance doit être réexaminé à la lumière des mutations affectant les sociétés.

Ces mutations sont caractérisées par le développement phénoménal des technologies de l'information et de la communication, de sorte qu'un contexte local peut être influencé instantanément par des événements survenus à des distances géographiques considérables. Un contexte local pris dans un réseau de relations sociales très étiré peut être autant affecté par la nécessité de gérer les conséquences de l'émergence d'un événement malheureux situé sur un lieu physique déporté. Les contemporains auraient donc à apprendre rapidement à dissocier l'espace et le temps, et à les apprivoiser. P. Peretti Watel observe les manifestations de cet apprentissage autour de deux mécanismes abstraits : gages symboliques et systèmes experts. Les gages symboliques sont des instruments d'échange à valeur standard, capables de circuler partout entre individus et groupes d'individus indifférenciés (l'argent, les systèmes de retraites protecteurs...). Les systèmes experts sont des domaines techniques et des savoir-faire régis par des règles standardisées, valables quel que soit le professionnel qui les actionne, le lieu et l'instant où il opère. Ils libèrent les individus en leur rendant la vie plus facile et plus sûre, mais les mécanismes qui régissent ces systèmes experts sont en revanche devenus beaucoup plus opaques. Surtout, ils tendent progressivement à déposséder les individus de la maîtrise de leur environnement ou de leurs liens d'appartenance traditionnelle (Castel et Haroche, 2002), en disqualifiant ces attaches comme rétrogrades plutôt que libératrices. Il ne reste donc plus tellement d'autres solutions que de faire confiance aux systèmes experts. Or, cette confiance est un acte de foi reposant sur le manque d'information et l'expérience que l'on a de leur bon fonctionnement, c'est-à-dire un savoir induit associé à la notion de risque. Cette confiance est un ressort souvent ambivalent, d'autant plus fragile que les individus se sentent tenus de l'accorder à des systèmes plutôt qu'à des personnes. Les profanes, faute de pouvoir ou de savoir toujours se mobiliser dans des forums de discussion pour demander des comptes, se rassurent comme ils le peuvent auprès des professionnels ou des experts à qui ils demandent la fiabilité. Ceux qui sont en charge d'y répondre le font dans la contrainte de ne perturber ni le système ni le besoin de croire à la sécurité des profanes, au prix d'une dissimulation ou d'une minoration d'aléas inévitables. L'attitude des profanes est à la fois pétrie de respect et/ou de défiance face aux deux figures opposée des « sachants », des « technocrates » et/ou des « savants fous ». Et, de fait, cette obtention de la confiance ne va pas de soi. C'est pourquoi on voit de plus en plus de minorités actives de profanes accumuler sur certains dossiers (sanitaires et environnementaux notamment) suffisamment d'expertise pour entrer dans la discussion publique. Certains y voient même la préfiguration d'une forme de démocratie « dialogique » où se confrontent leurs savoirs avec ceux des experts au sein de formules nouvelles dont les forums hybrides constituent des emblèmes (Callon *et al.*, 2001). Le contenu du principe de précaution y est par exemple débattu dans une option d'adaptation collective qui peut inciter à un optimisme dès lors que le balisage des incertitudes collectives au sujet des risques majeurs demeure un enjeu technique vraiment partagé (Callens, 2002, p. 159 et suiv.).

Cette façon de co-construire la précaution par rapport à la gestion de risques technologiques reste encore largement dissociée du registre des aléas liés aux violences interpersonnelles et collectives, traditionnellement gérées par l'État et les compagnies d'assurances publiques ou privées. À tort ou à raison, l'enjeu autour de l'offre et de la demande de protection des personnes et de leurs biens contre des risques de délinquance ou de désordres, semble encore ressortir d'une modalité ou d'une histoire dissociée de celle de la gestion des risques majeurs. En effet, au sujet des désordres criminels, l'efficacité de la prévention ou de la répression participe de croyances ancestrales : la conviction parmi les citoyens que la prise en charge du traitement du crime par un État qui a dépossédé les victimes de leur possibilité de se venger, se monnaie par la certitude d'une garantie de protection physique et de protection sociale sans intermédiation.

Or cette conviction, fondée sur des postulats républicains issus de la Révolution française, ne correspond ni à la réalité ni à la perception des choses, car les ressources du marché de la protection et de la sécurité ont pris une telle place aujourd'hui dans l'espace social qu'elles affectent virtuellement toutes les modalités traditionnelles de la mise en protection des individus. Et c'est à en faire la démonstration que veut répondre cet ouvrage.

Marchés de la protection et sécurité publique

Pour cerner un objet tel que les « polices privées » ou, pour mieux dire, celui du « secteur marchand de la sécurité », il faut d'une part recourir à l'histoire et au dialogue nourri avec la sociologie du contrôle social ; d'autre part, élucider les raisons pour lesquelles cet objet d'étude a mis du temps à acquérir une réelle visibilité et légitimité scientifique en France[2].

Au milieu des années 1990, au terme d'une recherche visant à la construction progressive de l'objet, retracée dans le premier chapitre, j'ai proposé une définition normative de la « sécurité privée » (Ocqueteau, 1997). Elle tient en trois composantes :

– un secteur englobant l'industrie et le commerce de la fabrication, de la distribution et de l'installation d'équipements de protection, ainsi que les services de prestations humaines s'y rapportant, au sein d'un système intégré dit de la « chaîne de sécurité » ;

– un secteur de services guidé par une philosophie d'action de la prévention des risques, de pertes ou de dommages liés aux atteintes à l'intégrité physique, à la propriété matérielle et immatérielle. Cette philosophie vise moins à éliminer totalement les risques qu'à diminuer sensiblement la fréquence des pertes engendrées par les accidents, erreurs, et négligences, d'une part ; une philosophie, qui, d'autre part, par le biais d'un « dispositif de savoir-pouvoir » dit de la prévention situationnelle (voire de techno-prévention), vise stratégiquement à la diminution de comportements collectifs incivils et criminels selon une modalité non coercitive (sauf exceptions), faite de techniques de contrôle par inspection, enquête, surveillance à proximité ou à distance, détection d'intrusion, protection et dissuasion ;

– un secteur de services mû par un fonctionnement plus ou moins autonome. Principalement caractérisé par une orientation au profit en tant que prestataire de services largement externalisé aujourd'hui, il obéit en grande partie aux mécanismes de l'offre et de la demande dans un rapport juridique de droit privé liant le prestataire à un client organisé (une entité collective, publique ou privée le plus souvent, sinon un collectif de particuliers, plus rarement un particulier). Dans la mesure où le champ d'action de ce secteur a des incidences sur la gestion de l'ordre public en général, il est placé en concurrence partielle avec certaines missions généralistes des polices publiques et a donc besoin, pour asseoir sa viabilité économique et sa légitimité légale, de fonctionner avec l'aval des autorités publiques. Il lui faut démontrer son efficacité à

2. Alors qu'outre-Atlantique et outre-Manche, des dizaines d'articles spécialisés et des ouvrages de qualité consacrés à ce phénomène étaient depuis bien plus longtemps disponibles au sein du sous-champ de la criminologie ou de la sociologie des questions policières.

ses clients et à l'État, lui-même entendu dans trois acceptions : un client (*via* les entreprises publiques faisant appel aux ressources privées pour se protéger) ; un incitateur à la mise en protection privée contre certaines menaces ; et un tiers arbitre capable de redéfinir les règles du jeu en matière de respect des libertés publiques et de liberté du commerce. Cet État de droit est lui-même engagé à piloter des politiques de sécurité, par le biais de stratégies d'organisation du partenariat de toutes les forces et ressources de sécurité disponibles sur son territoire.

Cette définition s'est élaborée dans le cadre d'un dialogue constant avec les spécialistes anglo-saxons dont la plupart avaient pour caractéristique de ne pas s'interroger frontalement sur la notion d'État et de police en tant que prérogative régalienne. De sorte que l'usage des notions de *policing* « public » et « privé » restait, au sein de cette sphère culturelle, durablement bricolé et controversé.

Les processus de privatisation du *policing* sont devenus un enjeu de connaissance à la mode dans les sciences sociales au cours des vingt dernières années, mais leurs modalités ont recouvert tant d'acceptions différentes, et pour beaucoup d'entre elles saturées d'idéologie, qu'on peinait en France à s'entendre exactement sur ce qu'ils signifiaient. Si la distinction privé-public a un sens dans le domaine du *policing* (c'est-à-dire de la gestion générale de l'ordre et/ou de la prévention des désordres), ce sens doit être pensé de façon historicisée et dynamique, car il met en scène aussi bien des tendances à la « privatisation » que des tendances à la « publicisation » de contrôles et de régulations informels par leur légalisation. Pour mieux comprendre cet enjeu, philosophie et sociologie politiques seront principalement mobilisées dans le deuxième chapitre. Observons pour l'instant les trois postures analytiques possibles pour rendre compte de ces mouvements :

– une position *épistémologique* opposant le « privé » (recouvrant quelque chose d'intime, de non su, de confidentiel, de caché) au « public » (recouvrant une connaissance révélée dans un espace commun). Par exemple, des médias privés rapportant une information confidentielle rendent publique cette connaissance en la révélant : ils la publicisent. Il est épistémologiquement impossible de raisonner de manière inverse, car rien en matière d'information publicisée (qu'elle soit vraie ou fausse), à partir du moment où un événement a été connu, ne peut plus devenir privé au sens de « non su ». Cette manière d'entendre le problème est tout à fait féconde, s'agissant par exemple de retracer l'histoire du travail des détectives privés, les formes historiquement différentes prises par leurs missions selon les contextes et les époques, et les raisons culturelles expliquant leur illégitimité, légitimité ou besoins permanents de relégitimation historique ;

– une position *sociologique* traditionnelle qui mobilise la distinction princeps de F. Tonnies (1887) opposant le « privé » (qui ressortirait de la *Gemeinschaft*) au « public » (qui ressortirait de la *Gesellschaft*). La question qui en découle pourrait alors être celle de savoir si des pratiques de *policing* inhérentes à ce qui serait social (ou « sociétal ») auraient toujours une vocation historique à détrôner des pratiques inhérentes à ce qui serait « communautaire », au sein d'une vision téléologique d'un progrès de civilisation. La question semble redevenir d'actualité, notamment aux États-Unis où la pensée de A. Etzioni sur la mobilisation « communautaire » au sein de nouvelles modalités de prévention (par exemple, *restorative justice*) jouit d'un très grand retentissement, contrairement à l'Europe continentale dont l'idéologie dominante y voit encore, à tort ou à raison, une forme de régression historique ;

– une position *juridique*, généralement tenue au nom de l'État de droit dans le monde occidental (Picard, 1986), qui tend à mélanger l'organe et la fonction, en opposant le « public » (l'agent public, le fonctionnaire enfermé dans un statut spécifique dit de la fonction publique nationale ou territoriale) au « privé » (le salarié ou le cadre de l'entreprise commerciale ou industrielle, détenteur d'un contrat de travail à durée indéterminée ou déterminée). Dans cet univers, la nature du *policing* est lue à travers le statut des agents censés incarner une fonction de police, l'organe expliquant alors la fonction, une illusion d'optique répandue. La question la plus déterminante pour le juriste ou le technocrate reste à cette aune de savoir comment lire les divers *processus d'habilitation de puissance publique* consentis à des agents privés, à partir du moment où l'on cherche à cerner leur légitimité respective. Ce qui déplace quelque peu un enjeu qui bloqua longtemps la pensée, celui de savoir par exemple si tels ou tels agents de surveillance, de contrôle ou d'inspection sont ou non des policiers dignes de ce nom, ou des ersatz caractérisés par des qualificatifs dévalorisants tels que polices supplétives, parallèles ou officieuses... En réalité, cette question reste surdéterminée à tout moment de la construction d'un État de droit par la croyance en un invariant, celui de la concentration puis de la monopolisation de la coercition ou de l'habilitation des usages de la force, quelles qu'en aient été antérieurement les modalités de justification par les sciences camérales sous l'Ancien Régime, puis sous la Révolution (Napoli, 2003). Pour relativiser cette fiction nécessaire d'une essence policière, il est indispensable de recourir à l'histoire sociale des États protecteurs. Et la meilleure façon d'y parvenir est de comparer des situations où des organisations protectrices et/ou productrices de sécurité fonctionnent dans des États déstabilisés, non stabilisés ou en recomposition drastique. Une voie qui sera également explorée dans le deuxième chapitre.

Dans les États occidentaux, l'idéologie de la privatisation de la gestion de l'ordre est devenue un lieu commun, sous l'influence macrosociale d'un triple phénomène de globalisation[3] et d'interdépendance mettant en question le monopole de la souveraineté des États eux-mêmes : crise fiscale des États providence et baisse relative des allocations de ressources publiques en matière de sécurité face à une demande en croissance exponentielle ; idéologie de l'État minimal ou de la sortie de l'État providence ; emprise croissante d'un secteur marchand prestataire de services de protection et de sécurité. Une accumulation de données empiriques sur ce dernier point dans toutes les démocraties occidentales est désormais disponible, même si l'on a bien souvent cherché à théoriser avant d'avoir atteint une masse critique de données et d'informations objectives[4]. De cette littérature empirique de quantification, dont nous commenterons au chapitre III l'évolution des principales manifestations quantifiées en France en les appariant aux autres nations, ressort une convergence de vues assez rare parmi les observateurs, en dépit des différences de l'histoire de leurs appareils policiers. Tous ces analystes se sont peu ou prou montrés impressionnés par le fait que, en dehors de segments marginaux (les activités de convoyage de valeurs), la plupart des agents de sécurité privée à caractère marchand ou civil avaient vocation à surveiller, voire à défendre des espa-

3. Sur la critique de ce concept, voir Bayart, 2004.

4. Des constats empiriques sur cette masse critique de données sur la sécurité privée sont désormais disponibles, dont les analystes principaux sont, aux États-Unis : Kakalik, Wildhorn, 1971 ; Cunningham, Strauch, Van Metter, 1990 ; Nalla, 2002. Au Canada : Shearing, Stenning, 1981, 1983 ; Brodeur, 1994 ; Degailler, 1998. En Australie : Prenzler, 1998. En Afrique du Sud : Vircoulon, 2003. Au Royaume-Uni : South, 1988, Johnston, 1992, Jones et Newburn, 1998. Au sein de l'Union européenne : Kangaspunta et al., *1998 ; Nogala, 1996 ; De Waard, 1991, 1999 ; Van Outrive et Shapland, 1999. Au sein de chaque État membre : Hoogenboom, 1992 ; De Waard, 1991, 1999 pour la Hollande ; Decorte, Van Laethem, Van Outrive, 1999 pour la Belgique ; Ocqueteau, 1992, 1994, 1998 ; Kalifa, 2000 ; Simula, 1999 pour la France ; Eisner, 2000, pour la Suisse ; Olgiati, 1993 pour l'Italie ; Nogala, 1996 ; Nogala, Sack, 1999 pour l'Allemagne ; Gimenez-Salinas, 1999 pour l'Espagne ; Lambropoulou, 2004 pour la Grèce.*

ces privés (périmètres des propriétés privées ou des entreprises privées recevant un public) plutôt que des espaces publics *stricto sensu*. Quand ils ont cherché à comparer les tâches de ces agents privés avec celles des agents publics pour déterminer en quoi elles se ressemblaient ou s'en distinguaient, ce furent d'abord des réflexions sur la nature des espaces policés (gardiennés, sécurisés) qui occupèrent le devant de la scène. Ce ne furent ni les fonctions de police de renseignement et de défense des institutions et du territoire national qui furent soumises à la question de leur possible privatisation, non plus tellement les fonctions d'enquête de la police criminelle ou judiciaire (nous reviendrons sur la question des détectives privés), mais bel et bien des fonctions de police administrative relatives à la paix publique. Quand on s'avisa de décrire, derrière la démultiplication des gardes, une fragmentation de l'espace avec d'un côté un découplage central/local dans la défense de l'espace public, et de l'autre une multiplication d'entités et d'espaces privés publics ou hybrides protégés par des gardes privés ou des agents assurant « l'ordre en public », trois interprétations principales s'imposèrent au sujet de la privatisation de cet ordre :

– une lecture critique pessimiste faisant état d'un débordement inédit du communautaire sur le sociétal, avec risque de disparition de l'espace public par constitution d'îlots différenciés en forteresses, « bulles de sécurité » ou de *gated communities* en voie de sécession avec la collectivité ;

– une lecture libérale faisant le constat d'une prolifération du contrôle social par accroissement de la présence d'agents privés ou de caméras mobilisés pour encadrer et superviser les communautés urbaines « insécures » (les expériences spontanées de mouvements de vigilance privés, les *neighbourhood watch committees*, ayant montré leurs limites), ou par accroissement de la présence de polices publiques municipales, d'« emplois jeunes », enrôlés dans des stratégies de réponses de proximité et de partenariat... ;

– une lecture gestionnaire plus en phase avec le brouillage des catégories. Laquelle fit suite à des réflexions sur la meilleure gouvernance possible, au vu d'une complexification des frontières de régulation de l'ordre, et de doutes apparus sur la pertinence de la notion même de privatisation du *policing*.

La profusion des explications du monde anglo-saxon, rapidement émancipé en matière de vérifications empiriques et ne craignant pas de généraliser de nouvelles théories à partir d'éléments très partiels, doit inciter à la prudence. Il convient de documenter sérieusement l'objet, par une quantification précise de la morphologie des phénomènes observés, hommes et techniques au service de la protection, ce que nous examinerons pour la France dans le chapitre III. Le chapitre suivant sera dédié à l'une des composantes désormais incontournable du secteur, celle des technologies de l'information et de la communication privée à finalité sécuritaire (chapitre IV). Après avoir situé les traits saillants de la croissance du secteur marchand de la sécurité, nous examinerons comment les pouvoirs publics français ont essayé depuis vingt ans de les canaliser ou de les orienter, en en faisant une profession sous contrôle, selon des réglementations évolutives au gré d'une meilleure appréhension de l'utilité de ces services protéiformes (chapitre V).

La croissance irrésistible du secteur marchand de la sécurité constitue un défi commun aux sociétés post-industrielles qui connaissent toutes une croissance de groupes multinationaux de sécurité, une externalisation relative de la protection « maison » par l'appel à des prestataires spécialisés, une croissance des services de sécurité privée sur le domaine public, un renforcement des logiques de sécurité privée au cœur de la sécurité publique et des transferts de certains domaines de compétences des polices publiques aux entreprises privées.

Les causes macrosociales de l'essor de ces phénomènes tiennent évidemment à la libéralisation du marché mondial, liée à la réduction de la menace extérieure suscitée par la chute des régimes communistes de l'Est, au changement des valeurs depuis la fin de la guerre froide dans les rapports entre État et marché, et aux boulersements technologiques. Elles tiennent aussi à des influences plus spécifiques : crise fiscale et crise des ressources publiques, transformations des structures spatiales et du statut de la patrimonialité ; croissance interne de la demande de protection à l'égard des risques, des menaces et des criminalités.

Dans la mesure où la sécurité devient un bien traité selon des principes économiques, de nouvelles questions surgissent pour les États de droit qui ne peuvent faire autrement que de composer avec. Toutes les questions qui en découlent (la protection et la sécurité des données individuelles, la régulation juridique des responsabilités des agents privés, de leurs compétences professionnelles et des filières de formation, le risque possible de création de nouvelles inégalités sociales en matière de protection à deux ou trois vitesses, l'évaluation de l'impact des groupes d'intérêts privés sur les politiques de sécurité intérieure et extérieure, la capacité des États à stabiliser ou à canaliser par un cadrage juridique et politique cohérent les forces de ce marché avec les agents publics) posent aux États centraux des défis d'ampleur considérable. Comment gouverner ou piloter cette complexité ? Est-ce possible ? En ont-ils les moyens ? Comment entretenir la croyance d'une gestion rationnelle de ces nouveaux foyers de régulation des désordres et des risques ? C'est à tenter de répondre à quelques-unes de ces questions prospectives que s'attachera le dernier chapitre.

Chapitre 1

LA SÉCURITÉ PRIVÉE COMME AVENTURE DE RECHERCHE ET CONSTRUCTION D'OBJET

Découvertes progressives d'un "nouveau monde"

Au cours d'une mission en 1984 au Canada, dédiée à l'étude des questions de police et de sécurité, quelques rares juristes québécois commençaient à s'intéresser à la « sécurité privée », et le faisaient en entrant dans ce domaine de la même façon que l'avaient fait les Français au début des années 1980. Une première prise de conscience d'un enjeu spécifique y était née, consécutive à un fait divers retentissant : une société de gardiennage s'était trouvée impliquée dans le rétablissement de l'ordre dans une usine de bois, à l'occasion d'un conflit du travail très douloureux. Or, c'est par un fait divers analogue que le « problème » des sociétés de gardiennage (ou des polices privées, comme on le disait à l'époque) pénétra dans le débat public français : une affaire de grève avait mal tourné dans une usine de camemberts de la petite ville normande d'Isigny. Une grande loi, aujourd'hui oubliée, celle du 12 juillet 1983, fut l'occasion d'une première et dernière discussion de fond sur la « sécurité privée » au sein du Parlement. En Ontario, les criminologues Clifford Shearing et Philip Stenning avaient opéré une percée décisive dans la réflexion de ce champ, et une rencontre avec ces criminologues constitua un moment décisif. Ces deux chercheurs avaient avancé, dès 1981, l'hypothèse que « sécurité privée et justice privée » allaient remettre fondamentalement en cause dans un avenir proche les modalités du *policing* traditionnel des polices publiques. Leur pensée se démarquait nettement de celle des analystes néomarxistes américains pour rendre compte du phénomène, mais ils tâtonnaient encore pour fonder une nouvelle théorie rendant compte de l'emprise spectaculaire du commerce de la protection déjà très avancée aux États-Unis et au Canada depuis plus d'une dizaine d'années (Ocqueteau, 1986). Criminologues radicaux, ils contestaient la thèse libérale soutenant qu'une nouvelle forme de police venait compenser la faiblesse des réponses de la police traditionnelle aux demandes de protection contre le crime. Les grilles d'analyse néomarxiste ne leur paraissaient pas rendre compte de la complexité de la réalité rencontrée. Ils cherchaient néanmoins à valider, par l'étude des représentations des acteurs eux-mêmes (dirigeants de police *vs* dirigeants d'entreprises de sécurité), l'hypothèse selon laquelle les deux « forces » en présence pourraient avoir à terme la même crédibilité, à condition de bien comprendre ce qui les opposait réellement. Ils pointaient par exemple, à partir d'une subtile analyse de l'ordre interne au parc de loisir Disneyland à Orlando en Floride, comment la « police de sécurité privée » y produisait une forme de contrôle social virtuellement aussi légitime que celle de la police publique dans l'espace public, mais de façon plus masquée, invisible et recueillant l'adhésion tacite des visiteurs tout entiers occupés à leur plaisir. Ils considéraient en effet le secteur privé de la sécurité comme une police d'inspection et de négociation propre à de grands domaines (y compris dans les entreprises fermées au sein desquelles ils avaient entrepris des enquêtes) plutôt qu'une police orientée vers l'arrestation de suspects pour les faire traduire en justice. Sans doute perdirent-ils beaucoup de temps à polémiquer avec des collègues comme Thomas Mathiesen ou Stanley Cohen, pour savoir lesquels d'entre eux étaient dans l'orthodoxie de la pensée de Michel Foucault, la nature de la « discipline » ou du « contrôle social » produits étant à cette époque au cœur de toutes les discussions.

En réalité, ils ignoraient l'importance de la contribution de François Ewald (1986) qui, de son côté, théorisait la « société assurantielle » de l'État providence pour expliquer la nature du *policing* du XXe siècle, en remettant en question les présupposés de ce qui avait fondé l'État-gendarme, c'est-à-dire la progressive disparition de la faute au profit de la gestion des accidents du travail comme prise de risques. Les criminologues de Toronto, Shearing et Stenning, stabilisèrent leur théorie à la fin des années 1980, lorsqu'ils expliquèrent, par le biais de l'histoire sociale du continent nord-américain, le *policing* d'un nouvel espace patrimonial baptisé « propriété privée de masse ». Cette théorisation pulvérisait la dichotomie traditionnelle implicite de la protection de l'État contre les désordres de l'espace public et de celle de l'espace privé par la police interne du propriétaire, avec comme figure type le directeur d'usine de la bourgeoisie industrielle. Or, la multiplication inédite de la « propriété hybride » dans la seconde moitié du XXe siècle devenait la clé de lecture de la montée spectaculaire des gardes de sécurité privée et de l'industrie de la protection. Cette théorie ne répondait pas à tout : elle n'expliquait ni la force des survivances et des développements des polices communautaires non fondées sur le contrat de service marchand dans leurs pays (Rosenbaum, 1986), ni même l'extension des polices internes à certaines entreprises ; elle ne rendait pas compte non plus de la façon dont les pouvoirs publics pouvaient eux-mêmes contribuer à structurer l'émergence du secteur en en réglementant par exemple les aspects les plus problématiques. Bref, ils étaient remis en question, surtout depuis la publication de l'ouvrage collectif (Shearing et Stenning, 1987) qu'ils dirigèrent et dans lequel d'autres spécialistes anglo-saxons eurent l'occasion de développer des monographies éclatées autour du *private policing*, rendant plus complexe l'approche qu'ils prétendaient implicitement universelle ou, du moins, la plus explicative.

Puis, vint un moment où les deux collègues se séparèrent. Philip Stenning, juriste plus attentif à l'évolution du droit, continua d'étudier les réglementations et les mécanismes de professionnalisation des gardes privés dans son pays, tandis que Clifford Shearing, sociologue à l'imagination plus fertile, appelé à une mission de consultance et de conseil en Afrique du Sud, allait y séjourner plusieurs années pour étudier les modalités de mise en place d'un nouveau *policing* dans un régime qui mettait fin au système de l'apartheid (Shearing et Brogden 1993). Il s'agissait aussi pour lui d'éprouver la rigueur de son analyse nord-américaine du challenge du *policing* privé. Cette expérience l'amena à s'apercevoir qu'une police publique forte n'était pas incompatible avec l'existence de nombreuses polices privées (marchandes et communautaires, racialisées ou non). Agissant comme consultant du futur nouveau gouvernement de l'ANC qui prit les commandes en 1994, il estima que les options alternatives qui se présentaient en matière de contrôle du crime devaient rester ouvertes et qu'il n'y avait aucune raison de parier *a priori* sur la meilleure efficacité de l'une par rapport aux autres (polices d'État *vs* polices communautaires ethnicisées). Il se confortait dans l'idée que les deux forces, ayant chacune leur légitimité organique, vérifiaient partiellement la thèse initialement contestée de leur caractère hydraulique (le principe des vases communicants).

En suivant les itinéraires intellectuels de ces deux chercheurs fondateurs, deux incarnations d'une nécessaire façon de penser en allers-retours, se précisait une thématique importée de la « privatisation » du *policing* en Europe qui paraissait d'emblée mal posée. Cette idéologie était certes à la mode, et la confusion était surtout de mise au sein du Conseil de l'Europe qui semblait accorder un trop grand crédit aux vues d'un propagandiste de Chicago sur les vertus des « prisons privées » comme solution miracle à la crise pénitentiaire de nos vieilles démocraties, alors qu'on en était encore aux États-Unis à un stade purement expérimental. On s'y demandait à quelles conditions il était possible de « privatiser » certaines tâches policières, ce qui obligea à faire le point sur les confusions nées de cette notion très controversée de privatisation (Ocqueteau, 1990). Penser en Europe à cette époque la « privatisation » de fonctions et d'organes de police publique semblait un non-sens : il y avait en effet peu de raisons de croire que les fonctions régaliennes elles-mêmes pussent être confiées au marché, d'autant que régnait alors en France une confusion journalistique très enracinée sur le statut des polices municipales qui faisaient quelque bruit dans le Sud-Est, en tant que « polices privées » très musclées dans des villes fortement marquées à droite. S'il s'agissait de penser la privatisation du *policing* en reconnaissant et en acceptant, sous conditions, de confier des missions de police à de nouvelles agences de prévention et de protection contre des risques (des prestataires de service et des industriels de la protection), alors on pouvait nommer ce processus « privatisation ». Mais ne faisait-on pas que « publiciser » un phénomène émergent dans le monde de l'économie des services ? S'il s'agissait d'en réglementer les débordements les plus problématiques, ne fallait-il pas que les chercheurs commencent par cerner leur objet en pointant ses manifestations concrètes et par analyser l'imaginaire investi et attendu par les pouvoirs publics et les acteurs donneurs d'ordre à leur sujet ? Or, ces questions capitales demeuraient totalement vierges d'explorations empiriques. On ne faisait, en France comme dans le reste de l'Europe continentale, que spéculer à partir de simples faits divers...

Comment justifier l'étude d'un milieu décrié ?

Après avoir établi dans un bilan de la littérature anglo-américaine la richesse de la réflexion criminologique internationale sur ce sujet et mis du même coup en évidence la pauvreté de notre réflexion continentale, j'enquêtai sur diverses facettes possibles de l'objet sans me soucier de grande théorisation préalable, mais en me détournant résolument de la rhétorique dominante des juristes spécialistes des administrations et penseurs d'une police publique bien trop limitative (rhétorique des polices parallèles, supplétives, officieuses, etc.). Il convenait de mobiliser d'autres disciplines telles que l'histoire, la sociologie du droit et la sociologie du *policing*. Il fallait d'abord rendre compte des positions de la classe politique lors de la discussion de la loi du 12 juillet 1983 et montrer comment la phraséologie gauchiste dénonçant les « milices patronales » des années 1970, que consacrait toute une littérature de témoignages sur les « truands du patronat », imprégnait encore l'économie du texte. S'il se présentait comme une grande loi de défense des libertés publiques, il valorisait également les stratégies de conquête et de recherche de légitimation par le droit de la Fédération française des organismes de prévention et de sécurité (FFOPS), le syndicat patronal de l'époque engagé dans une conquête de reconnaissance par les pouvoirs publics, car beaucoup de ses dirigeants subissaient les dégâts, en termes d'image, d'une histoire délétère de leur corporation. Et du même coup il fallait s'affranchir des objections des socio-historiens pour qui les manifestations de la sécurité privée n'étaient qu'une mouture modernisée de la vieille et riche histoire des gardes et des concierges de la propriété privée. Sans rien ignorer de la généalogie puisée dans la longue durée, il fallait néanmoins résister à l'idée d'une permanence historique des « polices privées ». La renaissance de ce secteur, aux virtualités plus complexes que ce qu'en percevaient les parlementaires, avait quelque chose d'inédit, de différent du passé, et de non analysé[1]. Il fallait essayer de comprendre les raisons pour lesquelles la FFOPS demeurait incapable de susciter une déontologie sérieuse dans ses rangs, à l'inverse de la BSIA (British Security Industry Association), interlocuteur reconnu de plus longue date par le Home Office britannique dans la mise en place de politiques de sécurité concertées. À la différence de la non-réponse des gouvernements britanniques ultralibéraux de l'époque, hostiles à l'idée de réglementer un secteur purement commercial, l'État français, *via* les préfets, se sentait requis de prendre en charge lui-même l'assainissement des éléments les plus suspects du gardiennage, de la surveillance et du convoyage de fonds, ainsi que des gardes du corps

1. Il faut bien avouer que, à cette époque, cet objet n'avait rien de légitime et encore moins d'académique dans le champ de la criminologie. Non seulement il n'avait pas de visibilité réelle, mais, dès lors qu'il en avait une, elle était « sale ».

privés ; l'objectif était de faire de ces activités une nouvelle « profession », contrôlée, en s'inspirant de la législation des agences de détectives du gouvernement de Vichy de 1941..., un processus qui devait la rendre plus respectable à défaut d'être encore tout à fait crédible.

Enquête au cœur des administrations de contrôle préfectoral

L'enquête entreprise sur la mise en œuvre de l'opération d'assainissement débuta en 1990 (Ocqueteau, 1992) par la visite d'une douzaine de grandes préfectures de l'Hexagone ; le dépouillement de leurs nombreuses correspondances avec les services centraux du ministère de l'Intérieur (bureau des libertés publiques et de l'action juridique) devait permettre de mieux appréhender l'approche de l'État. De son côté, la Direction centrale des Renseignements généraux faisait parvenir au ministre de l'Intérieur des renseignements sur le cursus des dirigeants des sociétés de gardiennage[2] ; quant au comportement des fonctionnaires des préfectures en charge d'appliquer la nouvelle réglementation, ces *street level bureaucrats* donnaient l'impression de bricolages, restant assez démunis pour imaginer le fonctionnement réel des missions prises en charge par les entreprises de sécurité concernées alors qu'elles étaient demandeuses de certitudes juridiques pour le compte de leurs clients. Aucune pédagogie préalable, en dehors des circulaires d'application qui n'avaient pas de réponse à toutes leurs questions, ne leur avait été réellement fournie. Notons que ces circulaires à l'usage des préfets, non publiées au *Journal officiel*, circulaient déjà abondamment au sein... des entreprises de sécurité.

Cette plongée me permit d'observer le fonctionnement de la routine administrative et de comprendre pourquoi la loi généreuse de 1983, dans sa volonté de protéger les libertés publiques et d'assainir le secteur privé, avec l'accord de ses dirigeants les plus en phase avec les objectifs de la loi, remporta quelques succès symboliques à la marge ; même si

2. Un rapport interne très instructif fut diffusé en 1988, permettant de comprendre comment les services de renseignements se représentaient la menace que constituaient à cette époque les patrons des sociétés de sécurité. Les RG s'étonnaient notamment de ce qu'aucun d'entre eux ne fût encore interdit d'exercer par le juge administratif, vu le danger antirépublicain qu'ils étaient censés faire courir à la nation. Ce rapport avait en effet montré que trois cents d'entre eux étaient idéologiquement très proches de formations d'extrême droite.

elle s'avéra dans l'ensemble très décevante, elle ne fut pas complètement inutile, puisqu'elle aboutit à des taux d'épuration d'agents allant de 3 à 8 %. Elle fut du reste assez rapidement critiquée par les intéressés, l'administration ne disposant pas de moyens réels pour accomplir sur place ses propres missions d'investigation et vérifier par exemple dans quelles conditions se déroulait le recrutement des agents au sein de ces entreprises. Les dirigeants qui s'estimaient en conformité avec les textes s'affligeaient du spectacle de ceux qui les détournaient, au nom des nombreux vides juridiques qu'ils recelaient. Apparemment plus légalistes que la loi, ils réclamaient déjà une refonte du texte fondateur au nom de leur propre pratique déontologique et menaçaient de dénoncer des concurrents déloyaux restés « en dehors des clous », pour reprendre l'expression en vogue parmi les témoins rencontrés. En vérité, entre la rhétorique syndicale et les pratiques, on s'apercevait assez rapidement à quel point les petites entreprises dominées (et aux marges bénéficiaires quasi nulles) étaient utiles aux puissantes, par leur capacité à mobiliser un apport de main-d'œuvre locale dans des relations de sous-traitance ponctuelles mais systématiques.

La loi de 1983 devenait le bouc émissaire de leurs difficultés passagères, sa mauvaise application par certaines préfectures allant même, selon certains de ses contempteurs les plus critiques, jusqu'à fausser les mécanismes de la concurrence. En réalité, elle constituait une assez faible contrainte pour l'ensemble, au point que dix ans plus tard on pouvait encore se rendre compte de deux choses : d'une part, les nouveaux entrepreneurs de sécurité eux-mêmes, se lançant sur le marché, ignoraient quasiment tout des conditions d'apparition d'une loi qu'ils vivaient comme une formalité parmi d'autres. D'autre part, les hommes politiques l'ignoraient tout autant puisqu'il fut affirmé, lors d'un conseil des ministres de l'année 2000, que l'on devrait, à l'avenir, mieux contrôler des activités de surveillance privées qui n'avaient jamais été réglementées. Une autre façon de dire la faible perception administrative de l'enjeu aux yeux des politiques.

Enquêtes auprès de dirigeants d'entreprises de gardiennage et de surveillance

Après avoir collaboré un temps en doublon avec le directeur des ressources humaines d'une entreprise de gardiennage et de surveillance, une entreprise moyenne, c'est-à-dire ni meilleure ni pire que les autres, dès 1986, j'ai observé comment les donneurs d'ordre restaient insensibles aux contraintes légales pesant sur leurs partenaires. Les prestataires se voyaient contraints de s'adapter à la négociation au sujet des vacations de garde et de surveillance sollicitées au moins-disant. L'observation concrète du mécanisme de l'offre et de la demande autour d'agents considérés encore à l'époque comme corvéables à merci pouvait conforter bien des préjugés au sujet de l'impureté de la science économique orthodoxe. Des dirigeants de sociétés de gardiennage n'hésitent d'ailleurs pas, encore aujourd'hui, à qualifier leurs prestations de services comme celles de « marchands de viande » pour évoquer les mécanismes de sous-traitance en cascade et d'échanges de services entre entreprises « concurrentes », vu l'étroitesse du marché et son éparpillement local. Ce mécanisme allait fonctionner durant vingt ans, tant que la concentration du secteur intervenue dans le domaine du convoyage des valeurs au cours des années 1990 n'était pas encore au rendez-vous dans celui des prestations de gardiennage et de surveillance humains, fournissant les gros bataillons de la sécurité privée. Pour survivre, ces entreprises ne peuvent se vivre en ennemies : selon les conjonctures, en effet, on voit encore des dirigeants d'entreprises artisanales devenir des salariés et il demeure difficile, sur des marchés à flux tendus, de ne pas pratiquer la sous-traitance en cascade, comme il en va dans le monde du transport de fret.

Plutôt que d'enquêter auprès des donneurs d'ordre pour comprendre la nature de la demande ou les causes structurelles de l'externalisation des fonctions de garde et de surveillance, il fallait encore multiplier les entretiens « compréhensifs » avec les directeurs des entreprises concernées, qui, lorsqu'ils étaient syndicalement en vue, se sentaient tenus d'ériger en vertu la pratique du double langage quant à leur déontologie professionnelle, sans trop avouer d'autres pratiques sociales réelles, au centre desquelles les effets pervers de la concurrence acharnée pour l'obtention de marchés. En quête incessante de respectabilité, beaucoup d'entre eux, appartenant encore à une génération vieillissante issue des rangs de l'armée (beaucoup de colonels de gendarmerie, notamment), projetaient dans une discipline militaire particulièrement stricte ce qu'ils imaginaient être les besoins de « mise en ordre » de leurs clients. Ces dirigeants, parmi les plus anciens, avaient toujours gardé l'habitude de recruter et de livrer des « gros bras », s'imaginant que seule la force physique était apte à imposer le respect ou à dissuader les perturbateurs qu'ils se donnaient pour mission de contrer, voire de « mater », dans les espaces privés recevant du public où ils étaient requis. Beaucoup restaient marqués par une idéologie d'extrême droite, sans parler des nostalgiques de l'Organisation de l'armée secrète. Du reste, bien des discussions tournaient à cette époque autour de la dissonance cognitive provoquée par le réel : ils se sentaient tenus par exemple de proposer une main-d'œuvre française dite « de souche » à des clients intransigeants sur ce chapitre, alors que se présentaient à l'embauche, pour des fonctions de gardes statiques « visibles » de leurs bâtiments ou chantiers, presque uniquement des Maghrébins ou des Africains sud-sahariens. De vraies « minorités visibles », comme on allait les désigner plus tard par antiphrase, quand de nouveaux chercheurs donnèrent une consistance instrumentale à ce phénomène dans leur description des « filières africaines » particulièrement présentes au sein de la sécurité privée (Hug, 2000).

Ces dirigeants, ancien et nouveau style, se retrouvaient tous dans la diffusion d'une rhétorique de la complémentarité avec les agents des forces publiques ; ils n'avaient pas d'autre choix, pour devenir un tant soit peu crédibles, que de désavouer les « brebis galeuses », c'est-à-dire ceux d'entre eux qui ne se comportaient pas de façon légaliste. Il faut noter que c'est au président de la FFOPS lui-même, l'ancien préfet Jean Vaujour, interrogé à cette occasion (Vaujour et Ocqueteau, 1991), que l'on doit des révélations au sujet des provocations policières lors de la marche des sidérurgistes lorrains à Paris en 1979 : il confirma l'implication de deux sociétés de gardiennage parmi les casseurs, implication dont il avait été un témoin privilégié. C'est d'ailleurs cet événement traumatique qui le conduisit à mettre tout son poids dans la balance pour convaincre le gouvernement de moraliser le secteur. Il affirma dans cet entretien avoir été plutôt surpris de la réaction négative du ministre de l'Intérieur du gouvernement Barre, Christian Bonnet, et aussi surpris de celle du gouvernement Mauroy, Gaston Defferre ayant décidé de s'y atteler. Aux yeux de Jean Vaujour, à cette époque, la gauche s'attachait à régler un problème de liberté publique que la droite avait toujours fait semblant d'ignorer.

J'ai rencontré les uns après les autres les patrons de ces sociétés ; ils se soumettaient non sans difficultés à un questionnaire serré au sujet de leur trajectoire professionnelle et tentaient d'expliquer les nombreuses contradictions entre l'affichage de leurs bonnes pratiques de mise à distance des « brebis galeuses », et les causes de leur incapacité à augmenter le niveau de professionnalisme des agents, génératrices de bavures encore trop nombreuses. Ils faisaient état du mal qu'avaient leurs clients à se convaincre du bien-fondé de la mise en protection de leurs sites, bien qu'ils se sentent contraints de recourir à leurs services. Mais dans ce cas, quelles étaient leurs stratégies de création de l'offre par rapport à des besoins encore largement considérés comme improductifs ? Il fallait essayer, pour y répondre, de saisir leurs systèmes de lecture de l'opération d'assainissement public en accumulant à l'occasion du savoir sur les échanges de services officieux avec la police. Cet exercice de dévoilement fut salutaire, bien qu'il nécessitât de résister intellectuellement à des grilles de lecture spontanément conspiratoires où chacun s'entr'accusait des pires turpides : la police publique accusait les services privés de faire n'importe quoi et suspectait les agents privés d'effectuer des missions occultes et illégales pour le compte des polices ; mais rien dans leurs propos n'était prouvable et tout cela restait de l'ordre de la rumeur. Pour se libérer de quelques-uns des *a priori* constitutifs d'un état d'esprit de suspicion systématique à l'égard d'un monde qui faisait encore l'objet de beaucoup de fantasmes, il fallait plutôt attacher une attention scrupuleuse à d'autres formes de régulation négociées entre prestataires et clients. Qu'est-ce qu'un prestataire de services était capable d'accepter pour emporter un marché, et que pouvait-il refuser lors de la négociation contractuelle ? Il restait difficile de classifier les différents arguments et l'élaboration de typologies sauvages restait la seule ressource possible, alors que la dénonciation des corruptions ou des déviances organisationnelles omniprésentes était de mise chez des témoins qui les expliquaient par la forte personnalisation des rapports de confiance avec les donneurs d'ordre publics et privés – le marchandage préalable étant une forme obligée pour obtenir des marchés. À cette époque, on commençait à tenir compte d'acquis sociaux minimaux qui pouvaient esquisser un embryon de discussion déontologique entre les partenaires, un seuil non négociable par exemple au sujet de la formation et des savoirs requis des agents de sécurité, un problème devenu prégnant dans les marchandages occultes dénoncés. Puisque les syndicats d'employés de la sécurité avaient obtenu une convention collective dans la branche en 1985, et que la reconnaissance d'un CAP d'agent de surveillance pouvait être obtenue par équivalences ou sur le tas grâce à des aménagements d'horaires auxquels les employeurs étaient tenus de souscrire, cette nouvelle contrainte allait-elle obliger les clients à accepter les arguments du surcoût, et jusqu'à quel point le fournisseur de service acceptait-il de transiger sur d'autres aspects pour compenser la perte et retrouver de la marge ? Y avait-il en définitive des clauses contractuelles non négociables et lesquelles ? Allait-on sortir progressivement du « n'importe quoi » ?... Jusqu'à quel point pouvait-on faire mentir par analogie la vision d'un Michel Foucault sur l'« utilité » de la prison comme productrice d'un lumpenprolétariat que tout pouvoir aurait toujours eu besoin de mobiliser pour des opérations délicates plus faciles à désavouer le cas échéant que si elles avaient dû être accomplies par des fonctionnaires spéciaux ?

Les témoignages sollicités sur l'obtention des marchés de garde, de surveillance et de protection se multipliant, permettaient une appréciation plus correcte de la réalité de la concurrence. Ils invitaient à mieux faire comprendre la perception et le vécu d'une économie « réglementée » et l'ambivalence des entrepreneurs par rapport aux contrats passés dans le cadre des marchés publics, lesquels suscitaient beaucoup de plaintes. Nombre de leurs clients « publics » étaient ou bien des dirigeants de « sites sensibles », telles les centrales nucléaires (et avoir dans ses rangs des agents agréés par le ministère de la Défense les positionnait très favorablement), ou bien des entreprises publiques, ou bien encore des municipalités désireuses de protéger leur patrimoine en l'absence de polices municipales, bref des « clients publics ». Or ces clients difficiles, certes généralement moins-disants que ceux des entreprises privées, constituaient une ressource majeure sur deux points : ils se montraient toujours capables de procurer un certain temps de niches mettant les prestataires à l'abri de la concurrence, et d'abaisser par eux-mêmes le coût des risques du mauvais choix des agents en mobilisant, à partir de leurs propres réseaux, le contrôle de la moralité des gardiens recrutés selon des modalités qui leur étaient propres.

La diversité des représentations des donneurs d'ordre au sujet des prestataires s'expliquait en fait par les modalités très différentes de leur entrée en relation contractuelle et par l'infinie variété des marchés. Un clivage entre « clients » privés et publics générait évidemment des différences sensibles. Ces derniers ne passaient pas pour les meilleurs payeurs, certes, mais ils présentaient l'indéniable avantage, en tant qu'agents publics, de contribuer à mieux légitimer l'action conjointe des agents privés, avec les agents publics, ce qui en France n'était pas encore une mince affaire, tant les différences de culture restaient importantes...

Il fallait surtout inspirer confiance à la plupart des interlocuteurs pour pénétrer la diversité de leurs milieux. Or, faute de disposer dans la littérature d'une grille de lecture préalable suffisamment éprouvée, il convenait d'élaborer une typologie des contrats qui aurait pu informer la recherche sur les styles de *policing* pratiqués par les prestataires de services. Ce n'est que plus tardivement que les outils de l'économie néo-institutionnelle et leurs apports théoriques permirent un meilleur cadrage.

Le schéma binaire spontanément établi par le sens commun entre « police républicaine », censée incarner à elle seule le bien public, et « marchands de la peur », vus comme uniquement mus par la rentabilité financière et peu regardants sur la morale et les droits de l'homme, s'altérait. Pour aller plus loin dans la confiance, il fallait accéder à des informateurs plus puissants. Et accepter de s'impliquer auprès des dirigeants les plus modernistes de la profession. L'ex-Société parisienne de surveillance, devenue Proteg[3], souhaitait ma participation à un séminaire de réflexion destiné à promouvoir une image éthique et normalisée des membres de son syndicat. Son directeur de l'époque, appartenant à une composante du patronat chrétien social, était convaincu qu'il n'appartenait pas aux entreprises prestataires de sécurité de donner des gages de bonne conduite aux préfets, mais plutôt de se donner en exemple auprès des médias spécialisés et des clients privés et publics. Il s'agissait de les convaincre que la nature des prestations offertes changeait progressivement et pouvait devenir d'une qualité irréprochable, si le donneur d'ordre était mieux averti dans la négociation contractuelle au sujet de la mise en protection d'un site, par exemple. Ce manager me demanda d'y exposer les termes d'un travail juridique entrepris sur le contrat de service de surveillance, à partir d'un dépouillement exhaustif de la jurisprudence en responsabilité civile (et accessoirement pénale) dans ce domaine d'activité. C'est alors qu'apparut plus clairement le rôle de socialisation des compagnies d'assurances-dommage dans le rapport contractuel du prestataire de service à son client. Dans le cadre de leurs négociations futures, il fallait aux nouveaux managers dépasser la stérilité du débat juridique opposant en deux camps les tenants de l'obligation de moyens (option classiquement défendue par le prestataire de services de surveillance et de protection) et ceux de l'obligation de résultat (option classiquement défendue par le donneur d'ordre). La surveillance anti-intrusion ou anti-malveillance restait encore considérée, aux débuts des années 1990, comme un pur problème de gestion d'aléa aux conséquences minimes par rapport à celle de l'incendie ou de l'accident du travail.

3. Cette major sera rachetée à la fin des années 1990 par la multinationale anglo-suédoise Protectas.

Configurer une *obligation de performance* comme argument médian, commercial plutôt que juridique, constituait donc un argument recevable capable de dépasser des options que la jurisprudence du premier degré tranchait au cas par cas de façon encore assez erratique (comme toujours dans les contentieux de la responsabilité civile et en l'absence d'une position claire de la Cour de cassation à ce sujet), ce qui plaçait les acteurs de la sécurité dans une posture insécurisante, dans la mesure où ils voyaient se multiplier les contentieux à ce sujet. Cette stratégie du donnant-donnant s'avéra payante : le nouveau patron de la SPS avait démontré à ses clients en congrès le sérieux de son entreprise et avait renforcé sa légitimité au sein d'une structure syndicale qui allait être modernisée au cours des années 1990 : la FFOPS se transforma en Union française des industries de surveillance et de sécurité, où il joua un rôle majeur. Une nouvelle génération de dirigeants d'entreprises de sécurité et de protection émergeait dans son orbite : des diplômés d'écoles de commerce, mais surtout des autodidactes venus d'autres secteurs de services, sans préjugés sur les questions de sécurité sinon celui d'avoir senti un enjeu porteur, et des reconvertis du monde policier ou de la gendarmerie attirés par une seconde carrière. Ces managers modernisateurs apparaissaient comme plus faciles d'accès que leurs prédécesseurs encore crispés sur des valeurs « loi et ordre ». Partisans d'une autopromotion publicitaire de leurs prestations de services plus flatteuse que l'image véhiculée par la presse généraliste, ils acceptaient de retrouver leur photographie et les caractéristiques de leur entreprise dans le trombinoscope de l'*Atlas annuel des entreprises de sécurité* fondé par Patrick Haas en 1990. Ils entendaient contribuer à ce besoin de reconnaissance et de normalisation, comme chefs de file d'une nouvelle génération d'experts en sécurité. Cette source se révéla un filon important dans leur quête de reconnaissance, et si l'idée de créer un observatoire des professions de sécurité privée avorta, il était sans doute encore trop tôt, la revue professionnelle de ce journaliste s'avéra une vitrine d'identification incontournable.

Au terme de ces parcours croisés, un profil de la profession pouvait être dessiné, capable de transcender les lieux communs sur les marchés de la peur et de la privatisation du *policing*. C'est plutôt la thèse du brouillage des frontières entre des fonctions publiques et privées qui commençait à se dessiner en France et en Europe continentale, ce que d'autres qualifièrent de *grey policing*. Les instrumentalisations réciproques des agents producteurs d'ordre ne conduisaient aucunement à conclure, à l'inverse de ce que soutenaient les chercheurs américains ou canadiens, à la complémentarité ou à la légitimité virtuellement équivalente des deux types de prestations de services. Sous réserve de nouvelles vérifications empiriques, les « agents publics » contrôlaient encore largement sur le terrain les modalités d'exercice du *policing* privé. Lors des entretiens auprès des patrons d'entreprises de sécurité et des fonctionnaires des préfectures, il s'agissait de tester la solidité de l'hypothèse des « quatre C » quant aux rapports entretenus entre agents privés et publics. Cette typologie séduisante élaborée par Nigel South sur des recherches identiques en Grande-Bretagne (1988, 1991) concluait à des traces de complémentarité (*complement*), de concurrence (*competition*), de compromis (*compromise*) ou de contournement (*circumvention*) dans les missions respectives des agents. Des interactions entre vigiles et policiers, je n'observais en France que des phénomènes de complémentarité ou de totale indépendance des missions et des tâches. Ce qui y prouvait la relative faiblesse de cette profession et peut-être quelque chose de sa maladie identitaire infantile, par rapport à la diversité des situations rencontrées dans un monde anglo-saxon beaucoup plus pragmatique. La très faible légitimité publique des prestataires privés restait liée dans le cadre hexagonal à des handicaps historiques, un phénomène qui expliquait sans aucun doute le fort besoin des acteurs d'entrer dans des logiques de reconnaissance publique. De manière un peu opportuniste, le scoop du préfet Vaujour évoqué plus haut avait aidé à faire parler les agents privés sur l'existence des pratiques sous couverture (*undercover*) ou d'échanges de bons et loyaux services (du « sale boulot », *dirty work*) avec certaines polices du renseignement. Mais ce type d'informations trouvait rapidement ses limites, puisqu'elles me faisaient insidieusement devenir le dépositaire d'invérifiables rumeurs et ragots sur les pratiques des concurrents dans leurs rapports avec les forces de police publique. Il fallait donc abandonner cette entrée pour ne pas sombrer dans les effets pervers d'une herméneutique du secret dont Alain Dewerpe avait fort bien montré les limites (Dewerpe, 1994), celles qui guettent tous les chercheurs travaillant sur les questions policières. D. Monjardet et R. Lévy (1995) essayaient pourtant de theoriser à cette époque les diverses modalités et pratiques « sous couverture » du monde policier à la lumière des éléments qu'ils avaient pu recueillir et typologiser, mais cette entreprise demeura sans lendemain faute d'éléments empiriques fiables. La seule issue tangible aurait été de spéculer à partir d'un travail systématique sur la trajectoire de certains « sécants » aux deux mondes des polices publiques et privées, pour vérifier la pertinence de la thèse d'O'Toole (1978) sur la force des réseaux d'anciens copains (*old boys networks*) dans les sociétés industrielles complexes. À défaut, il convenait de demeurer vigilant sur les phénomènes les plus palpables, ceux de la location et de la reconversion en fin de carrière ou en détachement temporaire de fonctionnaires de police et de la gendarmerie au sein des entreprises de sécurité privées ou des services de sécurité maison. Des politologues mettaient d'ailleurs l'accent sur les phénomènes de « pantouflage » de la haute fonction publique dans les entreprises publiques et privées, les voyant s'accentuer, dans une mise en visibilité problématique des phénomènes de corruption et des conflits d'intérêt (Mény, 1992).

Dans le domaine de la production de sécurité, l'expertise du risque urbain et le *risk management* associé à la vente de la quincaillerie de sécurité (alarmes et vidéosurveillance par exemple) devinrent un *must* de la réflexion au sujet de la marchandisation de la protection auprès des collectivités locales notamment. Ce n'est qu'au début des années 2000 qu'une première approche de ce nouveau segment de la sécurité privée fut décrite (Buffat et Le Goff, 2002), alors que cette question restée longtemps en gésine devenait manifeste en France, accréditant la force des processus d'hybridation du *policing*, au moins à l'échelon local. L'hypothèse du brouillage des frontières du *policing* public et privé se substituait progressivement à la thèse de la concurrence à forces égales. Cette hypothèse fut réexaminée par Les Johnston (1992) en Grande-Bretagne, qui donna une impulsion décisive à cette orientation de lecture, suivi par A.-B. Hoogenboom en Hollande (1992) et les étudiants de L. Van Outrive en Belgique (Decorte *et al.*, 1999 ; Van Outrive, 1998) engagés dans le plus vaste programme européen de recherche et de vérification possible sur le *grey policing* (1991). D. Nogala (1996, 1999), en Allemagne, centrant plus directement son propos sur la pénétration des technologies privées de surveillance à distance, les usages de la télésurveillance et de la vidéosurveillance devenaient une nouvelle source de réflexion à ajouter à l'édifice du caractère protéiforme des prestations des services de la sécurité privée. Un réseau européen se nouait enfin parmi les chercheurs, même si l'université ou la recherche françaises tardaient à susciter des vocations à ce sujet.

Enquêtes auprès des assureurs

Dès 1992 s'imposa la nécessité de tester l'idée que les compagnies d'assurances, par le biais de leurs pouvoirs de normalisation sur les produits de sécurité, et de leurs pouvoirs de négociation avec les assurés, jouaient un rôle de premier plan dans le dynamisme économique du secteur marchand et les orientations du *policing* induit. Une hypothèse plausible était que les prestataires privés de protection des personnes et des biens, structurellement faibles et difficilement capables de se plier seuls aux lois de la concurrence, avaient besoin d'être poussés par un autre motif que la seule demande spontanée de protection de clients organisés, demande liée à la peur de nouvelles menaces et au sentiment de vulnérabilité de leur organisation.

Ce qui expliquait qu'ils aient été capables de dépasser la saturation des marchés de la prévention des incendies, des pannes techniques, de la maintenance et de l'accident du travail chez leurs clients, c'est que la socialisation assurantielle autour de l'« antimalveillance » les dopait. Et cela, dans un contexte de montée de la violence et de la prédation sociale, comme dans les moments de choc collectifs constitués par les attentats terroristes, même si ces coups de fouet ne pouvaient apparaître comme une cause première pour justifier leur essor. L'hypothèse à vérifier était plutôt que les assureurs contraignaient de plus en plus leurs assurés à contracter avec les sociétés de surveillance humaine et électronique, un mécanisme d'alimentation plus crédible de l'entrée dans la spirale de l'offre et de la demande de protection que celle du seul retrait de l'État. Ils l'alimentaient par anticipation à mesure du constat d'une dangereuse diminution de leurs marges bénéficiaires sur l'aléa de la malveillance, en répugnant à en compenser le déficit par un prélèvement sur les autres branches. Pour nourrir cette hypothèse, il ne fallait pas perdre de vue les vieux débats entre constructivistes et réalistes au sujet de la montée de l'insécurité, un véritable dialogue de sourds parmi les criminologues de l'époque. Au début des années 1990, il était encore possible de résister à l'idée trop mécaniste de l'imputation causale liant la montée de l'insécurité à l'inefficacité de la police et de la justice, en faisant un appel massif aux ressources du marché de la protection pour résoudre ce dilemme. D'autant plus que certaines des grandes entreprises de sécurité se refusaient à investir en ressources humaines sur des territoires devenus trop dangereux pour leurs agents, estimant que le contrôle de tels espaces ne devait que ressortir de l'action régalienne de l'État. Ils refusaient de contracter dans la protection privée de certains espaces commerciaux ou manifestations festives, culturelles ou sportives, vu le peu de pouvoir dont disposaient leurs agents par rapport à l'étendue des missions acceptées et à l'étendue des risques que ces derniers auraient eu à affronter sans avoir les moyens légaux de riposter. L'hypothèse de la diminution des marges bénéficiaires des assurances en matière de pertes liées à des négligences d'employés ou imputées à des délinquants prédateurs fut contestée dans le monde assurantiel autant que la thèse plus générale de l'assureur comme pilote à distance de la « croissance de la sécurité privée ». Pour les assureurs contradicteurs, l'intrusion indésirable et la prédation étaient devenues des phénomènes tellement répandus dans certains espaces urbains qu'il ne s'agissait plus d'assurer des aléas. Or, si des entreprises vulnérables éprouvaient la nécessité de se mettre en protection par rapport à l'éventualité d'avoir à affronter de tels sinistres, les assureurs pouvaient à juste titre considérer ce réflexe comme salutaire, mais n'estimaient en aucun cas le favoriser.

L'objection méritait d'être mieux documentée, d'autant que la dénégation dont elle faisait l'objet ne manquait pas d'apparaître légèrement suspecte. Un ancien policier, Georges Carrot, éminent historien de la police, dirigeant l'agence Alfa, fut contacté. Il s'expliqua sur quelques-unes des missions de cette agence parapublique dédiée à la détection de la fraude à l'assurance. C'est en enquêtant au sein de cette agence qu'une nouvelle clé de lecture sur les mécanismes de reconversion des détectives de la « première génération » prit forme. Ayant en effet perdu beaucoup de leurs marchés depuis la dépénalisation du divorce pour faute, les agences de détectives essayaient de se reconvertir sur des créneaux plus porteurs : pas moins de soixante-dix détectives de la « deuxième génération » travaillaient en effet sur contrat pour le compte de la Fédération française des sociétés d'assurance (voir, dans le même sens, l'enquête de M. Gill et J. Hart [1999] en Grande-Bretagne).

La rencontre des techniciens du Centre national de prévention et protection, association reconnue d'utilité publique depuis les années 1950 aux mains des actuaires de la FFSA sur le site de Vernon dans l'Eure, l'analyse de la jurisprudence de la presse spécialisée de l'Association professionnelle des sociétés d'assurances-dommage, et l'observation des mécanismes de certification des matériels de sécurité que le ministère de l'Industrie avait déléguée au CNPP, constituèrent autant d'éléments pour étayer l'hypothèse. Il était alors possible de deviner les raisons du lobbying de cet organisme pour se voir attribuer par les pouvoirs publics de nouveaux pouvoirs de certification sur le créneau porteur des centrales de télésurveillance qui commençaient à connaître un grand succès depuis la réglementation de ce domaine en 1991, d'autant que les agents dédiés étaient généralement plus qualifiés et plus présentables que les simples vigiles. Ce pouvoir certificateur du CNPP rapportait, de même que rapporte à l'Agence française de normalisation (Afnor) sa capacité à susciter les adhésions d'un certain nombre d'entreprises à ses certifications. Ayant réussi à en fidéliser un certain nombre, ces organismes se sont en effet vu attribuer un monopole de la certification par les pouvoirs publics, les réglementations ultérieures n'ayant plus alors qu'à renvoyer aux contraintes techniques d'une certification devenue obligatoire.

L'hypothèse du conditionnement assurantiel à la protection privée fut néanmoins revue à la baisse au terme de cette nouvelle enquête. La pression des assureurs n'obligeait certes pas fatalement les entreprises assurées, mais il n'est pas possible de nier leur rôle de lobbying sur le créneau porteur des risques de malveillances. Lors de la signature d'un contrat d'assurance en responsabilité civile, il devenait de plus en plus difficilement admissible pour le client d'ignorer totalement les normes de certification dans la mise en protection de son site ou bien de s'en affranchir ou d'en faire totalement abstraction... sauf à objecter que les normes du CNPP étaient moins fiables que d'autres normes internationales utilisées (ce qui était le cas dans le domaine spécifique du convoyage de fonds). Cette objection confortait l'hypothèse plus qu'elle ne la détruisait. Un article de synthèse remis auprès de la très sérieuse revue *Risques* sur les liens entre assurances et marché de la protection des biens (Ocqueteau, 1994) ne suscita pas d'objections majeures. Mais cette réflexion, restée sans suite en France, n'engendra pas la ferveur de la thématique popularisée par des criminologues britanniques Feeley et Simon (1994), qui connut son heure de gloire beaucoup plus tardivement en Europe continentale sous le label de « criminologie actuarielle » (Mary, 2001).

Cette théorisation, celle du moins dont une vulgate critique s'empara en Belgique et en France au début des années 2000, était censée expliquer, à défaut de le prouver réellement, qu'un *policing* privé-public était de plus en plus focalisé sur le contrôle social de « groupes à risques de haute turbulence sociale » (jeunes Maghrébins des banlieues auteurs de violences urbaines, toxicomanes et trafiquants, familles laxistes et criminalisées). Les calculs de probabilité à propos des risques criminels et de violences urbaines sur lesquels allaient être amenés à réagir les pouvoirs publics, poussés par quelques techniciens des *cyndiniques* ou sciences des dangers issus du corps des Ponts et Chaussées (Kervern et Rubise, 1990), ne semblaient pas encore relever d'un genre de problématique identique. Les auteurs de *L'Archipel du danger*, en dépit de leurs tentatives, ne parvinrent jamais à opérer une jonction légitime entre gestion des « risques technologiques majeurs » et « risques domestiques ». À notre sens, la raison en est imputable en France à l'absence d'une discipline académique à part entière, une criminologie dont nous ne possédons pas le pendant anglo-saxon, capable de réussir ce lien à travers une approche du risque ayant évacué la distinction de sa composante civile ou pénale. C'est en revanche à cause d'une approche juridique du risque partagée par les pouvoirs publics, les prestataires de protection et les assureurs de risques, que l'idéologie de la « techno-prévention situationnelle » (Dedecker, 1991) a mieux réussi à s'acclimater sous les cieux de l'Hexagone et à cimenter des représentations et des pratiques autour des techniques privées de mise en protection des personnes et des biens.

Aujourd'hui, la défense de l'hypothèse de 1992-1995 sur le pilotage de la sécurité privée par les assureurs le serait avec beaucoup moins d'ardeur, car il me semble que les mécanismes de socialisation assurantiels sont devenus tellement rodés, la conviction est devenue si largement répandue au sujet de la montée des menaces de violences et de prédations urbaines, que les entreprises de protection privée (surveillance électronique, alarmes, télé- et vidéosurveillance) ont réussi à trouver, grâce à la forte impulsion des pouvoirs locaux désireux de protéger leur patrimoine, de nombreux débouchés dans la protection de territoires urbains. Sans parler du nouveau créneau très porteur des particuliers aisés qui demandent de plus en plus souvent que leurs domiciles soient placés sous la protection de la télésurveillance. Mais il fallait au préalable que l'État ait pu redéfinir les règles du jeu à son profit, comme on le verra dans les chapitres suivants.

Qu'on le veuille ou non, la spirale d'auto-alimentation du « marché de la peur » par la mise en protection privée, dont il est difficilement admissible d'en faire un mécanisme uniquement iatrogène[4] (Mac Mahon, 1996), offre quelque consistance, si on en complexifie la lecture. Le mécanisme en question a d'ailleurs de moins en moins besoin de l'hypothèse de la socialisation assurantielle des clients pour justifier son expansion, tant les valeurs de protection ont conquis le premier plan dans le débat public et tant l'offre peine à suivre la diversification de la demande de plus en plus ciblée. Cela ne veut pas dire que le mécanisme de la pression assurantielle aurait disparu. Il fonctionne encore pour convaincre certains particuliers récalcitrants, mais beaucoup moins pour les catégories de population prédisposées à faire le choix de

4. Une métaphore empruntée au monde médical : inoculer un virus (donc le mal, la peur) pour mieux le combattre (donc protéger contre des risques imaginaires, d'où la vogue de l'image de l'effrayant « marché de la peur »).

vivre dans les communautés protégées des *gated communities*, bien dépeintes dans le contexte américain par Blakely et Snyder (1997). Les incitations assurantielles à la mise en protection par le recours aux ressources du marché appartiennent presque désormais à l'histoire. Car elles sont aujourd'hui en très grande partie relayées par les pouvoirs publics. C'est ainsi que la Loi d'orientation et de programmation de la sécurité (LOPS) de 1995, qui afficha pour la première fois dans l'histoire de la République l'idée de coproduction de la sécurité publique et privée, a joué un rôle majeur de coup d'envoi dans le fait, pour l'État, d'assumer les postulats de ce référentiel impliquant désormais de piloter différemment l'action publique de sécurité. Il avait fallu en effet qu'une révolution silencieuse en gésine depuis une quinzaine d'années fût publiquement assumée pour que l'État central français soit disposé à entrer dans une logique pluraliste de gestion de la sécurité des personnes, des biens et de l'information.

Enquête sur les pratiques de sécurité privée au sein d'espaces commerciaux

Les enquêtes auprès des clients des prestataires de services de protection avaient été une occasion d'éclairer la nature diversifiée de leurs besoins, autrement dit, en termes économiques, les soubassements de la demande de protection. En étudiant la spécificité des réglementations de leurs différents univers, il était possible d'articuler les utilisations d'agents privés, assermentés, commissionnés ou non. En cela, autant chez des banquiers, des commerçants de luxe ou des propriétaires de maisons de jeux (espaces plutôt fermés) que chez des dirigeants d'hôpitaux de l'Assistance publique, de sites aéroportuaires, d'entreprises de transports publics (métro, RER, autobus) ou d'espaces commerciaux de la grande distribution, de bâtiments publics et d'espaces sportifs municipaux (espaces plutôt ouverts). À la fin de l'année 1992, une occasion fut donnée de mieux comprendre les raisons de l'implication de l'agence Cobra dans l'homicide d'un jeune client d'une cafétéria dans la banlieue parisienne. Le drame se déroula à l'Euromarché de la Cité des Indes de Sartrouville en 1991, une « bavure » de vigiles, que l'on aurait pu croire révolue, ayant été à l'origine d'une émeute urbaine demeurée célèbre. Sa médiatisation provoqua le retrait de l'agrément préfectoral de la société impliquée et la condamnation au pénal des agents incriminés pour port d'arme prohibé.

Je devinais que les grands centres commerciaux étaient confrontés, au moins dans les périphéries urbaines, à des défis beaucoup plus importants qu'à celui de la simple lutte contre les vols à l'étalage. À Toronto et à Montréal, villes en grande partie souterraines, la complexité du *policing* dans les galeries marchandes avait déjà été abondamment documentée. Elle commençait à l'être également en Angleterre (Beck et Willis, 1995). Personne en France n'avait oublié le fait divers du tabassage à mort d'un clochard par les vigiles des commerçants du Forum des Halles à Paris le 24 décembre 1981, autre fait divers traumatisant qui avait d'ailleurs précipité la mise à l'agenda gouvernemental de la première réglementation sur les droits et les devoirs des sociétés de gardiennage. L'espace des galeries marchandes fut décrété « espace public », ayant donc vocation à être uniquement « policé » par des policiers et non plus par des vigiles. Cette exception confirmait néanmoins une règle générale. Les rares publications sur la sécurité disponibles au centre de documentation de la chambre de commerce d'Île-de-France restaient caricaturales : on y voyait s'étaler au grand jour une idéologie sécuritaire propagée par les syndics de commerçants toujours prompts à s'en prendre au laxisme des juges et de la police, et à dénoncer dans le même temps la faiblesse du professionnalisme des vigiles appelés à la rescousse pour débarrasser les centres commerciaux des voyous ou des mendiants qui n'avaient rien à y faire. Les vigiles aux faibles pouvoirs de coercition étaient poussés à intervenir de manière active par des commerçants attendant qu'ils règlent par tous les moyens possibles les problèmes de protection de leurs « bons » clients à court terme, protection que la police répugnait à traiter elle-même. Les voix dissonantes parvenaient mal à se faire entendre, mais, comme toujours, elles préfiguraient de la nouveauté. En enquêtant sur le site de Sartrouville, le nouveau directeur de l'hypermarché expliqua n'avoir d'autre choix que de changer totalement les méthodes de travail des vigiles de l'enseigne précédente, sous peine de voir définitivement fermé le centre commercial, ce qui aurait encore accru les handicaps des habitants de ce quartier pluriethnique difficile.

En enquêtant sur ce site, j'eus l'occasion d'analyser la façon dont la crise était vécue par les différents acteurs : la police, la municipalité, le sous-préfet à la Ville, les associations de jeunes, les travailleurs sociaux, les petits commerçants de la galerie marchande et la nouvelle équipe de vigiles « beurs » recrutés par la nouvelle enseigne, et cela dans un climat encore très tendu. Un nouveau clivage se dessinait progressivement, départageant désormais les pratiques de sécurité de commerçants sectaires et celles de commerçants réalistes, autrement dit les conservateurs à visée d'exclusion et les progressistes à visée d'inclusion. Ces derniers, non sans quelque opportunisme, justifiaient de nouvelles pratiques de discriminations positives à l'égard de vigiles d'origine maghrébine ou subsaharienne de la turbulente cité qui leur semblaient parvenir, mieux que les autres, à calmer les tensions du voisinage. Un autre site, non perturbé par une actualité sanglante, mais réputé cumuler un grand nombre de handicaps sociaux et géographiques, y compris l'existence d'une station de RER débouchant en plein cœur de la galerie marchande, était-il susceptible de voir surgir un risque analogue ? Je parvins à convaincre le directeur du centre commercial de la ville de Seine-Saint-Denis concernée, ainsi que le directeur de la société de gardiennage auquel il faisait appel et à son chef de poste, un ancien gendarme, de m'associer à leurs réunions de travail. Je désirais observer et évaluer leurs pratiques d'interpellation des fauteurs de troubles, leurs négociations avec ces derniers ou leur renvoi à la police, et dans ce cas examiner les mains courantes ; je m'intéressais également aux pratiques d'identification de leurs agents postés derrière les moniteurs vidéo, et pus, la confiance aidant, avoir accès au tableau de bord du calcul journalier des pertes et des marchandises récupérées par la direction du centre.

La délégation interministérielle à la Ville et le Forum français pour la sécurité urbaine furent les premiers à entrevoir que la vigilance privée décrite par cette monographie (Ocqueteau, 1993) pouvait être lue à nouveaux frais comme un possible « partenariat » intégrateur pour populations reléguées des quartiers périphériques. Non seulement il fallait réussir à convaincre les grandes enseignes d'embaucher des vigiles beurs dans les métiers du commerce (une première convention entre les services de Simone Weil, alors ministre de la Ville, et ceux de grandes enseignes fut signée en décembre 1993), mais encore convaincre du fait que des « grands frères » pouvaient constituer, en tant que vigiles, une nouvelle catégorie de travailleurs sociaux, solution de médiation intégratrice originale là où maints dispositifs de prévention avaient paru échouer. Alors que je rédigeais les monographies de ces expériences, deux métaphores concernant les différentes techniques de lutte possibles se sont imposées : le « parpaing » symbolisait une logique de guerre – une pseudo-*intifada* ? – entre jeunes et vigiles, spirale sans fin de l'attaque et de la riposte débouchant sur l'émeute urbaine, tandis que l'« éponge » correspondait à une logique d'apaisement où des vigiles proches de la culture des banlieues, pratiquant les arts martiaux, s'efforçaient de désamorcer l'agressivité ambiante, de l'absorber, de la canaliser et de l'évacuer, en prenant notamment en charge, par le biais d'un financement de l'enseigne, des activités sportives capables de détourner les jeunes perturbateurs de leur désœuvrement.

Ces monographies achevèrent d'accréditer l'idée d'entreprendre une enquête nationale par questionnaire dédiée aux diverses conceptions et pratiques de mise en protection dans les espaces commerciaux (Ocqueteau et Pottier, 1995). Sur les 950 hypermarchés sollicités, 411 questionnaires retournés permirent de fonder une analyse quantifiée systématique. Il en ressortait que l'image péjorative de l'agent privé et de la répression associée aux métiers de la protection se fissurait, aussi bien parmi certaines fractions de la haute fonction publique (les sous-préfets à la Ville) que parmi les membres d'une nouvelle génération de chargés de mission des collectivités territoriales, déçus par les échecs répétés du modèle de la prévention sociale des années 1980. Les sociologues français D. Monjardet et C. Gorgeon (1993) avaient dans le même temps perçu ce changement dans la société, puisqu'au sein de leur étude sur les représentations des pratiques d'une cohorte de gardiens de la paix interrogés à la sortie de leur formation scolaire, ils montraient de nouvelles lignes de fracture au sein de ce corps, sur le caractère utile ou inutile de la sécurité privée, alors que quelques années plus tôt les agents de sécurité publique (au moins aux échelons intermédiaires et inférieurs) en rejetaient encore l'existence globale comme une dangereuse menace pour la société. Ces auteurs posaient par ailleurs à bon droit la question de savoir, au-delà d'une défense intégriste de la notion de « service public », qui menaçait quoi : était-on en présence de gardiens de la paix s'inquiétant d'une présence massive de vigiles privés qui menaceraient la société, ou de gardiens de la paix se souciant plutôt de leur propre légitimité, à partir du moment où leur présence devenait elle-même de plus en plus erratique sur des espaces urbains abandonnés ? N'y avait-il pas là matière à dépasser la fausse rhétorique politicienne des « espaces de non-droit » ?

Au sortir d'une longue plongée dans l'univers des troubles au sein de grandes surfaces vivant au rythme de leur environnement urbain, s'éloignait progressivement l'idée d'une conception purement instrumentale et contractuelle de la protection des clients et des marchandises. En effet, au milieu des années 1990, un nombre trop impressionnant d'acteurs se trouvait virtuellement en accord avec une théorie du mal nécessaire de ces agents : dirigeants d'entreprises de sécurité devenus sensibles aux mécanismes d'intégration des laissés-pour-compte de la société ; gestionnaires d'espaces mixtes apprenant à négocier pour un plus long terme le contenu des finalités de leurs contrats ; fonctionnaires s'apercevant qu'ils n'avaient plus le monopole des « solutions toutes faites » pour enrayer la montée des foyers et les manifestations d'insécurité. La sécurité privée à caractère marchand commençait à se voir dotée de bien des vertus. Elle paraissait devenir non seulement un vecteur d'intégration pour personnes en déshérence et victimes de la « fracture sociale », du chômage et de la relégation urbaine ; mais, plus encore, un lieu à propos duquel se négociaient de façon pragmatique des sujets de société encore tabous dans le champ politique et scientifique. Le recours aux « minorités visibles » recrutées dans la sécurité privée, à l'image des populations que leurs agents « policent », finirent par inspirer le discours d'un ministre de l'Intérieur, pourtant réputé jacobin, qui justifia en 1998 le dispositif emplois-jeunes des adjoints de sécurité (ADS) comme devant préfigurer un modèle de police « à l'image de toutes les composantes de la population ». Enfin, summum du mouvement de reconnaissance, les entreprises de sécurité privée allaient également être conçues comme un réceptacle naturel de reconversion des ADS, non recrutés dans les rangs policiers, à l'occasion d'une première convention signée en décembre 2001 entre le Syndicat national des entreprises de sécurité et le ministère de l'Intérieur Daniel Vaillant.

Enquêtes sur les technologies de surveillance à distance

Afin d'éviter de prendre immédiatement parti dans une controverse politique sur les dangers des technologies de surveillance à distance, il me semblait utile d'examiner de près les procédés de détection et de gestion des foyers de troubles mis en œuvre par les vigiles derrière des moniteurs vidéo et à l'écoute de leurs liaisons radio avec les détectives postés dans les rayons, derrière les caisses, sur le mail ou sur les parkings de l'espace commercial pour interpeller les fautifs dans les grandes surfaces. En distinguant méthodologiquement ce qu'André Midol (1995) désignait comme des « nouvelles technologies de l'information et de la communication » (NTIC) à vocation sécuritaire « par incidence » (gestion technique centralisée, domotique par exemple) et « par destination » (télésurveillance, vidéosurveillance), plusieurs enquêtes de terrain allaient permettre de problématiser la nature des débats sur les outils de sécurité menaçant les libertés. Un débat public à ce propos avait eu lieu après la censure du Conseil constitutionnel sur l'article 10 de la LOPS et la promulgation du décret sur la vidéosurveillance de 1996 (Ocqueteau et Heilmann, 1997), mais était retombé aussitôt dans l'oubli. Quelques enquêtes commençaient à balayer le champ. L'une des premières montrait, parmi différentes monographies de sites, comment l'introduction de la vidéosurveillance dans un établissement scolaire avait permis de renouer un dialogue entre des équipes pédagogiques, des parents et des élèves (Heilmann, 1998). Trois autres concernaient les usages différenciés de la surveillance sur alarme par les particuliers (Akrich et Méadel, 1996), dans l'habitat public (Dard, 1998) et les stratégies de grands opérateurs nationaux qui, maîtrisant les réseaux de communication, profitaient de leur monopole pour convaincre les municipalités de s'équiper de systèmes de télésurveillance que leurs propres filiales de sécurité se proposaient de leur installer (Rochette et Marchandet, 1998).

Ces monographies indiquaient les directions à prendre pour la recherche : observer ce que l'introduction d'une nouvelle technologie telle que la télésurveillance bouleversait ou confortait dans les pratiques sociales antérieures de *policing*, dès lors que des utilisateurs volontaires (publics, privés, collectifs ou particuliers) ne s'en détournaient pas, mais commençaient à les intégrer progressivement dans leur vie quotidienne. Il importait de montrer et de comprendre comment police ou gendarmerie nationale, polices municipales et télésurveilleurs privés se retrouvaient au sujet d'espaces problématiques tels que les quartiers d'habitat social ou les transports publics, en état d'apprentissage et de négociation pour gérer concrètement les troubles détectés par les alarmes à distance. Les grandes manœuvres au sujet de la première réglementation des activités de télésurveillance remontaient au décret de 1991, dit Beaujard[5], mais la question de l'entrée de leurs usages dans les pratiques sociales rebondissait de plus belle avec l'introduction massive de la vidéosurveillance dans les espaces publics et les établissements recevant du public en 1995. Nombre d'enjeux s'étaient déplacés, et les pouvoirs publics réglèrent ce segment de l'activité en mettant en place un contrôle préfectoral *ad hoc* sur tout projet d'installation d'un système, plutôt que de recourir au contrôle de la CNIL. Avec l'aide des agents du bureau des libertés publiques du ministère de l'Intérieur, il devint possible d'évaluer les effets du dispositif de contrôle de la vidéosurveillance (Ocqueteau, 2001). Il se présentait comme une pierre supplémentaire à

5. La préfecture de police de Paris obtint en 1991 que les télésurveilleurs privés soient les premiers à alerter la police, mais soient passibles de sanctions s'ils ne discriminaient pas eux-mêmes les vraies alarmes des déclenchements intempestifs (95 % des cas).

l'édification d'un État de sécurité qui réussissait *a posteriori* le pari d'une double opération : instrumentaliser à son profit les utilisations par les policiers municipaux des collectivités locales concernées par ces nouveaux instruments de prévention de l'insécurité urbaine ; garder la maîtrise du contrôle de l'orientation de ces techniques gérées par des agents privés ou municipaux, en exonérant largement les télé- et vidéo-surveilleurs publics dudit contrôle administratif.

Y a-t-il une spécificité française dans l'art de gouverner la sécurité ?

De cette immersion, durant une quinzaine d'années, dans le domaine des usages et des modalités du contrôle de la sécurité privée, une conviction était désormais acquise. Que l'on parle de « gouvernance » ou de « pilotage » dans la production de sécurité, le concept clé de coproduction s'imposait comme une rhétorique témoignant de profondes mutations. On peut affirmer aujourd'hui ceci :

Au début du XXIe siècle, le processus de reconnaissance du secteur privé par les pouvoirs publics est presque totalement parachevé ; il a connu quatre séquences successives : 1983-1991 ; 1991-1995 ; 1995-2001 ; années ultérieures à l'attentat du 11 septembre 2001. L'État y apparaît *ex post ante* comme le barreur d'un navire qui essaie de contrôler un mouvement qui lui échappe, tandis qu'une multitude de rameurs, privés et locaux, mettent en œuvre la sécurité au quotidien.

Les années 2000 font face à de nouveaux défis, dont l'un des plus significatifs est lié à de profondes mutations idéologiques et sociales à l'égard du marché, d'autant que, parmi les élites politico-administratives, une importante reconversion idéologique de la haute fonction publique a vu le jour : les défenseurs du « modèle de la prévention sociale » des années 1980 ont finalement reconnu leurs échecs et opéré, avec l'aide de la Délégation interministérielle à la Ville notamment, une bifurcation de leurs conceptions initiales au début des années 1990 au sujet des « polices de la ville », dédiées au contrôle de populations spécifiques et des troubles spécifiquement générés sur des territoires localisés ; le ministère de l'Intérieur s'est emparé du référentiel de la « prévention situationnelle » au moment de l'édiction de la LOPS. Cette loi de police fondamentale posa en effet comme nouvelle doctrine d'emploi des polices que la sécurité était bel et bien une affaire coproduite, nécessitant le concours de toutes les forces disponibles. Cette doctrine fut reprise, validée et déclinée sous de nouvelles orientations par le gouvernement Jospin à partir du colloque de Villepinte en 1997, dit « des villes plus sûres pour des citoyens libres ». Jean-Pierre Chevènement put annoncer en cette occasion que la sûreté était la première des libertés (Rey, 2002). Il vaut de noter que ce phénomène de conversion des élites politico-administratives s'était accompli quinze ans plus tôt parmi les criminologues radicaux anglais devenus des partisans de la *new left criminology*, qui allaient aider à justifier le bien-fondé de la politique pénale travailliste de Tony Blair et de Jack Straw, quinze ans plus tard.

Une fois que fut conjuré le caractère supposé liberticide du commerce et des technologies de la sécurité privée, et que furent constatées en France la faiblesse d'un secteur de services très atomisé, dépendant de donneurs d'ordre aux besoins très différents, en même temps que sa très grande utilité ; une fois admis le particularisme du ticket d'entrée exigé par le patronat de la sécurité privée pour accéder aux marchés publics, ce qui se traduisit en France (à la différence de la Grande-Bretagne) par l'acceptation de devenir une « profession réglementée » ; une fois constaté le rapprochement des polices d'État et des polices municipales vers le marché privé de la techno-prévention situationnelle..., la question de l'intangibilité des frontières du *policing* privé et public perdait définitivement de son caractère idéologiquement clivé.

L'État central français pouvait toujours essayer de regagner le terrain perdu vis-à-vis des prétentions des maires à s'investir dans la gestion de la sécurité des personnes et des biens, en inventant une nouvelle réforme, dite de la « police de proximité », et en acceptant le principe de dispositifs contractuels « partenariaux » à l'échelon local, pourvu que les préfets gardassent la haute main sur leur pilotage. Si les effets de ces nouvelles modalités de pilotage par le haut restent encore à évaluer, il est indiscutable que l'entrée dans ce processus s'accomplit au prix de pertes symboliques majeures : l'État central doit « lâcher du lest » par rapport au monopole que la police s'est octroyé depuis trente ans pour lire seule les désordres sociaux, à partir de ses propres statistiques quantitatives du crime. Il doit ouvrir son action à l'évaluation extérieure par rapport aux partenariats qu'il a promus et dont il a reconnu la nécessité, et ne peut plus prétendre assurer l'expertise des « consultants hybrides » évaluant les effets de la production de l'ordre international, national et local, à un moment où la pression pour rendre des comptes (redevabilité financière et managériale) est devenue un horizon indépassable à l'endroit de la productivité de tous les services publics, qu'ils soient régaliens ou non.

Chapitre 2

SCIENCES SOCIALES, *POLICING* PUBLIC ET PRIVÉ

Comment les sciences sociales rendent-elles compte des recompositions et des mutations des fonctions policières au sein des sociétés occidentales développées et, singulièrement, de la croissance inédite des prestations marchandes de protection et de sécurité ? Avec quelles armes peut-on expliquer correctement ce phénomène au plus près de ses diverses composantes, son rôle et ses effets dans la mise en ordre des sociétés post-industrielles, et plus précisément dans les « sociétés à risque » ? On ne peut évidemment le faire que lorsqu'on dispose de clés de lecture à partir desquelles on s'efforce d'affiner l'analyse globale en stabilisant la nature de la « sécurité privée » par une définition plus juste de l'objet empiriquement réévalué. Jusqu'à peu, il n'était encore considéré que comme un phénomène résiduel qui permettait certes de décrire des processus sociopolitiques plus globaux, mais ne pouvait guère acquérir de légitimité d'objet scientifique, du moins en France, faute d'être parvenu à entrer dans des grilles de lecture politico-administratives, seule mise en forme recevable pour la science administrative des docteurs de l'État. Les recherches entreprises à ce sujet ont permis de sortir progressivement d'une phase de résistance des sciences sociales et du droit à l'égard de cet objet instable, qui s'expliquait pour une bonne part par la confusion culturelle entretenue entre les organes et les fonctions policières, et par l'écran du mythe du monopole de la violence légitime, plus facilement remis en question dans les systèmes culturels anglo-saxons de *common law* que dans les États de droit latin[1].

1. Le juriste Étienne Picard (1986), dans son essai de définition normative des missions assignées aux forces de police, affirme par exemple : « Les polices supplétives, de natures très diverses, tendent aujourd'hui à se multiplier.

Une meilleure connaissance de la pensée d'Egon Bittner (discutée par Jean-Paul Brodeur, par exemple, 2001) et une meilleure prise en compte de l'histoire des modalités du *policing* dans les sociétés à États forts ou faibles, ont permis de débloquer une pensée toujours portée à réduire les services de sécurité privée à une mouture modernisée des « polices supplétives », ou à en faire, le cas échéant, une des principales manifestations d'une privatisation rampante des appareils d'État dans leur ensemble, à partir du moment où l'on confond volontairement État et polices.

Il faut procéder à une incursion au sein des sciences sociales (dont j'exclus pour l'instant le droit positif) pour montrer comment elles contribuent à déterminer, à consolider ou à récuser tel élément de l'objet en construction. Le *policing* est une notion difficilement traduisible en français, mais courante dans les sciences sociales anglo-saxonnes, que l'on peut admettre comme l'« action de restaurer de l'ordre » ou de « policer ». L'important est de comprendre, derrière ce mot, un processus de mise en œuvre de fonctions de police incarnées par des agents spécialisés ou non, autrement dit, un complexe dynamique d'activités de régulation de désordres, soutenu par des agents publics, privés, hybrides, au sein de différents niveaux d'organisation sociopolitique territorialisés : microlocal, local, régional, national, supranational.

Qu'apporte le regard des disciplines ayant quelque chose à dire sur le *policing* en général ? Et que signifie, au sein de cet apport, le *policing* issu du secteur marchand de la sécurité ? Comment entendre son influence croissante dans le gouvernement de nos sociétés ?

On doit les exclure des forces de police *parce qu'elles sont simplement propres à certains services publics, ou bien privés, ou encore officieuses. » Il cite notamment « les polices intérieures à certains services publics, les gardes particuliers assermentés, les agences privées de recherches et sociétés de surveillance et gardiennage, les milices municipales, les polices parallèles ». Parmi les* vraies forces de police, *il cite : « La police nationale et les polices municipales (forces civiles de police) distinctes de la gendarmerie nationale et des forces armées participant à des missions de police (forces militaires de police) » (c'est nous qui soulignons). Or, l'une des grandes différences d'avec le modèle anglo-saxon paraît tenir à un trait de culture historique validé par le droit. Aux États-Unis, l'État central s'est toujours refusé à contrôler le libre marché des armes à feu en donnant, en vertu du 1er amendement de la Constitution, une conception très large de la liberté du citoyen de riposter à l'agression dans sa pratique de la légitime défense quand l'État, à son origine, ne pouvait pas forcément garantir la sécurité de tous ses ressortissants. C'est exactement la conception inverse qui prévaut en France. On remarquera que les taux de violence homicide dans les deux pays sont sans commune mesure aujourd'hui.*

"Policing" et philosophie

La philosophie, et singulièrement la philosophie politique, n'arrive que difficilement à rendre compte d'une conception restrictive de cet objet, à la différence de la sociologie politique comparée. Elle reste une spéculation « essentialiste », certes informée par l'observation du réel que lui fournissent les autres sciences sociales qu'elle prétend dominer (histoire, anthropologie, sociologie, sociologie politique), mais ne se donnant pas elle-même les outils méthodologiques de cette observation du réel. Néanmoins, elle peut contribuer à réenchanter le monde sur les objets émergents, quand elle se mesure à l'histoire des États en Occident et en particulier aux différentes fonctions de police qui leur sont consubstantiellement liées. Ainsi en va-t-il des récents travaux philosophiques d'Hélène L'Heuillet (2001a) qui ont révisé à la hausse les objets techniques tenus, au moins en France, en piètre estime, après avoir connu leur heure de gloire sous l'*Aufklärung*, autour des arts de gouverner, dans les traités du commissaire N. Delamare (1738) ou de J. H. G. von Justi (1761). Rappelons-en rapidement l'argument.

Dans sa réflexion sur le rapport police/politique, partant d'une acception beaucoup plus restreinte de la notion de « police » que celle que lui donnèrent Aristote, Hegel ou Foucault, Hélène L'Heuillet s'interroge sur la conscience policière, sur la pensée qu'entretient l'institution à propos d'elle-même et sur la série des principes guidant son action en tant que « haute police ». L'auteur affirme que celle-ci protégerait le politique en apportant la science dont l'État aurait besoin pour pouvoir agir. Le politique (à quoi on réduit en général l'action de l'État), c'est-à-dire le monde du réalisme, voire du cynisme machiavélien, incarnerait au contraire la « basse police », la décision et l'ordre, l'évaluation des circonstances, l'urgence et l'indétermination. La « haute police » prendrait dans la pensée occidentale au moins trois figures : Protée, le conseiller secret du pouvoir chargé de défendre l'ordre, c'est-à-dire de rationaliser la cohésion de l'État (son intelligence) ; Hercule, qui se chargerait de combattre indéfiniment les germes du désordre (son bras armé) ; Argos, enfin, ferait figure de surveillant et de détective (son œil). On pourrait le dire autrement sans trahir l'auteur, en mélangeant formellement l'institution et ses fonctions, à savoir une haute police constituée simultanément par une police politique, une police administrative et une police judiciaire. Si cette haute police « se voit déléguée à un but qui certes regarde l'État mais ne se confond pas avec sa finalité » (p. 354), on est alors fondé à la situer entre le haut (l'État) et le bas (la société), ou plus exactement à la fois au cœur et à la marge de la cité, c'est-à-dire dans un entre-deux ayant pour effet de limiter l'un par l'autre l'État et la société, en ne se confondant avec aucun des deux, ce qui serait peut-être alors sa marque de différenciation démocratique par rapport à son caractère potentiellement autoritaire (présente dans l'acception d'« État policier »). Dans cette hypothèse, en effet, police politique et police criminelle seraient totalement confondues. Appareil répressif d'État par excellence, c'est un peu le même argument dont se servaient les penseurs marxistes des années 1960, ou néomarxistes ultérieurs (Gleizal, 1974), pour qualifier certains des ressorts des sociétés capitalistes : autrement dit, la figure de l'appareil policier comme serviteur des intérêts de la bourgeoisie contre menaces et dangers venus des « classes laborieuses », ouvrières, salariales et, aujourd'hui, désaffiliées et reléguées dans les périphéries urbaines.

Comme toute pensée audacieuse et novatrice qui se respecte, la thèse de la philosophe oblige ainsi à se déprendre de bien des certitudes paradigmatiques ayant toujours cours au sujet de « la » police, au sein des sciences sociales. En effet, si on suit Hélène L'Heuillet, il faut se déprendre d'une vision purement instrumentale de la police comme auxiliaire de la politique, parce que la police participerait à la définition même de l'action politique, le « bas » n'étant pas la vérité du « haut » mais au contraire la condition structurelle de son existence. Se déprendre de l'idée que la police monopoliserait en *ultima ratio* la force ou la violence légitime, puisque son action se déploierait aussi et surtout dans une contre-violence préventive en tant que tiers acteur, cherchant indéfiniment à maîtriser, au nom de la sûreté (rétablissement de l'ordre et de la cohésion), les perturbations suscitées par les conflits divisant sans cesse la société et les pouvoirs. Se déprendre enfin de l'idée que « la » police administrative aurait une essence, ce qui serait contredit par les avatars de son histoire, en dépit des efforts des historiens du droit pour en justifier le concept (Napoli, 2003). Mais, sur ce point, il subsiste dans la thèse d'Hélène L'Heuillet une ambivalence de taille : si ce qui est policier réside dans le secret de savoir qu'il n'y a pas d'essence de la politique[2], autrement dit si le pouvoir politique réside dans une fiction,

2. Pierre Favre (1999) arrive à une conclusion identique dans son commentaire de l'ouvrage de D. Monjardet (1996). Sur l'objectivation scientifique des institutions de police (plutôt une « résistance délibérée au projet de connaître »), voir Brodeur, 1994 ; sur les difficultés d'objectivation spécifiques au sujet des « polices secrètes », voir Dobry, 1997 ; sur la possibilité néanmoins de décrire, certes de façon endogène, les institutions européennes de police liées au renseignement, voir Thuillier, 2000.

et que ceux qui se sont alors efforcés de le fonder (de Hobbes à Locke en passant par Rousseau) ont de fait justifié la domination d'une minorité sur la majorité d'une collectivité politique, alors il devient difficile de soutenir dans le même temps que la haute police constituerait « le résidu non rationnel d'une politique devenue rationnelle ». Il semble que c'est à ce moment-là que doit être convoquée la sociologie wébérienne du désenchantement du monde par le processus de rationalisation du pouvoir et de la neutralité axiologique de son explication scientifique, parce que, précisément, elle congédie les visions philosophiques qui prendraient acte de l'irrationnel au fondement du pouvoir politique. La théorisation d'Hélène L'Heuillet achoppe ici : on ne peut pas chercher la vérité ultime de « la » police dans la diversité de ses finalités sans d'abord se préoccuper de savoir qui détient concrètement le pouvoir de police (Bayley, 1975 ; Lévy, 1987, p. 19-28), quelles tâches réelles on assigne à, ou s'assigne l'institution dénommée « police ».

"Policing" et sociologie politique

La sociologie politique, dont l'identité scientifique incertaine réside au moins dans sa répudiation de toute notion d'essence, a apporté la preuve de sa capacité à reconstruire une histoire non fonctionnaliste, non policière et non conspiratoire de l'institution administrative de l'État baptisée « police », « bureaucratie » au sens de Weber ou « service public » au sens de Duguit.

La sociologie politique peut bien voir dans « la » police la principale, la plus légitime ou la pire des institutions spécialisées dans le *policing* intérieur d'un territoire[3], sa vocation doit rester éminemment historicisée, c'est-à-dire viser à montrer le développement des configurations sociopolitiques dans lesquelles s'insère et se déploie cette institution administrative, au moins depuis la création en France par Louis XIV de la Lieutenance générale de police, continuée par la figure de la Préfecture

3. Les diagnostics sont particulièrement fluctuants chez les spécialistes français mobilisés sur ce sujet. Parmi d'autres, s'agissant de l'histoire récente de la police en France, voir la thèse de Jean-Jacques Gleizal évoquant une « armée de droit peuplée de mauvais juristes » (1974). Dix ans plus tard (1985, p. 40-41), le même auteur voit dans la police un « appareil intellectuel ou un appareil sociétal productif » : « Pas un simple appareil d'État, pas non plus un appareil de domination, mais plutôt un appareil sociétal [...] plus qu'un œil, la police est une tête, elle a une compétence pour dire qui constitue un danger social... »

de police après la Révolution, ces actes d'institutionnalisation l'ayant nettement démarquée, en tant qu'institution fonctionnelle, de l'institution de la Justice (voir, à ce sujet, Fijnaut, 1980). Les configurations en question permettent de cerner les modalités historiques par lesquelles les institutions d'ordre en général entrent en conflit ou en harmonie avec les autres instances de socialisation et de régulation des désordres et des violences sociales.

La sociologie politique autorise encore à raisonner en termes de « système policier » (combinant plusieurs institutions d'ordre) ou de « pouvoir policier ». À ce titre, elle entend questionner indéfiniment les procédures de limitation et d'autolimitation à l'exercice de ce pouvoir. Ce qui différencie cette sociologie de la philosophie, c'est qu'elle se prononce, après avoir procédé à un examen empirique rigoureux des faits, sur la question de savoir si oui ou non il existerait une réelle spécificité de la « violence des institutions policières » ou de la « bureaucratie policière ». La philosophie se dispense de cet examen pour se prononcer *a priori* (L'Heuillet, 2001b).

Genèse des États et concentration des bureaucraties policières

Évoquer les modalités des fonctions de régulation et d'ordre passe aujourd'hui par un nécessaire coup de projecteur sur la genèse des États en Occident, en tant que forme d'exercice du pouvoir politique. Les genèses sont toujours des moments de ressourcement intéressants pour analyser le présent et interroger le devenir, et ne pas s'enfermer dans la rhétorique des fictions fondatrices. Car, si les États n'ont pas d'essence, ils ont en revanche une histoire dont les analystes patentés, gravitant dans l'orbite de la science ou de la sociologie politique et non plus de la philosophie, admettent la spécificité de leurs composantes dynamiques constitutives, en se référant principalement à la description des modalités de l'exercice de leur pouvoir.

Pour résumer sommairement ces apports, il est préférable d'éviter les embûches des approches anthropologiques qui se sont évertuées, en vain, à privilégier la comparaison entre des sociétés politiques disparues ou existantes, archaïques non différenciées ou plus ou moins différenciées. Emblématiques à cet égard sont restés par exemple les travaux de Pierre Clastres (1974) qui, pour montrer la viabilité d'une société sans État, dut mobiliser l'implicite des traits constitutifs de celui-ci pour conclure qu'une société pouvait survivre en s'édifiant contre lui. Ou bien encore ceux de Jean-William Lapierre (1978) qui s'interrogeait sur la possibilité pour une société de vivre sans État, en classant son matériau ethnologique selon un continuum allant d'un degré minimal à un degré maximal de différenciation. On doit reconnaître au premier anthropologue cité le mérite de n'avoir pas explicitement remis en cause l'idée d'un processus de différenciation sociale constitutif de l'État, dont la société des Tupis-Guaranis aurait pressenti les effets destructeurs et contre lesquels elle se serait arc-boutée pour le rejeter *a priori*. On ne peut, sous peine d'illogisme conceptuel, faire autrement que d'adopter une posture analytique qui prenne comme un acquis minimal l'existence de cette différenciation, même si historiens et sociologues discutent depuis longtemps du moment et des causes de ce phénomène[4]. Quant au second, la question resta chez lui non résolue de savoir où l'on devait placer le curseur de l'apparition de l'État dans les différents degrés du processus de différenciation, à l'endroit duquel on aurait pu inférer la possibilité de vivre dans des sociétés plutôt sans qu'avec État.

Il serait vain de vouloir se prononcer définitivement sur l'immense question du moment exact de la genèse ou de l'invention de l'État moderne. Il suffit de prendre pour acquis la présence d'un État prémoderne ou moderne, peu importe le label, dès lors que l'on constate le caractère cumulatif de plusieurs de ses caractéristiques majeures et que l'on peut scruter leurs degrés d'intensité actuels : une relative spécialisation d'agents chargés de représenter les intérêts du groupe en tant que groupe ayant besoin d'être cimenté dans un intérêt commun à sa survie ; la construction d'un centre plus ou moins capable de maîtriser la contrainte physique (et/ou symbolique, on en discutera plus loin) sur un espace donné et de pratiquer la défense de cet espace contre les tentatives de son annexion venues de l'extérieur ; une institutionnalisation relative du système politique, que le pouvoir exercé le soit au titre d'une prérogative personnelle ou au nom d'une puissance publique abstraite.

S'agissant du pouvoir politique occidental, celui qui prend progressivement forme historique en Europe en s'émancipant du pouvoir religieux selon une dynamique culturelle qui le fait diverger de celle que prend le pouvoir politique sur le terreau de l'Islam (Badie, 1987), maints analystes

4. *La fable anthropologique de la horde fraternelle de* Totem et tabou *de Freud reste encore fréquemment mobilisée pour expliquer la naissance d'un pacte social entre les frères après le meurtre du père, pacte par lequel, en s'interdisant la pratique de l'inceste, ils auraient mis fin au déchaînement de la violence primitive et fait accéder les hommes à la culture et au droit. Sur une récente mobilisation de cette fable, voir Béchillon, 1997.*

situent peu ou prou cette émergence au XIIIe siècle[5]. En un demi-millénaire, on aurait alors assisté à quatre séries de mutations cumulatives du pouvoir politique (Braud, 1998, p. 96 et suiv.) : la constitution d'une identité politique propre à des individus s'émancipant de leur identité religieuse donnant naissance à des sujets ou à des citoyens laïques, même s'ils demeurent religieux à titre privé ; la lente réduction des liens de dépendance personnelle dont le système féodal tirait sa substance, dans la mesure où il n'est pas discutable, du point de vue d'une histoire linéaire (ajoutons non téléologique), que l'on soit sorti d'une période baptisée « féodale » pour accéder à un autre âge, l'âge « moderne » ; la diversification des institutions politiques et administratives, avec l'amorce d'une bureaucratie plus ou moins étoffée ; la juridicisation ou codification croissante des rapports régissant les gouvernants et les gouvernés[6]. On peut ajouter à ces quatre caractéristiques classiques la délimitation progressive des frontières du droit public et du droit privé, le droit pénal constituant la quintessence du droit public fondant le pouvoir de démarquer l'ordre public de l'ordre privé, le pouvoir de punir du prince de l'État absolutiste, puis de l'État de droit, se légitimant en lieu et place de la victime progressivement dépossédée de son propre pouvoir de vengeance sur les offenseurs (Esmein, 1895 ; Robert, 1999).

Il importe assez peu, à ce stade de la réflexion, que les processus de différenciation n'aient pas tous pris en Occident le même degré d'intensité, et donc de discuter la question de savoir si l'État, peu ou prou (dé)différencié des communautés ou de la société dont il émane et dont il s'autonomise, apparaisse suivant les cas comme plus ou moins faible

5. Werner (1998) s'est essayé à réfuter les travaux classiques sur les origines médiévales de l'État moderne, qu'il situe non pas au XIIIe siècle, mais plutôt dans l'héritage de l'État chrétien, lui-même successeur de l'État romain depuis l'édit de Constantin le Grand, contestant vigoureusement comme idéologiques les découpages historiques habituels en Occident (Empire romain, féodalité, âge moderne). Voir également Mann, 2000.

6. C'est au point que, au XIXe siècle en France par exemple, passé l'épisode de la Révolution consacrant la notion de « droits de l'homme » opposables à l'État et celle de force publique instituée pour l'avantage de tous et non pour l'utilité particulière de ceux à qui elle est confiée (cf. l'article 12 de la Déclaration universelle des droits de l'homme et du citoyen, commenté par Picard, 1991), la domination « rationnelle légale » désormais en place a été capable de s'édifier dans un droit administratif rationalisant le fonctionnement des services publics, assurant leur continuité en dépit d'une succession frénétique de régimes politiques, par le biais d'une conception jamais vraiment remise en cause de la prééminence de l'intérêt général sur les intérêts particularistes, à l'exception du régime de Vichy qui connut une phase pure d'État milicien (Baruch, 1997).

ou fort (Badie et Birnbaum, 1979 ; Birnbaum, 1985). Et ce, par le biais de deux caractéristiques. Les premières concernent les différents degrés de cimentage communautaire ou d'atomisation sociétale des individus composant les collectifs susceptibles ou non de susciter des phénomènes de régulation endogènes à l'encontre des écarts de leurs membres, sur la base du volontariat (*policing by consent*). Les autres concernent les différents degrés de séparation du *jus privatum* et du *jus publicum*, c'est-à-dire de sophistication du droit de la fonction publique au fur et à mesure du processus d'autonomisation des institutions centrales bureaucratisées labellisées « régaliennes » (fiscalité, armée, justice, police, diplomatie) qui englobent progressivement la société, rendant possible la naissance d'un « État social de sécurité » (Robert, 1999).

La définition wébérienne de l'État constitue-t-elle toujours le socle minimal à partir duquel il est possible de raisonner : soit « l'entreprise politique de caractère institutionnel dont la direction administrative revendique avec succès, dans l'application des règlements, le monopole de la contrainte physique légitime » (Weber, 1971, rééd. 1995, t. I, p. 97) ? Voici quelques années, le sociologue Pierre Bourdieu fut amené à refonder la thèse de Weber pour rompre avec ce qu'il désignait comme « la pensée d'État » et proposa comme alternative à la célèbre formule celle qui suit : « L'État est un X (à déterminer) qui revendique avec succès le monopole de l'usage légitime de la violence physique et symbolique sur un territoire déterminé et sur l'ensemble de la population correspondante » (1993, p. 51). Une page plus loin, il résumait son point de vue en expliquant l'État par les trois propriétés suivantes : l'aboutissement d'un « processus de concentration des différentes espèces de capital » (capital de la force physique ou d'instruments de coercition : armée, police ; capital économique ; capital culturel ou mieux, informationnel ; capital symbolique) le constituant comme détenteur d'une « sorte de métacapital » donnant pouvoir sur les autres espèces de capital et sur leurs détenteurs ; une concentration qui « conduit à l'émergence d'un capital spécifique, proprement étatique, qui permet à l'État d'exercer un pouvoir sur les différents champs et sur les différentes espèces particulières de capital et en particulier sur les taux de change entre elles » ; une construction de l'État « [allant] de pair avec la construction du champ du pouvoir entendu comme l'espace de jeu à l'intérieur duquel les détenteurs de capital (de différentes espèces) luttent notamment pour le pouvoir sur l'État, c'est-à-dire sur le capital étatique, donnant pouvoir sur les différentes espèces de capital et sur leur reproduction (à travers notamment l'institution scolaire) ».

On doit retenir de cet essai de définition tautologique, inductif et substantialiste, qui se voulait néanmoins constructiviste, que l'État, à la différence de chez Max Weber, s'y présente à la fois comme un processus continu, un pouvoir doté de différents attributs instituants et institués, et comme l'objet d'une lutte continuelle pour l'appropriation d'un métacapital. Si cet État n'est pas réductible à la seule concentration du capital de la force physique, rien dans l'explication du sociologue ne semble pourtant sur ce point contredire l'explication limitative de Weber. En affirmant qu'armée et police sont des forces de coercition qui se sont historiquement concentrées, Bourdieu ne fait qu'expliquer Weber (des institutions mandatées pour garantir l'ordre se sont séparées du monde social ordinaire ; la violence physique ne peut être appliquée que par un groupement spécialisé, mandaté à cette fin, identifié au sein de la société, centralisé et discipliné) et rendre hommage à Elias (1939) : « son mérite est d'avoir su dégager toutes les implications de l'analyse wébérienne en montrant que l'État n'a pas pu s'assurer progressivement le monopole de la violence sans déposséder ses concurrents intérieurs des instruments de la violence physique et du droit à l'exercer, contribuant ainsi à déterminer une des dimensions essentielles du processus de "civilisation" » (p. 52). Il ajoute simplement que l'État naissant dut affirmer sa force physique dans deux occurrences différentes : à l'extérieur (par rapport aux armées d'autres États) et à l'intérieur (« polices » comme contre-pouvoir des princes et des résistances de la base des classes dominées).

Pourquoi alors tant insister sur l'apport du sociologue de la domination symbolique à la définition de l'État, alors que sa pensée à l'égard des « polices » est restée muette ? Parce qu'il a surtout le mérite de montrer que les analystes du passé, du présent et de l'avenir de l'État ne sont pas neutres, dans la mesure où ils restent pour la plupart eux-mêmes bien trop souvent prisonniers d'une pensée d'État, c'est-à-dire d'une vision juridicisée de l'ordre légitime. Une histoire reconstruite en somme par le vainqueur, celle des juristes ou autres défenseurs de la science de l'État, noblesse d'État ou « gardiens de l'hypocrisie collective » (Ocqueteau et Soubiran-Paillet, 1996), comme si l'État et ses institutions régaliennes n'avaient pas non plus de forme ni de contenu historicisable, comme s'ils étaient devenus des essences. Au fond, l'intérêt de cette sociologie décapante de Bourdieu est d'inviter plus que jamais à se reposer la question de savoir comment un État exerçant légitimement une violence physique sur une minorité pour protéger une majorité qui lui aurait formellement délégué l'exercice de la force et de la contrainte est toujours à la fois historiquement fondé et en mesure de s'y employer quand il semble se décomposer ou se recomposer. Autrement dit, quand et comment cet État commence à se transformer de façon décisive, c'est-à-dire quand il paraît moins bien assumer ses attributs régaliens ou quand ceux-ci sont amenés à se recomposer ou à se renforcer selon des modalités nouvelles. Cette sociologie invite à observer, partout où cela est possible, et notamment dans les contextes instables et transitionnels (post-communistes, post-coloniaux, néo-coloniaux, ultralibéraux, etc.), la recomposition des nouveaux foyers de domination et/ou de libération de l'emprise matérielle et symbolique d'un État... déjà là, pas encore là, plus tout à fait là où il était...

Résistibles et irrésistibles monopolisations de la violence

Jusqu'où l'État, quand il prétend monopoliser la contrainte, dépossède-t-il ou prive-t-il les individus ou les collectifs des pouvoirs qu'ils détenaient auparavant pour gérer les litiges individuels ou collectifs dans les sociétés traditionnelles où ils vivaient ? Comment le fait-il ? Et peut-il toujours le faire ? Ces questions posent la problématique de manière dynamique. Elles jettent un doute sur l'idée que le monopole est une affaire réglée une fois pour toutes. Elles sont sensibles au fait que c'est moins l'attribut qui compte que le processus lui-même : « revendiquer *avec succès* le monopole de la contrainte physique légitime » impose d'en passer par le test de l'application concrète.

Un filon fécond s'est récemment développé à la suite d'une thèse assez provocatrice de Charles Tilly (1985, 1990), informée par Braudel, sur la guerre et la construction de l'État en tant que crime organisé, permettant une méditation sur l'idée de la monopolisation de la force dans les sociétés s'édifiant actuellement sur les décombres d'expériences de régimes autoritaires ou totalitaires (post-coloniaux ou post-communistes). Sont en cause des réflexions sur la repatrimonialisation du pouvoir d'user de la force et de la protection autour de problématiques centrées sur la montée des mafias et la privatisation des fonctions d'ordre et de protection.

Dans ce champ de réflexion, on observe que la monopolisation de la force, légitimée après coup par le droit de la régulation autour d'un processus complexe de dépossession (*Entmachtung)* et de déresponsabilisation (*Entlastung)* des membres de la société (von Trotha, 1993), constitue implicitement le *nexus* de l'identité de l'État. La différence entre le sociologue et l'historien vient de ce que le premier jugerait rétrospectivement du passé à la lumière du présent, tandis que certains des seconds essaieraient de dire que l'appropriation de la protection pourrait être autant l'apanage de l'État que... des mafias. États et mafias se trouveraient en quelque sorte mis sur un pied d'égalité, comme en concurrence, ce qui signifierait que l'idée de monopole de la protection ne serait qu'un mot, un phénomène précaire, sans cesse remis en question.

La thèse de Tilly, plusieurs fois remaniée, est simple : c'est la guerre qui a fait les États, et l'analogie entre guerre, création de l'État et crime organisé, pour provocatrice qu'elle soit apparue la première fois, reste tout à fait féconde dans la mesure où elle permet de suspendre pour un temps un jugement de valeur positif associé à la légitimité du droit de l'État contre un jugement de valeur négatif associé au terme *mafia*.

Admettons que banditisme, piraterie, mercenariat, rivalités territoriales entre bandes, police et armée s'inscrivent au départ dans un même continuum. Les États auraient été construits par des « entrepreneurs coercitifs et égoïstes » qui auraient fait la guerre en leur nom et avec leur légitimité, pratiquant une vaste forme de crime organisé fondé sur le racket en échange de la protection de certaines populations. Autrement dit, l'exploitation coercitive aurait joué un rôle de premier plan dans la création des États européens, les résistances populaires ayant forcé les prétendants au pouvoir à accorder une protection et à mettre un frein à de telles actions. Le racketteur est celui qui produit à la fois le danger et la défense payante pour le prévenir ou s'y opposer. La protection vendue et dispensée a un côté rassurant et inquiétant à la fois : tout dépend en effet de l'estimation que le protégé fait lui-même, et de la réalité de la menace et de son extériorité. Le meilleur racketteur est, à terme, celui qui apporte une défense fiable et au moindre prix contre les autres racketteurs locaux et contre les brigands de l'extérieur. Le racketteur « légitime » finit par se distinguer des simples racketteurs concurrents en poursuivant une guerre qui le conduit à prélever des ressources sur les populations qui peuvent l'aider à emprunter et à acheter, populations dont il est le premier à encourager l'accumulation du capital.

Mobilisant les travaux de Frederik Lane sur l'histoire de la république de Venise (1966), Charles Tilly montre que les gouvernants auraient pris part au commerce qui consistait à vendre de la protection, avec ou sans l'adhésion du peuple. Le tribut du monopole de la violence serait allé aux détenteurs des moyens de production, tandis que le bénéfice du monopole serait allé aux consommateurs : la « location de protection » aux marchands aurait été acquise grâce aux attaques des gouvernants contre les concurrents extérieurs des marchands. Tilly se livre ensuite à une typologie des gouvernants et de leurs agents fournisseurs de protection pratiquant une violence organisée en conduisant la guerre (éliminant et neutralisant les rivaux à l'extérieur du territoire), en édifiant l'État (éliminant et neutralisant les rivaux à l'intérieur du territoire), en protégeant leurs clients (éliminant et neutralisant leurs ennemis) et en prélevant des fonds sur l'ensemble des populations du territoire pour accomplir les trois premières missions.

Selon Tilly, la frontière incertaine et mouvante entre violence illégitime et violence légitime serait apparue dans les cercles supérieurs du pouvoir, quand les forces armées étatiques eurent acquis une certaine unification et permanence, le besoin de recourir à des mercenaires, pirates et bandits pour le compte de puissances moyennes en concurrence étant devenu moins pressant (processus cinquantenaire, démarré en France avec Richelieu à cause de la grande secousse de la Fronde). Quoi qu'il en soit, il serait possible de comparer les caractéristiques d'organisation des formations étatiques en Occident selon les différents degrés de résistance populaire à la guerre et selon l'équilibrage relatif entre guerre, protection, prélèvement des ressources et construction des États par la durabilité des instruments de surveillance et de contrôle mis au point sur tel ou tel territoire.

L'intérêt de cette sociologie historique de la formation des États à teneur fortement économiciste a été particulièrement bien perçu dans deux directions différentes : chez une nouvelle génération d'analystes de la privatisation de la violence par les structures mafieuses et chez les spécialistes des entreprises de protection nées dans les décombres de la Russie communiste.

Mafias siciliennes

L'historiographie récente des mafias en Sicile a conduit à réactualiser les notions de protection au prix de la violence dans les sociétés à État inefficient ou à État efficace, ce qui a amené les politistes à revenir sur la notion de protection publique. Isabelle Sommier (1998) a bien fait ressortir la nécessité d'une conception normative progressiste de l'État protecteur pour disqualifier les mafias qui prétendent se placer dans un registre de compétences commun. Si les mafias, qui « privatisent la violence par les voies illégales », arrivent à jouer un rôle et à être estimées, dotées d'une certaine efficacité fonctionnelle, c'est parce que l'État serait inefficient aux yeux de ceux qui se tournent vers elles, affirme cet auteur. En bonne lectrice de Weber, elle estime que, quand l'État est là, il évite que ne se représente une configuration équivalente à celle qui lui a donné naissance, à savoir une lutte entre puissances économiques et militaires de force semblable jusqu'à ce qu'une seule d'entre elles ait acquis le monopole. Autrement dit, les mafieux proposeraient de la sécurité-protection, un bien illégal parce qu'il serait réservé à l'État. La protection offerte par la mafia resterait « privée et soumise à extorsion », contrairement à la protection offerte par l'État qui serait quant à elle un bien public[7].

Le problème est que cette lecture ne résiste pas toujours à l'examen sociohistorique. Deux thèses sont en présence à l'heure actuelle sur la causalité entre offre et demande de protection dans l'histoire sicilienne : tantôt le développement des mafias est expliqué par des éléments endogènes à la société au sein de laquelle elles évoluent, tantôt il est expliqué comme le produit d'un système particulier de l'État. La première école reste très sensible à la vision du mafieux comme entrepreneur de violence (Catanzaro, 1993). Ses adeptes sont surtout frappés par le fait de la présence quotidienne de la violence, qui interdit d'affirmer que des rapports de confiance de type impersonnel et affectivement neutres puissent se tisser durablement entre protecteurs et protégés. La seconde école, plus sensible à la protection qu'apporterait la mafia qu'à la violence dont elle userait, représentée par les travaux de Gambetta (1991), essaie d'en justifier la fonctionnalité et la permanence historiques : « D'un point de vue analytique, affirme Diego Gambetta, État et mafia ont à faire avec le même bien qui n'est pas réductible à la violence. Faire coïncider la mafia avec l'industrie de la violence est une simplification : la violence est un moyen, une ressource plutôt qu'un produit. Le vrai bien, c'est la protection [...], la mafia est une industrie qui produit, promeut et vend de la protection privée. » Historiquement, donc, la mafia aurait été une réponse au manque endémique de confiance à l'égard du royaume des Deux-Siciles, l'autorité publique n'ayant jamais eu assez de crédit pour garantir un marché dès lors qu'était en jeu un bien illégal ou non reconnu par la loi. Pezzino (2000), à la suite de Gambetta, ajoute que la Sicile, n'ayant jamais réussi son passage au monopole de la violence légitime, aurait plutôt donné naissance sur le long terme à une diffusion démocratique de la violence

7. C'est évidemment autour de la notion de « bien public » que se situera une partie de la réflexion ultérieure.

comme ressource susceptible d'être utilisée par des groupes sociaux libérés de leurs anciennes attaches sociales, et progressivement structurés et autonomisés dans la prise en charge de la violence, après l'unité italienne en 1860. La tendance à la monopolisation de l'industrie de la protection par des grands groupes concurrents en paix armée aurait même abouti à éliminer la distinction entre vendeurs de protection et clients, les clients étant enrôlés sans broncher dans les processus mafieux, et les mafieux étant devenus aptes à s'occuper progressivement d'activités économiques les plus diverses. Les échanges de services entre groupes mafieux et réseaux politiques se seraient institués et maintenus avec le temps, de sorte qu'en Italie le rapport mafia/pouvoir politique ne serait pas organique ou structurel, mais un système purement fonctionnel en vue d'atteindre des objectifs communs. La coopération des hommes politiques avec les groupes mafieux connaîtrait, selon cet auteur, trois modalités : quelques rares spécimens de politiques ouvertement et organiquement mafieux ; des hommes politiques appartenant à des réseaux affairistes qui s'entendraient pour intriguer avec la mafia ; le plus grand nombre d'entre eux, en échange de l'obtention des suffrages des mafieux et de leurs obligés, seraient voués à accéder à des ressources publiques (marchés publics) et à orienter certaines décisions politiques à leur profit. Les années 1990 auraient néanmoins été une période de crise pour les mafias italiennes : *Cosa Nostra,* par exemple, n'étant plus autant assurée que par le passé de l'impunité face à la détermination guerrière d'une magistrature jouant sur les effets de la transgression de l'*omertà* par les repentis, aurait adopté une stratégie de conflit ouvert avec les institutions (ce dont les assassinats des juges Falcone et Borsellino témoigneraient éloquemment) ; par ailleurs, la diminution des aides publiques aux régions méridionales les aurait affaiblies en tarissant leurs sources principales d'enrichissement ; enfin, le consensus social dont les mafias bénéficiaient traditionnellement s'éroderait progressivement. Autant de raisons qui tendraient à prouver la validité de la première thèse plutôt que celle de la deuxième.

Est-ce à dire que la présence de l'État italien se serait renforcée dans le Mezzogiorno des années 1990, hypothèse que les partisans de la théorie wébérienne devraient en bonne logique soutenir ? Rien n'est moins sûr, me semble-t-il : il faut en effet toujours compter avec la permanence et la capacité du phénomène mafieux à sélectionner des ressources spécifiques lui permettant de s'adapter à son environnement en accumulant et en mobilisant sans répit du capital social, une capacité infinie, comme le dit R. Sciarrone (2000), à créer des réseaux, par la coopération et l'échange, avec des agents extérieurs à l'organisation mafieuse. Les réseaux mafieux n'ont donc sans doute pas dit leur dernier mot.

Entreprises de protection russes

Prenant acte du fait que l'État semblerait y avoir perdu un monopole de la violence légitime qui ne lui était guère contesté auparavant, la Russie actuelle semble se présenter comme une fragmentation déguisée de l'État, avec émergence sur son territoire de sources concurrentes et incontrôlées de violence organisée, d'armées semi-autonomes et de réseaux alternatifs de taxation.

L'un des meilleurs spécialistes actuels de la question, Vadim Volkov (2000), estime qu'en 1997 (chiffres stabilisés), en dehors des agences étatiques actuelles, 10 200 agences de détectives et de protection privée enrôlant 140 600 personnes existeraient sur le territoire de la Russie, dont 30 000 réparties au sein de 1 500 agences à Moscou et la moitié de ces effectifs à Saint-Pétersbourg. Il propose de distinguer plusieurs catégories : les agences étatiques illégales (services de police d'État et forces de sécurité agissant comme des entrepreneurs privés) ; les agences non étatiques légales (compagnies de protection privée) ; les agences privées illégales (entreprises reposant sur le crime organisé aux mains de groupes de bandits).

À la suite des travaux pionniers de Frédéric Varèse (1994), Volkov refuse de reprendre à son compte la définition wébérienne de la mafia comme « groupement politique dont le financement arrive sur la base de prestations extorquées », pour deux raisons principales : à ses yeux, l'État soviétique n'était pas une anti-mafia, comme l'auraient été les États démocratiques. Ce qui autorise, de son point de vue la comparaison entre le cas sicilien et celui de l'ex-Union soviétique, c'est que le féodalisme tout autant que le communisme auraient connu comme traits similaires un très faible nombre d'individus jouissant du droit de propriété publique et une faible capacité à exercer la violence légitime en vue de protéger le plus grand nombre. Ce qui expliquerait par ailleurs que la Russie soviétique aurait toujours eu un réseau fort dense de régulation sociétale fondé sur le volontariat citoyen, pour ne pas parler des célèbres « tribunaux de camarades ». L'effondrement du régime soviétique aurait fait émerger une quantité de propriétaires aux besoins nouveaux, qui, ne trouvant plus les ressources traditionnelles de protection dans les structures du pouvoir antérieures, seraient amenés à organiser par eux-mêmes la protection de leurs intérêts, ou au moins d'en appeler à des entreprises de protection spécialisées. Par ailleurs, les ressources de la violence, naguère largement exclues de la sphère de l'entreprise privée, reviendraient au premier plan, expliquant tant la légalisation des agences de protection parapubliques que la montée du marché des agences de protection privée. Ce phénomène en croissance rapide répondrait à une triple explication structurelle : une crise de légitimité des anciennes structures coercitives de l'État soviétique ; le tarissement du financement gouvernemental des forces de police et de sécurité de l'État ; la nécessité d'infiltrer et de contrôler de l'intérieur le milieu du crime. Bref, à n'en pas douter, le reflet d'une crise profonde de l'État tel qu'il s'était édifié depuis quatre-vingts ans, mais également, aux yeux de Volkov, le moyen pour un État russe affaibli de ne pas trop perdre pied dans la maîtrise de ces phénomènes, quand il s'essaie par ailleurs à mettre en place de nouvelles modalités de contrôle dans l'économie privatisée ou privée.

Cette thèse est particulièrement intéressante, dans la mesure où elle s'efforce de ne pas trop dramatiser le processus actuel de la privatisation des services publics en Russie comme on a tendance à le faire en Occident, tout en prenant les plus extrêmes distances avec les visions nostalgiques de la sécurité telles que pratiquées par le régime communiste. Dans l'attente d'apports ultérieurs, il faut faire crédit à la sensibilité non manichéenne de cet analyste, parfaitement conscient du fait que les grandes agences de protection moscovites ou pétersbourgeoises ne sont somme toute que des segments privatisés de la sécurité d'État et des organismes de renseignements tels que les FSB, MVD, GRU. Les prestations offertes par ces agences vont de la protection physique à l'exécution de contrats, des règlements de conflits aux recouvrements de créances, de la collecte d'information au conseil en organisation. La conversion de la réputation du savoir-faire public (acquis au sein du KGB) en ressource commerciale reste aux yeux de cet analyste la technique la plus usitée et sans doute la plus performante de la part des entreprises de protection légales ou illégales russes d'aujourd'hui. Si Volkov voit dans les processus en cours un acte de « civilisation » de l'usage de la contrainte auparavant monopolisé par un État coercitif qu'une société entière a finalement réussi à balayer parce que le système sur lequel il reposait avait largement failli, on doit au moins constater qu'il n'y a pas de fin de l'histoire à ce sujet. Un effort important d'analyse de la période empruntant les « sentiers de la dépendance » de ces régimes doit être fourni, qui ne tente surtout pas d'importer les grilles de lecture habituelles de la privatisation du contrôle des désordres à l'œuvre dans nos vieilles démocraties occidentales. Ce concept de privatisation demeure non seulement polysémique dans des contextes historiques identiques, mais il suscite encore bien souvent d'importants contresens lorsqu'on essaie de le faire fonctionner dans le contexte des régimes exotiques post-coloniaux.

Privatisation d'États ou de fonctions régaliennes ?

Au sujet des États post-coloniaux en transition ou en recomposition, un détour dans le monde exotique est nécessaire, où la privatisation de ressources publiques reste un classique, autrement dit un processus largement consommé. De ce point de vue, les travaux de Jean-François Bayart, Stephen Ellis et Béatrice Hibou (1997), de Béatrice Hibou (1999) ou de Romain Bertrand (2003), ainsi que ceux de M.-A. Pérouse de Montclos (1997, 2002), demeurent une source d'inspiration essentielle. Pourquoi ce détour ? Parce que les phénomènes de privatisation de la gestion de l'ordre dans les États que ces auteurs étudient y sont plus lisibles, plus schématiques qu'en Europe continentale, et qu'ils y constatent les phénomènes massifs de vente du patrimoine public à des entreprises privées, pour ne pas parler de l'organisation de véritables pillages.

Pour Pérouse de Montclos (1997, 2004), par exemple, on assisterait, en Afrique subsaharienne notamment, à une fragmentation des forces de l'ordre où la confusion la plus extrême régnerait entre activités de mercenariat, sociétés de gardiennage, détectives privés et milices. Les frontières entre le privé et le public seraient particulièrement difficiles à tracer en raison de nombreuses pratiques de chevauchements (*straddling*). Si l'on veut y évoquer des processus de privatisation, ce n'est certainement pas toujours dans l'hypothèse d'un recul de l'État au profit des forces marchandes : l'exemple de l'Afrique du Sud sortie de l'apartheid passe en général pour emblématique d'une situation où l'on a vu augmenter les effectifs policiers autant que les effectifs privés. Simplement, la réforme démocratique de l'appareil coercitif n'y aurait pas enrayé le succès des opérateurs indépendants. Les observateurs ont souvent pensé que la privatisation des forces publiques devait se lire sur les décombres d'États déliquescents, mais encore assez machiavéliens et puissants pour vendre des droits régaliens en négociant leur légitimité et leur caution gouvernementales. Leurs anciennes polices se retrouveraient, dans ce troc, au service d'intérêts ciblés de multinationales pétrolières, de conglomérats miniers, de partis politiques ou de notables capables de s'acquitter de leur obole auprès d'organismes corrompus, en se louant au plus offrant. Cette privatisation des forces publiques pourrait donc se lire à partir du destin des seules institutions policières devenues des milices, groupes paramilitaires et autres « escadrons de la mort ».

De telles explications sont courantes mais restent encore trop spectaculaires. Le sont moins les situations qui témoignent de logiques partant de la base, de mouvements d'autoprotection échappant alors bien souvent aux tentatives de récupération gouvernementales, même si leurs pratiques ne sont en rien idylliques : comment lire en effet le développement des patrouilles d'îlotage et de vigilance, la constitution d'unités d'autodéfense jusques et y compris les formes de justice expéditive du lynchage, les recours à des protections magiques et les développements frénétiques des sociétés de gardiennage dans les townships sud-africaines ? Des analystes évoquent également des modes de gouvernement alternatifs, prenant la forme du développement d'un « mercenariat » téléguidé par les puissances étrangères[8], et il n'est plus rare de constater un réel processus de spécialisation de multinationales de la sécurité privée assurant elles-mêmes un ordre temporaire au sein de régimes en transition. Faut-il alors avancer qu'on est en présence de phénomènes de substitution des organes de gestion de l'ordre, par laxisme gouvernemental ou impuissance des États en recomposition ? Cette question reste en fait largement controversée : le terme *privatisation* n'est pas toujours d'un très grand secours, et il demeure beaucoup plus problématique qu'il n'y paraît.

Pour Béatrice Hibou, en effet (1999, p. 11-67), raisonnant dans le droit fil des travaux de J.-F. Bayart sensibles à la thèse wébérienne de la « décharge[9] », rien ne permettrait de soutenir la thèse de la privatisation

*8. Celui que l'on voit s'opérer sous nos yeux en 2004 dans la tentative de « normalisation » de l'Irak de l'après-Saddam, où non seulement des firmes militaires privées officient, aux côtés de l'armée américaine, en employant de nombreux fonctionnaires du Pentagone, mais également dans le « packaging complet » de la prestation, c'est-à-dire la logistique, le renseignement, la formation, la surveillance et l'interrogatoire des prisonniers, et la protection des officiels (*Le Monde*, 8 mai).*

9. Dans Économie et société, *Max Weber avait montré, notamment dans le contexte ottoman et colonial européen, l'existence de régimes de fonctionnalité étatique impliquant des formes de « décharges », quand il ne leur était pas possible de monopoliser totalement le processus d'expropriation des opérateurs privés, notamment ceux du marché des biens de violence et plus encore celui de la récolte fiscale ou, plus précisément, de l'« affermage de la collecte de l'impôt ». Sur la délégation de la gestion de la collecte de l'impôt par la Ferme* des États sur le continent africain, car : à l'échelon gouvernemental, dans maints pays de ce continent, les relations entre acteurs publics et privés resteraient très étroites ; les contacts des dirigeants des filiales des multinationales de la sécurité privée ou des entreprises mercenaires ou de police privée avec les autorités officielles resteraient plutôt informels ou officieux, mais bien réels ; le rôle des négociations et des arrangements (même instables, même précaires) permettant de créer ou de maintenir les conditions d'un exercice traditionnel du pouvoir demeurerait fondamental ; enfin, la délégation créerait une dépendance mutuelle entre les institutions publiques (fussent-elles faibles) et les intermédiaires privés. Il existe évidemment des risques toujours très forts d'autonomisation des intermédiaires privés, mais, même dans les cas d'États très affaiblis et fragmentés, on parviendrait toujours, par à-coups ou par intermittences, à maîtriser ces risques par le contrôle des relais locaux détenteurs des leviers de la mise en œuvre effective des politiques, comme le faisaient naguère les administrateurs des colonies.

D'où vient alors la force ou l'intérêt heuristique du terme *privatisation* des États dans ces contextes africains ? Pour Béatrice Hibou, le mot reste intellectuellement pertinent si on le pense non pas comme un processus introduisant une rupture, le passage d'un mode de gouvernement à un autre, mais plutôt comme une continuité du pouvoir sous des formes différentes. Il constitue un atout intellectuel s'il permet de comprendre et de rendre compte de la nature de l'exercice incertain du pouvoir étatique, et à la condition de n'en pas faire le résultat d'une stratégie délibérée. Il s'agit, pour les élites locales, d'une politique de survie dont l'efficacité relative peut être mesurée, en dépit du caractère peu démocratique du processus.

Un doute et une certitude subsistent : parler de privatisation des États sans point d'interrogation peut induire en erreur et le terme, dans ces conditions, ne semble pas très utile s'il réfère à une « décharge ». Si l'État ne disparaît pas vraiment, pourquoi évoquer l'idée de sa privatisation plutôt que celle de son affaiblissement ? Surtout, on doit se demander s'il n'y aurait pas là un implicite propre au champ des économistes orthodoxes qui, effarés par les conséquences des États affaiblis, se désespèrent de voir que les lois du marché ne parviennent pas à elles

sous l'Ancien Régime, voir les travaux de V. Azimi (1987). Romain Bertrand mobilise explicitement cette thèse de la « décharge » de l'État dans son étude sur les virtuoses de la violence, autrement dit les liens entretenus par la police coloniale et les « jago » dans son histoire de Java des XVII*e au* XX*e siècle (Bertrand, 2003).*

seules à garantir la confiance nécessaire à la pérennité des transactions – puisque, en l'occurrence, les acteurs économiques sont dans des positions totalement asymétriques. La loi du plus fort risquant d'être érigée en système (au sens propre du terme, la transaction de celui qui a réussi à privatiser la force et la coercition à son profit), il s'agirait donc de sauver l'État affaibli, le seul capable d'avoir encore une légitimité minimale pour assumer la sécurité des transactions internationales avec les autres États ou organismes internationaux dont dépendrait sa survie. Le point aveugle est évidemment de savoir comment distinguer un État affaibli encore légitime d'un « État voyou » (*rogue state*), ainsi labellisé par les Américains par exemple, tandis que la communauté internationale est sommée de le punir en l'abandonnant à son naufrage.

Vers une pacification de l'usage de la force ?

Revenons au contexte des vieilles démocraties occidentales. Une troisième direction d'analyse en sociologie est informée par la redécouverte de la contribution des travaux d'Egon Bittner, plutôt liée au sous-champ des spécialistes de la police qui raisonnent dans le cadre de démocraties dont la légitimité du pouvoir exercé par une autorité de type « rationnel légal » fait à peu près consensus, ce qui veut dire qu'on n'y discute pas de la confusion possible entre État et institutions policières : les deux structures y apparaissent *a priori* très nettement différenciées.

Cette pensée a été récemment renouvelée par le criminologue canadien Jean-Paul Brodeur (1994, 2001), qui a introduit un doute sur le prétendu monopole de la violence légitime exercé par l'État par l'entremise de la police publique, ce qui a provoqué en retour de ce côté français de l'Atlantique une intéressante controverse sur l'habilitation de l'usage de la force. Il a en effet déclaré – sans convaincre – que maints professionnels autres que la police détenaient cet usage (par exemple, les médecins ou le personnel hospitalier usant de la contention envers des malades violents...). Cette controverse a eu le grand mérite de déverrouiller une pensée endormie au sujet de la vulgate wébérienne, y compris dans sa version modernisée par Bittner.

La fortune américaine de la thèse de Bittner (1970) au sujet de la police est d'avoir précisé Weber dans une tradition sociologique différente (l'ethnométhodologie) ; elle pose néanmoins de sérieux problèmes aux spécialistes canadiens et français de la police. Essayer de situer exactement les implicites de ces controverses scientifiques est important, car ce qui est en jeu à cette occasion, ce sont des traditions culturelles spécifiques qui conditionnent largement la façon dont les chercheurs mobilisent la science pour argumenter leurs divergences théoriques. On voit en effet s'opérer parmi les spécialistes une oscillation de la pensée autour de la prétendue spécificité de l'objet police qui résiderait dans son habilitation monopolisée du recours à la force institutionnalisée. Pour Bittner, le rôle de la police est contenu dans un « mécanisme de distribution d'une force coercitive non négociable mis au service d'une compréhension intuitive des exigences d'une situation ». Pour Brodeur (1994, 2001), cette définition signifie une capacité virtuelle de la patrouille de police en tenue à recourir à la force dans certaines occasions, une responsabilité qui lui serait donnée de pouvoir réprimer le crime quand elle l'estimerait possible, beaucoup plus qu'un mandat explicite visant à lutter contre le crime d'où découlerait ce pouvoir spécifique de ne pas avoir à négocier son usage de la force en certaines circonstances. Pour cet interprète de la pensée de Bittner, cela revient donc à dire que l'éventuelle intervention coercitive de la police s'effectuerait dans l'urgence et ponctuellement, de façon réactive plus certainement que proactive ou préventive, un usage concernant le plus souvent des situations de crise dans des circonstances dramatiques, et visant une action et une cible individuelles plutôt que collectives. Bref, la police de Bittner chercherait en dernière analyse le maintien individuel de la paix, la faisant plutôt ressembler au modèle de l'assistante sociale Florence Nightingale plutôt que d'en rester au pur exercice de la répression du crime (le modèle du shérif poursuivant William Sutton, le voleur). La capacité de la police d'user de la force serait un métier ou un art plutôt qu'un savoir explicitement normé. Brodeur (1994) formule néanmoins un certain nombre d'objections à Bittner, non pas tellement sur le fond de sa thèse, avec laquelle il serait en accord, que sur son caractère a-judirique et a-sociologique, en dépit des observations de terrain que ce dernier fut amené à pratiquer. Il lui oppose des arguments de syntaxe (il est impossible d'observer quelque chose de virtuel), de sémantique (de nombreuses limites empiriques et notamment, on l'a dit, le caractère à ses yeux fictif de l'idée de monopole, au profit d'un monopole partagé *de facto*) et de pragmatique (il pointe une contradiction récurrente entre description et évaluation de la performance policière dans ce registre). S'interrogeant une seconde fois sur le fondement de l'habilitation policière à faire usage de la force, Brodeur (2001) revient sur une remarque que Bittner, interrogé à ce sujet, aurait confirmée : « Les policiers ne sont pas autorisés à utiliser la force parce qu'ils doivent affronter de vilains criminels. Ils ont à l'inverse le devoir de contrôler les vilains criminels parce qu'ils disposent de l'autorité plus générale d'utiliser au besoin la force requise pour atteindre les objectifs désirés. » Brodeur en déduit une conception faustienne de la force monopolisée : donnée originaire à laquelle on ne pourrait trouver de fondement réel et en même temps donnée dérivée du droit. C'était déjà l'interrogation de Dominique Monjardet : « Comment la force peut-elle servir le droit, alors que le droit s'origine de sa volonté de se substituer à la force[10] ? » Brodeur confirme son bien-fondé et conclut à la nécessité de cette aporie : une police incarnant la force sans droit serait aveugle, une police au service du droit sans la force serait une coquille vide.

Si le criminologue Brodeur tente de sauver la théorie de Bittner en décentrant son objet, c'est qu'il lui faut opérer un pont entre des objectifs antinomiques pour justifier l'originalité d'une position à la fois réaliste et critique sur le *policing*, capable de défendre d'un seul tenant une philosophie et une sociologie de l'État. Bref, de réconcilier une théorie wébérienne modernisée, qui souffrirait très mal en Europe de sa remise en cause, avec celle de ses contempteurs qui ne s'embarrassent aucunement de la forme actuelle de l'État, de façon à rendre possible la description des modalités alternatives du *policing* aux États-Unis ou en Grande-Bretagne. Des traits caractéristiques d'un objet éclaté, non monopolisé, doté d'un usage résiduel de la force au profit d'une configuration nouvelle du *policing*, tendanciellement organisée autour de la gestion et de la redistribution de l'information à toutes les composantes de l'État et de la société par exemple (Ericson et Haggerty, 1997, 2001).

La complexité de la pensée de Brodeur s'est trouvée récemment récusée par Fabien Jobard (2001), un sociologue peu sensible aux routines policières et aux raisons d'un usage historiquement de plus en plus raréfié de la force par la police. Jobard estime que leur rareté doit néanmoins être scrupuleusement interrogée et référée à leur contexte d'apparition dans l'espace social et à leur traitement dans l'espace juridique. Une partie de son travail se fonde sur des entretiens avec des « sortants de prison » ayant subi des violences policières. Il montre que la dépossession de ces personnes en situation anomique vivant largement dans la rue explique l'exercice de violences policières : leur dénuement social et physique inciterait à une extrême personnalisation

10. On ne peut qu'être frappé par la parenté de cette formule avec le célèbre mot de Pascal justifiant l'autorité du souverain : « Ne pouvant faire que ce qui fût juste soit fort, on fit en sorte que ce qui soit fort fût juste. »

des rapports de forces, débouchant sur de la domination physique ; la finalité des objets et de l'architecture des lieux de la police (menottes, armes, cellules…) serait fréquemment détournée, le corps des suspects ou des prévenus devenant non seulement un instrument possible de l'aveu, mais également et surtout un objet de correction, la cible privilégiée de sanctions et de brutalités. Les violences de jeunes, des actes émotionnels, non lucratifs, anarchisants, seraient perçues par les policiers comme plus fréquentes que par le passé ; ils s'efforceraient de les briser en privant leurs auteurs de toute capacité de résistance. S'agissant enfin du « droit des violences policières », cet analyste tente de montrer que la jurisprudence administrative et judiciaire aurait toujours tendu à consolider « l'arène des violences policières ».

Ce dernier argument est fort, mais il conviendrait pourtant de bien distinguer ce qui est attribué à la justice et ce qui revient en fait au législateur, lequel est périodiquement amené à légaliser des procédures policières auparavant illégales mais devenues innovantes et supposément plus efficaces (voir par exemple Lévy, 2002, sur les livraisons contrôlées dans les affaires de stupéfiants). Si besoin il y a de légaliser un droit exorbitant de l'usage de la force, ce besoin demande néanmoins à être mis en parallèle avec la montée de la juridicisation de règles déontologiques au sujet des pratiques policières ainsi qu'avec le plus grand accueil des dénonciations des déviances policières par leurs victimes. Ces mouvements participent de conserve d'un encadrement pointilleux de l'usage de la violence, et donc de sa raréfaction. Non seulement ces mouvements ne contredisent en rien l'idée que les syndicats de police ont toujours tendance à résister aux tentatives du politique de les mettre sur un pied d'égalité avec les voyous, comme on l'a vu récemment dans la controverse française sur la loi des conditions de la garde à vue. Contrairement à ce qu'elle entend dénoncer, la thèse de Jobard ne contredit ni la lecture de Monjardet ni celle de Brodeur réfléchissant à la théorie de Bittner. Recourir à la pensée de Carl Schmitt pour l'opposer à celle de Max Weber, sur la neutralisation du corps de « l'ennemi », sans laisser à celui-ci la possibilité de discuter, reste une facilité douteuse et assez peu convaincante. Il semble en définitive que cet auteur soit en quête de vouloir refonder sur d'autres bases la quintessence d'une modalité de l'action policière, la police décidant « souverainement » *de* la situation exceptionnelle et *en* situation exceptionnelle, en mobilisant une figure alternative qui de notre point de vue concernerait plutôt la fonction « militaire ». Or, la vraie question reste plutôt celle de savoir comment tirer toutes les conséquences du fonctionnement de la domination dite

« rationnelle légale » (celle de la loi et de l'autorité judiciaire) dans un État de droit aménageant un espace dans lequel la loi s'efface parfois devant la nécessité de recourir à la violence physique. « L'exercice de la souveraineté policière réside dans un espace social spécifique où la décision policière a valeur de décision souveraine et où les individus qui s'y trouvent ont une chance non négligeable d'être objets d'un mode ancien d'exercice de la souveraineté, qui est l'atteinte au corps », soutient Jobard (2001, p. 341), qui entend signifier qu'on n'aurait pas affaire à une survivance ou à une déviance appelée à disparaître avec le procès de rationalisation, mais au contraire à la nécessité de la force organisée par le droit, dont les policiers tireraient toujours profit dans leurs pratiques violentes. Voilà un argument qui fait bien peu de place à l'éclatement de l'appareil policier en de multiples composantes hétérogènes et rivales, elles-mêmes divisées sur la question de la nécessité de l'exercice des violences. Peu de place à l'idée que si la coercition physique vise à empêcher certains mouvements corporels de récalcitrants, rien n'oblige à ce que cette neutralisation s'effectue au prix d'un surplus de douleur physique (bien des policiers parviennent en effet à neutraliser un corps rebelle en douceur, ne serait-ce que par la maîtrise des arts martiaux). Peu de crédit au mutisme des victimes et aux raisons qui les pousseraient à accepter de subir de la violence sans sourciller, ce qu'elles n'accepteraient pas d'agents équivalents en cas d'interpellations en flagrant délit (vigiles dans les « cabines à claques » de grands magasins par exemple)[11]. Enfin, peu de crédit à la « demande sociale » adressée par des protago-

11. En étudiant très attentivement cette question sur le terrain (voir chapitre I), j'ai montré que les deux principaux facteurs de renvoi par les vigiles des personnes qu'ils interpellaient dans les grands magasins étaient : 1) le montant et l'objet du vol ; et 2) l'attitude de rébellion du suspect lors de son interpellation en flagrant délit. Certains suspects n'acceptent pas toujours très bien les conditions de transactions des vigiles, non parce qu'ils craignent leurs éventuels abus de pouvoir, mais parce qu'ils essaient de contester la mise en œuvre de leurs pouvoirs coercitifs du point de vue du droit pour les plus procéduriers d'entre eux (rare) ou, le plus souvent, parce qu'ils redoutent la menace de l'intervention ultérieure de la police ou de la gendarmerie. Les commerçants, en cas de conflits, se voyant obligés de les rendre publics, cherchent à négocier avec les forces de police légitimes les coûts de « rétention » des auteurs dans un local interne de leur entreprise en attendant la venue de l'OPJ pour enregistrer leur plainte et donner une suite à l'affaire ou au sort de l'auteur « retenu » dont ils sont les victimes. Les « bavures » des vigiles ayant été nombreuses à ce sujet, et l'existence de « cabines à claques » ayant eu des effets désastreux sur l'opinion publique, la plupart des commerçants potentiellement impliqués ou sujets à ce genre d'incidents répétitifs se sont par exemple décidés à filmer eux-mêmes en temps réel ladite cabine pour dédouaner leurs agents d'accusations de violence.

nistes en conflit avec la force publique pour faire cesser un litige intrafamilial ou une rixe. Or, la tierce intervention de la force ne serait bien souvent que l'ultime recours pour faire cesser un processus de violence dans lequel ils seraient pris et impuissants à se déprendre seuls (ce cas de figure de la dialectique triangulaire de la violence et de son arrêt par la force est loin d'être un phénomène rare, au sein des fractions les plus précarisées et marginalisées de la société ; et ce type de mission dans le traitement de l'urgence demeure une composante fondamentale du travail policier, ce que l'on a trop tendance à oublier).

Ces quelques objections ne visent pas à nier l'existence de la violence policière comme déviance organisationnelle, bien qu'elle pourrait être éradiquée par un encadrement vraiment professionnalisé mais invitent plutôt à tenir compte, s'il faut absolument établir un régime de « vérité » de la police, de son investissement constant, comme un « tiers acteur ». Un tiers acteur amené à user parfois de violence pour prévenir d'autres violences sociales et privées bien plus douloureuses et traumatisantes, sans se payer de mots ou d'illusions sur l'efficacité de cette dramaturgie toujours recommencée. Cette police fonctionnerait comme tiers acteur dans des conflits domestiques ou vicinaux qui la dépassent (Monjardet, 1997) et elle aurait bien souvent conscience de jouer aussi un rôle d'agence de régulation instrumentalisée par les particuliers, parfois seule[12], parfois en appoint à d'autres urgentistes plus spécialisés.

Appareil d'État monopolisant la force, certes, mais appareil d'État au service de particuliers, bien souvent, et sans doute pas assez. Entre les deux s'insinue désormais la « protection privée ». Qu'apporte-t-elle ? Et que bouscule-t-elle des pratiques et des analyses classiques dans la production de la sécurité collective ?

12. Nous ne situons évidemment pas cette discussion dans le champ de la violence des polices dans l'exercice du maintien de l'ordre pratiqué par les CRS ou les brigades mobiles de gendarmerie. À ce sujet, voir Bruneteaux, 1996 et Moreau de Bellaing, 1999, 2001.

Chapitre 3

DÉFINIR ET COMPTER DES HOMMES, DES SERVICES, DES ENTREPRISES

Pour cerner l'expansion du secteur privé de la sécurité et son emprise sur la société française, une réflexion sur les indicateurs statistiques disponibles constitue un préalable nécessaire. Quantifier un phénomène économique et social le fait sortir de sa confidentialité, autorise à en montrer la vitalité et permet de le comparer à d'autres indicateurs.

Qui compte, pourquoi compte-t-on et que compte-t-on exactement ?... Ces trois questions liminaires participent à construire l'objet « secteur privé de la sécurité » en lui donnant une assise quantitative évolutive. Épistémologiquement, on sait combien les dénombrements « statistiques permettent de découvrir et de créer des êtres sur lesquels prendre appui pour décrire le monde et agir sur lui », selon le mot d'Alain Desrosières dans son ouvrage *princeps* sur la politique des grands nombres (1993). Il évoquait un travail simultané des scientifiques et techniciens ainsi que des hommes politiques ayant besoin de disposer d'indicateurs quantifiés pour fonder leurs politiques, la statistique étant par définition la « science de l'État ». Les interactions demeurent constantes entre les producteurs et les utilisateurs, et des corrélations se sont spontanément établies entre deux types de phénomènes : les chiffres de la croissance des agents de surveillance privée seraient un indicateur d'adaptation du marché à une demande exponentielle de protection du public et/ou à une croissance de la délinquance contre les personnes et les biens que l'État ne parviendrait plus à satisfaire correctement. On comprend rapidement pourquoi les usages politisés des séries statistiques sur les objets de sécurité provoquent une certaine résistance de la part de ceux qui les construisent et qui se sentent dépossédés dans les arènes publiques des questions de méthode qu'ils font profession de mettre en avant prioritairement.

Tant que les sources de quantification de la prévention des phénomènes sociaux d'insécurité ainsi que leurs limites n'ont pas été passées au crible de la raison scientifique, le procès en illégitimité de leur lecture politique reste fondé. Mais il est difficilement tenable, dans le même temps, que les constructeurs de données résistent longtemps à l'idée de ne pas les rendre publiques plutôt que d'être interprétées par les médias, et rendues opératoires par les politiques et les administratifs. C'est un débat bien connu dans le domaine des statistiques pénales, par exemple. Remarquons à ce sujet que, au cours des années 1990, les manifestations de l'insécurité étant devenues un enjeu central des politiques publiques, le conflit latent entre producteurs de connaissances quantifiées et utilisateurs a beaucoup évolué, sinon changé de nature. La montée des observatoires locaux des risques jusqu'à l'institutionnalisation d'un Observatoire national de la délinquance en 2003 a constitué de ce point de vue un phénomène social et politique d'importance inédite (Ocqueteau, 2004).

Toute nouvelle source d'amélioration de la connaissance sur des risques récurrents a sa propre légitimité, en décrivant à la fois une partie du réel de l'institution qui la produit *et* un état particulier et fragmentaire d'une préoccupation de l'État et de la société civile. La multiplication des sources de connaissances au sujet des insécurités demande en permanence un effort de confrontation à d'autres sources déjà routinisées, à condition de demeurer vigilant, d'une part, à l'interprétation des chiffres de la pression délinquante en termes de faits, de populations ou de comportements, d'autre part à celle des chiffres constitués par les nouveaux foyers de régulation émergents par rapport aux anciens.

Contexte politique et scientifique d'apparition des observatoires de risques

Poser la question de la nécessité d'un « Observatoire national de la délinquance » officiel en France aujourd'hui, c'est se demander plus largement jusqu'où la production de la connaissance de la « criminalité » ou des « délinquances » peut et doit rester une affaire monopolisée par les bureaucraties policières (police et gendarmerie) et judiciaires. C'est s'interroger sur les raisons de l'acceptation d'une mise en cause de ce monopole comme une « affaire d'État ». Rendre compte de la brèche à ce sujet exige d'interroger au moins trois facteurs explicatifs : la perte d'influence de la posture intégriste sur les statistiques pénales, la montée d'espaces stratégiques de dialogues et la montée de savoirs experts locaux concurrents.

1. Pendant longtemps, les chercheurs français spécialisés dans le commentaire des évolutions statistiques de la délinquance, en position dominante dans le champ, ont préféré ne pas se compromettre à les finaliser pour l'action, dans la mesure où ce qui les intéressait était surtout de dénoncer les catégories de populations sur lesquelles se concentrait l'action répressive de la police et de la justice. Leur critique, épistémologiquement radicale, découlait d'une lecture plutôt dogmatique des statistiques pénales comme mesure unilatérale du produit de l'activité des agences de répression (Robert, 1977 ; Aubusson, 1987, 1996), bien plus que d'une mesure de la criminalité *sui generis*. Ils préféraient en conséquence laisser aux politiques (juristes, policiers ou magistrats eux-mêmes) le soin de tirer de l'évolution des chiffres globaux les enseignements opérationnels que ces derniers souhaitaient, en n'acceptant aucunement de jouer les conseillers du prince. Cette posture demeurait néanmoins assez souvent délicate à tenir, d'autant que les chercheurs concernés, faute d'instruments de mesure alternatifs susceptibles de détrôner les statistiques annuelles des crimes et délits publiées par le ministère de l'Intérieur (dites « état 4001 ») et d'accéder au fichier STIC-FCE[1] qui l'alimente (un fichier généralement reconnu comme plus proche d'une certaine réalité criminelle que celui de la statistique judiciaire), se trouvaient par ailleurs condamnés à ne pouvoir spéculer qu'à partir de monographies locales et devaient se contenter d'approcher qualitativement certains contentieux, tant que n'avaient pas été investies à grande échelle les enquêtes de victimes comme moyen de comparer les chiffres policiers aux chiffres révélés par les victimes. L'image des « délinquances » qui en résultait était celle d'un produit construit autour de personnes stigmatisées par l'appareil pénal au sens large, par le biais de la célèbre métaphore des filières de populations discriminées passées dans les filtres successifs de l'entonnoir pénal (Aubusson, 1987). Cette posture avait d'ailleurs quelque utilité pratique puisqu'elle permettait de relativiser les paniques morales périodiques exploitées par les politiciens

1. *Fichier des statistiques du traitement des infractions criminelles, faits constatés et élucidés.*

alarmistes dans l'opposition gouvernementale, au sujet d'une croissance irrésistible de « la » délinquance et du « sentiment d'insécurité ». Cette posture relativiste, portée à récuser les outils de mesure des institutions censés reposer sur des catégories arbitraires et injustes, tant dans la détection des transgressions que dans la lecture des transgressions elles-mêmes, ne s'est certes jamais présentée de manière aussi caricaturale, mais ses tenants n'en étaient pas moins perméabilisés à une herméneutique du soupçon, prompte à dénoncer les falsifications des chiffres policiers à la base quand les commentaires des producteurs divergeaient trop ostensiblement de leurs propres perceptions (association Pénombre, 1999).

Cela dit, de telles prédispositions critiques peuvent néanmoins coexister avec d'autres postures possibles. Comme l'a bien montré Desrosières dans son histoire concrète de l'abstraction statistique (Desrosières, 1993, p. 411 et suiv.), différentes manières de lire les grands nombres peuvent toujours se recouper. Par exemple, les « relativistes » ont souvent été conduits à devenir des « constructivistes », c'est-à-dire à reconstituer scientifiquement la genèse d'un phénomène transgressif par l'élucidation des pratiques sociopolitiques ayant conduit à forger un objet statistique pour rendre compte de ses régularités. Constructivisme et relativisme resteraient néanmoins des attitudes scientifiques difficilement compatibles avec deux autres attitudes intellectuelles possibles face aux chiffres : l'attitude « réaliste » qui postule l'existence de faits objectifs, indépendants des observateurs et de leurs outils de mesure, dépassant ainsi les contingences singulières ; et « l'objectivisme » de l'action normative, que l'on trouve par exemple dans la justification suivante : si le droit pénal interdit de faire certaines choses que l'on peut décompter à travers la régularité du nombre des transgresseurs ou de leurs actes, alors l'attitude est objectivement fondée qui déduit de la solidité de l'outil de mesure une action possible sur les transgresseurs et/ou leurs actes.

Si, dans le champ criminologique, la troisième attitude a toujours eu plus de mal à être fondée que la quatrième, c'est l'objectivisme, fortement corrélé à l'idéologie de la « prévention situationnelle », qui est devenu l'attitude triomphaliste chez nombre de criminologues au cours des années 1990. Notamment chez ceux qui font profession d'experts conseillers des pouvoirs locaux. De sorte qu'une possibilité de dialogue a pu se frayer un chemin sur la lutte contre le crime et les insécurités entre tenants d'une « morale de la conviction » et de la « responsabilité », réconciliation impensable en période d'intégrisme scientifique dominé par les relativistes ou les constructivistes.

C'est précisément dans ce processus de décrispation collectif que s'est insinuée la possibilité de nouveaux espaces de débats et qu'a pu naître l'idée même de la faisabilité d'un observatoire ou d'observatoires de « la » délinquance. Dans le langage conventionnaliste d'Alain Desrosières, on pourrait dire que s'est ouverte la possibilité d'un espace de dialogue et de débats. Une « convention » où les épistémologies que l'on vient de rappeler ont pu être débattues, parce qu'elles avaient trouvé un lieu institutionnel, l'Institut des hautes études de la sécurité intérieure notamment, où ce dialogue était devenu possible. Rappelons la définition de l'espace conventionnel chez cet auteur, que l'on se permettra de localiser au sein de cet Institut : « Un espace où les formes sont perçues comme indiscutées pour que la vie puisse suivre son cours, et discutables pour faire changer le cours de la vie » (*ibid.*).

2. Il convient de s'appuyer sur un autre champ de réflexion pour expliquer le sens de cette ouverture, en puisant chez les analystes de l'observation des risques environnementaux quelques enseignements utiles. Les travaux de P. Lascoumes et de J.-P. Le Bourhis (1997, p. 145 et suiv.) ont par exemple très correctement posé la question de l'objectivation des « risques » par les observatoires des Directions régionales de l'environnement. Ces politistes ont montré comment le projet de connaître est toujours de rendre plus visibles des problèmes pour se donner les moyens d'intervenir de façon pertinente dans les décisions. Or, les instruments de connaissance dont disposent les observateurs de terrain, profanes ou scientifiques (Callon, Lascoumes et Barthe, 2001), ne s'imposent jamais d'eux-mêmes par leur seule autorité. Quand il s'agit d'améliorer le *porter-à-connaissance* d'informations vers les décideurs, donc de regrouper, de rendre cohérent et accessible un ensemble de données disparates pour les alerter sur des problèmes émergents, cette connaissance reste toujours dotée d'utilisations stratégiques. C'est ainsi que jouent par exemple la peur pour le producteur de se voir dépossédé de ses propres données, son pouvoir de rétention volontaire pour conserver une zone de maîtrise sur son propre savoir, et que se pose surtout l'enjeu de la récupération du travail et des bénéfices logistiques ou médiatiques pour d'autres acteurs localement plus puissants que les producteurs. Bref, le travail d'exploitation des données ne se réduit jamais à une simple activité technique d'accumulation d'informations : il existe toujours des interférences complexes entre les enjeux profanes et scientifiques, organisationnels et politiques de la collecte, de la diffusion et de l'exploitation des données tant qualitatives que quantitatives.

Des tels mécanismes sur le savoir quantifié des délinquances liées aux personnes et aux biens subissent le même destin. Quand il s'agit de normaliser de nouveaux outils et de mobiliser une connaissance disparate au sujet de risques peu circonscrits, l'enjeu reste peu dramatisé. Mais quand la situation se présente dans une configuration où des outils de mesure sont standardisés de longue date, il devient beaucoup plus conflictuel. Pas d'autres moyens alors que de biaiser avec les producteurs en les persuadant de rendre leurs outils moins grossiers ou plus fins, et de les convaincre de la nécessité d'en divulguer la méthode pour le bénéfice d'un plus grand nombre d'usagers potentiels (opérateurs de terrain ou analystes de la longue durée) tout en évitant le risque de la remettre en cause ; ou bien encore de raisonner sur les marges de compatibilité des instruments anciens avec les nouveaux, sachant que, à l'origine de leur construction respective, ils ne pouvaient viser les mêmes objectifs, les mêmes cibles, les mêmes populations, ni *a fortiori* les mêmes enjeux politico-scientifiques de construction (Ocqueteau, Frenais et Varly, 2002)...

Voilà pourquoi, tant que les clés de lecture de l'élaboration et du commentaire des chiffres ne sont pas devenues transparentes parce que tel outil de mesure reste monopolisé, comme c'est encore le cas des chiffres policiers de la délinquance, prévaudront toujours des dialogues de sourds : l'impression « en bas » (le peuple, les journalistes...) que le « haut » manipule l'opinion dans la construction ou l'interprétation des indicateurs, une prévention qu'était censée dépasser la commission parlementaire Caresche-Pandraud en vérifiant officieusement la vraisemblance de la falsification des chiffres policiers à leur saisie. Et de la part du « haut », à l'inverse, l'impression que les sources de connaissances scientifiques alternatives au sujet des délinquances et des insécurités constituent une menace pour un pouvoir qui entend traditionnellement le monopoliser à son seul profit. D'où sa tendance à les ignorer, puis à les disqualifier quand la cécité volontaire n'est plus de mise, ou bien encore, quand les deux premières attitudes ne sont plus possibles, à essayer de les capturer pour se les annexer partiellement. Typiques à cet égard nous paraissent avoir été les attitudes de l'administration à l'égard des enquêtes de satisfaction populaire au sujet des réformes policières (et notamment de la réforme de la police de proximité), à l'égard des enquêtes de délinquance autorapportée ou des enquêtes auprès des victimes.

3. L'expertise est-elle, oui ou non, vouée à l'évitement ou à la vindicte si les conclusions locales des bureaux d'études spécialisés qui

entendent désormais jouer leur partition dans la prescription opérationnelle sans remettre en cause les outils de mesure existants sur lesquels ils fondent leurs diagnostics, doivent déboucher sur des améliorations du travail policier ? Autrement dit, comme maints analystes critiques le croient encore trop souvent, si ce type d'expertise ne tend qu'à légitimer la répression de populations déjà précarisées. S'enfermer dans un tel débat serait aujourd'hui se condamner à régresser. Il est préférable de porter la réflexion sur le déplacement de la tension désormais polarisée entre les manières de concevoir l'utilité des diagnostics d'insécurité par rapport à l'analyse de la mesure de la performance des politiques locales mises en œuvre pour en contrer les manifestations. En effet, soit des observatoires sont institués au sein d'une convention permettant la construction d'un espace de débat favorisant l'émergence de visions locales d'un problème posé dans le but de construire de nouveaux compromis locaux acceptables par le plus grand nombre ; soit les expertises locales sont capables de produire un savoir objectivé sur l'insécurité susceptible de transcender le particularisme des intérêts de chaque acteur institutionnel concerné par le diagnostic, comme c'est le cas dans la version technocratique qui prévaut dans les modèles méthodologiques promus par le département Ingénierie de l'Institut des hautes études de la sécurité intérieure (IHESI, 1998 ; Collectif, 2000). Rappelons que la vocation de cet institut fut un temps de doter les acteurs locaux d'une méthodologie homogène pour des diagnostics croisant des données institutionnelles préexistantes, avec une volonté d'adaptation au contexte de villes particulièrement « insécures ».

Quelles que soient les tensions entre ces deux modèles, l'un favorisant plutôt la citoyenneté, l'autre plutôt le dialogue entre les institutions de prise en charge, la nouveauté est bien que l'on ait commencé à sortir de la phase encore taboue de la coopération des chercheurs et analystes avec des experts sans états d'âme sur les finalités des « agences de répression ». Cela dit, il ne faudrait pas mésestimer, s'agissant du marché de l'expertise de sécurité, l'émergence de nouveaux conflits de légitimité entre experts policiers et experts privés autoproclamés, lesquels posent désormais un nouvel espace de conflit : les expertises gratuites d'un service de l'État central pour le compte de municipalités sont-elles une formule viable à terme quand augmente la concurrence des bureaux d'étude privés vendant leurs diagnostics aux maires, même si pour l'instant ils ne sont que de bien pâles copies de ceux fournis par l'État (Buffat et Le Goff, 2002) ? La question n'ayant pas été tranchée par voie réglementaire, les bureaux d'études privés se sont crus en effet autorisés à surenchérir dans la vente de leurs prestations, en reprenant les méthodologies élaborées par l'ingénierie d'État. Or, s'ils le firent contre espèces sonnantes et trébuchantes, ils n'avaient pas toujours les moyens d'en tirer des actions opérationnelles évaluables localement, comme ce fut au contraire le cas des quelque vingt diagnostics gratuits du département Ingénierie de l'IHESI. Lequel s'est rapidement trouvé, sous l'effet de cette concurrence déloyale, au centre d'une logique d'injonction paradoxale : vu l'absence de méthodologies disponibles pour les collectivités au moins avant l'apparition du premier guide des contrats locaux de sécurité (CLS), vu surtout l'absence de définition de cahier des charges pour encadrer le travail des « diagnostiqueurs » privés, vu les difficultés d'accès aux données policières locales sur des sites très différents et l'absence de crédits spécifiques, vu enfin l'absence d'évaluateurs indépendants, l'État dut asseoir des politiques locales sur un socle de connaissances peu fiables, dans la mesure où il ne parvenait pas à intégrer lui-même l'ensemble des données contextuelles locales à ses propres diagnostics pour le compte des municipalités. À de rares exceptions près, soutient Franck Sina dans son étude typologique du contenu des 51 CLS signés par 173 villes françaises, les liens entre éléments de diagnostic, objectifs poursuivis et actions entreprises pour les atteindre ne sont ni présentés ni repérables à l'intérieur de ces diagnostics (Sina, 2002, p. 142). Si ce constat est accablant pour une sérieuse évaluation des politiques de sécurité locales, il justifie au moins l'urgence de clarifier la donne initiale pour essayer de la changer. Il y a là sans nul doute un autre facteur d'explication dans la décision de créer un Observatoire national de la délinquance, qui voit officiellement le jour le 4 novembre 2003, préfigurant de possibles déclinaisons locales.

L'émergence des indicateurs dans le champ de la sécurité privée

Pour cerner de manière quantifiée le champ de la « sécurité privée », il convient de repartir des différents secrets de fabrication des données. Ce n'est pas parce que l'on dispose de données très hétérogènes et disparates que les chiffres ne recouvriraient pas une certaine réalité. Comment serait-il en effet possible de mesurer l'ampleur et l'emprise d'un phénomène si l'on ne disposait pas préalablement d'une définition minimale de ce qu'il pourrait recouvrir comme réalité ? Impossible d'inventer *ex nihilo* une définition *a priori*. Plusieurs entrées furent donc mobilisées pour cerner les dimensions principales de ce champ en émergence : la saisie des individus par leurs métiers, par leur statut contrôlé, ou par l'activité des entreprises qui les emploient.

Populations d'individus saisis par leurs métiers

Au milieu des années 1980, il est apparu que la meilleure façon de procéder pour rendre les premiers indicateurs intelligibles de la sécurité privée consistait à aller interroger le dernier recensement de la population nationale ventilée par métiers. Or, la nomenclature des métiers de l'INSEE, dite naguère des catégories socioprofessionnelles, venait d'être refondue dans une nouvelle nomenclature baptisée PCS (profession, catégorie sociale). La catégorie 5317, sous-catégorie de la rubrique 53 dite des « métiers de la police et de l'armée » de cette nomenclature, y évoque les agents de sécurité privée, génériquement définis comme des « salariés subalternes chargés d'assurer, pour le compte de leur employeur, la protection des biens déterminés contre les accidents et les actes de malveillance, agents qui contribuent à la sécurité ou à l'ordre public en assurant la surveillance des lieux publics mais n'appartenant pas à l'armée, la police, l'administration pénitentiaire ou l'Office national des forêts ». Les exemples des métiers les plus significatifs en étaient « les agents de surveillance, les convoyeurs de fonds, les gardiens d'usines, de musée, de nuit... » Métiers dans la constellation de laquelle pouvaient être assimilés, selon l'INSEE, « enquêteurs privés, gardes du corps, maîtres chiens et veilleurs de nuit ».

Les trois derniers recensements de la population nationale relatifs à la PCS 5317 donnaient en 1982 sur la population active un effectif de 94 000 personnes concernées ; celui de 1990 un effectif de 105 857 (+ 8,8 %) ; et celui de 1999, un effectif de 134 500 (+ 7,8 %)[2].

Cette définition était intéressante, car, ayant été refondue pour embrasser des fonctions qui n'étaient certes pas nouvelles historiquement, elle les faisait néanmoins sortir de leur marginalité et, de toute évidence, de leur faible visibilité et de leur déplorable réputation. Elle donnait une première cohérence à ces métiers (« salariés n'appartenant pas à », attestant leur caractère nettement privé), les plaçait au sein de la

2. *Source : INSEE, recensements nationaux de la population de 1982, 1990 et 1999 (sondages au quart).*

stratification sociale dans une position de service (« pour le compte de leur employeur »), les démarquait enfin des agents de l'ordre de la fonction publique (« subalternes », ce qui les plaçait dans une position d'infériorité) en leur assignant néanmoins une vocation quasi similaire (« contribuer à la sécurité ou à l'ordre public » ou « assurer la surveillance des lieux publics »). On observera d'ailleurs sur ce point une contradiction dans la définition car la spécialisation dans la surveillance des lieux peut paraître antinomique avec la protection des personnes exercée par les gardes du corps par exemple.

Dans l'ordonnancement nécessaire du désordre des choses, l'acte fondateur de nomination autorisait à justifier une première quantification de la réalité d'un phénomène incarné par des agents. Leurs employeurs, rangés dans une autre rubrique, n'étaient pas identifiés dans la définition des sociologues de l'INSEE, ce qui posait un double problème. D'abord, avait-on affaire plutôt à des employeurs directs au sein d'une entreprise quelconque (« protection maison ») ou à des employeurs indirects, dans le cas d'une prestation de service contractuelle à une entreprise quelconque (« agents appartenant à une entreprise de service sous contrat ») ? Il était par ailleurs impossible par le biais de cette source de quantifier l'état de l'externalisation de ces métiers. Avait-on affaire en outre, s'agissant du statut de l'employeur, à l'employeur maison (*in-house*) d'une entreprise privée (une usine...), d'une entreprise publique (une société de transport public) ou d'une collectivité territoriale (une municipalité) ? Autrement dit, comment quantifier le nombre d'agents (patrons et salariés) de la sécurité privée travaillant pour le compte du secteur public et pour celui du secteur privé ?

Que l'INSEE attribue d'entrée de jeu aux agents privés des « missions de sécurité publique ou de protection de lieux publics », posait problème. Ne se jouait-il pas là une position *a priori* sur le phénomène de publicisation de l'ordre produit par ces agents ? Cette position n'était-elle pas trop hardie, dès lors que les lieux réels d'exercice n'étaient pas vraiment définis ? À moins d'imaginer que tous les métiers d'ordre auraient une vocation virtuelle à pratiquer un *policing* public (« public » signifiant deux choses : un collectif, ou un espace public), il ne faisait pas de doute que se jouait là un postulat idéologique en vogue aux États-Unis dans les années 1970, celui du « partenaire junior » (Kakalick et Wildhorn, 1977), inducteur du caractère complémentaire des métiers de la sécurité privée à ceux de la sécurité publique. Plus que d'un postulat, il s'agissait de prendre cet indicateur comme une hypothèse de travail à valider ou à réfuter.

Agents de sécurité privée sous contrôle d'État

Une autre source statistique du secteur s'est avérée déterminante, celle directement issue de la première réglementation intervenue en 1983 et 1986 pour assainir les activités privées de « surveillance, gardiennage, transports de fonds et protection des personnes ». Les services préfectoraux furent chargés par la loi de délivrer des autorisations d'exercice aux dirigeants de ces entreprises et à leurs personnels, ainsi qu'à ceux des services internes des entreprises entrant dans le champ d'application du texte. Leur travail permit au ministère de l'Intérieur de disposer d'un premier état statistique du secteur contrôlé (ayant fait l'objet d'un agrément), état des lieux qui devait, d'après une circulaire d'application de 1986, être revu tous les trois ans. Mes recherches sur cet aspect m'ont amené à penser que la source était assez peu fiable dans la mesure où, le système restant déclaratif, beaucoup d'entreprises et de services internes échappaient au contrôle. Les moyens de contourner la réglementation se sont du reste avérés fort nombreux et les statistiques d'agrément passaient sous silence les taux de rejets. Avec les précautions d'usage, il était possible de se saisir du dernier état statistique disponible datant de 1993, une fois achevée la première grande vague de l'opération administrative d'assainissement.

Cette source a par ailleurs le mérite, à la différence de celle de l'INSEE, de distinguer le nombre de salariés de celui des dirigeants et surtout de donner une consistance quantitative aux services maison que l'on croyait résiduels, à cause de l'important processus d'externalisation que connurent les services de sécurité et de protection tout au long des vingt dernières années. Or, le *policing* interne subsiste bel et bien : globalement, 1 700 services maison furent recensés, dirigés par 1 980 personnes à la tête de 15 500 employés. Parmi les 2 520 entreprises de sécurité agissant sur le mode contractuel répertoriées sur le territoire, les préfectures décomptaient environ 2 900 dirigeants pour un effectif d'environ 74 000 employés (un chiffrage inférieur à la source donnée par le recensement de 1990 de l'INSEE, ce qui est normal).

Cette source du ministère de l'Intérieur a été actualisée au bureau des Libertés publiques en 2000, à l'occasion de la discussion de l'avant-projet de réforme de la loi de 1983 portant sur le contrôle des entreprises de sécurité privée. Les travaux préparatoires font état d'un effectif d'environ 100 000 agents d'exécution (internes et sous prestations de services). L'innovation principale du texte en préparation vient de ce que, voulant attribuer un statut spécifique aux agents de sécurité des sociétés de transports publics, les rédacteurs de l'avant-projet ont admis qu'il concernait surtout deux services internes spécifiques : le service de sécurité de la RATP (le GSPR, Groupe de sûreté et de protection des réseaux) composé de 750 agents et celui de la SNCF (la SUGE, surveillance générale, de 1 500 agents). Des chiffres sans doute suffisants pour réglementer la particularité de ces agents, préfigurant en quelque sorte la naissance de polices hybrides ou mutualisées. C'est l'occasion de rappeler, dans la foulée des stratégies de pression des syndicats de convoyeurs, particulièrement actifs après des agressions très médiatisées, que les nouveaux « policiers » des transports publics sont engagés depuis une dizaine d'années sur la voie d'un processus de consolidation de la spécificité de leur identité professionnelle. Ils s'estiment désormais numériquement assez nombreux pour faire entendre des intérêts spécifiques et marquer ainsi leurs distances avec ceux qu'ils estiment être des « non-professionnels ». Nathalie Leroux (1997, 2002) a parfaitement illustré cette mécanique chez les agents de sécurité de la RATP. À l'origine, l'agent de sécurité du métro se construit une identité professionnelle dans un service interne profondément ambigu. Ses membres, que la création du GIPR (Groupe d'intervention et de protection des réseaux) à la RATP en 1989 amène à se définir contre le « sale boulot » des vigiles privés, façonnent leur identité professionnelle comme une nouvelle fonction de sécurité interne qui s'apparenterait à la sécurité publique. Cherchant à faire coïncider organisation formelle et informelle, les agents concernés réalisent des opérations de plus en plus visibles et efficaces, à la manière des militaires. Ils se vivent, explique Nathalie Leroux, comme des « parachutistes refoulés », traquant et réprimant les perturbateurs et autres délinquants du métro, ce qui les distingue progressivement des autres agents de la RATP. Le GIPR est constitué de 50 personnes en 1990 ; en 1994, il en compte déjà 300. La fusion de la SUGE et du GIPR, qui va donner naissance au GSPR (Groupe de surveillance et de protection des réseaux), et la création d'un brevet professionnel d'« agent technique de sécurité dans les transports » renouvellent les effectifs, qui se montent à 700 en 1997. Ce faisant, leurs missions évoluent et sont affinées par la direction de la RATP : il s'agit de rassurer et de « sécuriser » le public et les agents d'exploitation, tout autant que de « faire la chasse » aux personnes « suspectes » ou « indésirables » ; le flagrant délit n'est plus l'enjeu principal, même si les objectifs de prévention de l'insécurité sont estimés moins valorisants que ceux de l'arrestation. En 2002, le réseau RATP compte 1 074 agents de sûreté, cinq fois plus que douze ans auparavant, dont 200 sont affectés à la surveillance des bus. Il est temps que le législateur sanctionne et consolide symboliquement un « pouvoir intermédiaire » et une identité qui se légitime à la fois contre celle des vigiles privés et toujours dans la proximité des représentations valorisées de la composante répressive du métier des gardiens de la paix.

Il s'agit de l'un des dossiers majeurs de la refonte de la loi de 1983 sur la sécurité privée, dont la chronique régulièrement annoncée au début des années 2000 a vu enfin le jour vingt ans après, à l'occasion de la promulgation de la Loi de sécurité intérieure du 8 mars 2003.

Entreprises saisies par leurs activités principales

Raisonnant dans l'hypothèse d'une société post-industrielle connaissant une croissance et une diversification extraordinaires des services (tertiarisation), il était nécessaire de disposer d'autres sources pour mieux en dessiner le mouvement. Une deuxième source comptable de l'INSEE permit de compléter, au cours des années 1990, la quantification du phénomène et de clarifier la nature des processus de concentration des entreprises et de la sous-traitance aux petites entreprises de proximité. La rubrique « services rendus aux entreprises » de l'enquête nationale annuelle de l'INSEE autorise à dresser un autre portrait de l'état de l'externalisation des services d'enquête et de sécurité, selon une définition récemment affinée[3]. Ces prestations de services sont saisies

3. Cette rubrique, dite « enquête et sécurité » (NACE 74.60), comprend les activités d'enquête et de recherche hors cadre judiciaire ; les services de transports de fonds ; les activités de surveillance, garde et protection (services de gardes du corps, services de surveillance et de protection des immeubles d'habitation, bureaux, usines, etc. par des vigiles ou par télésurveillance) ; les conseils en sécurité industrielle et personnelle. Cette rubrique ne comprend pas l'installation de systèmes d'alarme et de surveillance, ni les services d'expertise d'assurance, ni les études et conseils en matière de sécurité informatique.

sous une rubrique qui, au début des années 1990, les apparente et les démarque des activités dites de « nettoyage propreté » et d'une autre catégorie fourre-tout de la même constellation, dite des « services divers aux entreprises ». C'était signer à cette époque leur degré relatif de non-spécialisation. La rubrique « enquêtes et sécurité » fait elle-même partie de quatre autres catégories plus générales distinguant les « services opérationnels » des entreprises. Le degré de fiabilité relatif de cette source repose sur le fait que les entreprises référencées sont obligées de fournir les renseignements sollicités, ce qui permet à l'INSEE de saisir l'activité de toutes les entreprises à partir de leur cotisation à l'Union nationale pour l'emploi dans l'industrie et le commerce. En se fondant sur les résultats comptables d'une saisie effectuée sur l'année de référence 1994, les données brutes qui en résultaient purent être ventilées en quatre tableaux de la façon suivante :

Tableau 1. *Les entreprises d'« enquête et sécurité » ventilées selon leur taille pour l'année 1994*

0 salarié	1-5 sal.	6-9 sal.	10-19 sal.	20-49 sal.	50 sal. et +	Total
1 027	603	375	323	304	274	2 906

Source : INSEE, 1995.

Tableau 2. *Répartition de la taille des entreprises d'« enquête et sécurité » pour l'année 1994 (en %)*

0 salarié	1-5 sal.	6-9 sal.	10-19 sal.	20-49 sal.	50-99 sal.	100 sal. et +
35,3	20,8	12,9	11,1	10,5	3,9	5,5

Source : INSEE, 1995.

Tableau 3. *Répartition de la valeur ajoutée des entreprises d'« enquête et sécurité » (en %)*

0 salarié	1-5 sal.	6-9 sal.	10-19 sal.	20-49 sal.	50-99 sal.	100 sal. et +
1,4	2,7	3,5	5,6	12,3	8,9	65,6

Source : INSEE, 1995.

Tableau 4. *Évolution annuelle du profil morphologique et de la santé économique des entreprises d'« enquête et de sécurité »*

	Nombre d'établissements employeurs (affiliés à l'UNEDIC)	Effectifs salariés	Taux de féminisation (en %)	Production des services marchands (en francs constants 1981)[4]	Faillites d'entreprise (en nombre et en salariés touchés)	Ensemble des entreprises : créées ; reprises ; réactivées
1981	606	10 212	–	1 928	–	–
1982	681	11 505 (+ 12,7)	–	2 259 (+ 17,2)	–	–
1983	767	12 041 (+ 4,7)	–	2 375 (+ 5,1)	–	–
1984	924	15 459 (+ 28,4)	–	2 506 (+ 5,5)	–	–
1985	1 012	18 347 (+ 18,7)	–	2 917 (+ 16,4)	–	–
1986	1 112	19 232 (+ 4,8)	–	2 925 (+ 0,3)	–	–
1987	1 258	20 764 (+ 8,0)	22,7	3 435 (+ 17,4)	–	–
1988	1 417	23 574 (+ 13,5)	21,7	4 018 (+ 17,0)	–	–
1989	1 649	32 685 (+ 38,6)	16,5	4 487 (+ 11,7)	41 ; 164	–
1990	1 849	47 928 (+ 46,6)	13,8	5 027 (+ 12,0)	51 ; 958	–
1991	1 858	54 024 (+ 12,7)	12,6	5 470 (+ 8,8)	54 ; 238	–
1992	1 956	64 968 (+ 20,3)	10,2	6 038 (+ 10,4)	63 ; 390	–
1993	2 170	64 796 (– 0,3)	10,5	6 099 (+ 1,0)	81 ; 593	1 134 : 912 ; 29 ; 193
1994	2 388	71 134 (+ 9,8)	10,8	6 221 (+ 2,0)	210 ; 2 375	1 147 (+ 1,1) : 898 (– 1,5) ; 35 (+ 20,7) ; 214 (+ 10,9)
1995	2 568	78 786 (+ 10,8)	10,7	6 408 (+ 3,0)	236 ; 1 875	1 172 (+ 2,2) : 923 (+ 2,8) ; 32 (– 8,6) ; 217 (+ 1,4)

Source : INSEE, 1995.

4. *Ces données ayant été reconstituées avant l'ère de l'euro, nous avons gardé les chiffres en francs constants.*

Des indicateurs morphologiques et de santé de ces entreprises de services tendaient à montrer que le taux de féminisation des agents diminue considérablement au fil du temps (de moitié entre 1988 et 1995). La mortalité des entreprises y est particulièrement faible, même si les défaillances se sont accentuées de 1990 à 1994 au point d'avoir été multipliées par quatre en valeur absolue. En termes d'effectifs, les variations étaient à ce point considérables qu'on pouvait supputer d'importantes disparitions liées à des fusions ou à des absorptions d'entreprises dans des visées d'expansion en taille.

Cette source permettait de saisir la très grande hétérogénéité des entreprises concernées : plus d'un tiers (35,3 %) demeurent purement artisanales, ce qui laisse entendre pour le reste un processus bien amorcé de concentration de ces entreprises, puisque parmi les plus importantes d'entre elles, 5,5 % sont supérieures à 100 salariés, dépassant le quantum des entreprises de 50-99 salariés (3,9 %). Or les plus grosses entreprises génèrent à elles seules le plus de richesse et de valeur ajoutée (65,6 % au lieu de 8,9 % pour les entreprises de taille immédiatement moindre). Elles sous-traitent aux autres d'innombrables petits marchés éparpillés.

Comparaisons des différents « métiers de l'ordre »

Pierre Simula (1999), un chercheur du Centre d'études et de recherches sur les qualifications (CEREQ), a analysé, outre les deux premières sources du secteur privé dépouillées, une troisième série constituée par les données issues des enquêtes trimestrielles brutes de l'ANPE, qui permettaient de rendre compte de la nature du rapport au chômage entretenu par les agents de sécurité privés *via* le Répertoire opérationnel des métiers et des emplois (ROME 11222). Cette recherche innovait par rapport aux séries précédentes dans la mesure où elle s'attachait à comparer la progression sur les vingt dernières années de tous les effectifs de la sécurité publique (police nationale, gendarmerie, polices municipales, et « emplois jeunes » voués à la sécurité, à partir de 1997) à ceux de la sécurité privée. Les travaux de Pierre Simula permirent ainsi de dépasser les visions figées des spécialistes de chaque État européen qui s'ingéniaient de leur côté à comparer, au temps *t*, le nombre des fonctionnaires de police et celui d'agents privés, en déduisant des *ratios* créés une mesure de l'état de la « privatisation de la police » (*sic*) sous l'impulsion des recommandations du Conseil de l'Europe. En comparant les forces en présence, il apparaissait déjà significatif à la fin des années 1980 qu'en Grande-Bretagne et au-delà de l'Atlantique, les ratios des forces publiques et privées soient inversés (nettement en faveur du privé aux États-Unis, au Canada, en Australie, à peu près identique en Grande-Bretagne, nettement en défaveur du privé en France ou en Allemagne, et dans l'ensemble des pays de l'Union, à l'exception du Luxembourg). Cet exercice de comparaison des forces constituait un langage européen minimal commun, bien que limité s'il n'était pas accompagné de réflexion qualitative sur leurs missions respectives (Nogala, 1996). L'obsession de la comparaison pouvait générer un effet pervers : le renforcement des logiques de légitimation des deux forces et une relative stérilisation de la pensée sur les raisons de la croissance du secteur privé. Au lieu en effet de chercher à identifier les raisons intrinsèques de l'expansion des ressources commerciales du privé, faire œuvre de quantitativisme pur amenait à raffiner la comparaison entre les agents des deux secteurs et peut-être à se rassurer en dépeignant les premiers comme affectés par moins de missions, moins de pouvoirs, moins de déontologie, moins de professionnalisme que les seconds, les policiers et les gendarmes se trouvant *in fine* renforcés de tous les attributs positifs « manquant » à la sécurité privée. Si l'opération avait des inconvénients, cet exercice avait en revanche l'avantage indéniable, à tort ou à raison, de commencer à extraire les agents privés des trois lectures négatives ou péjoratives dans lesquelles ils étaient auparavant tenus : celle des juristes purs et durs, récusant jusqu'au concept même de « police privée » ; celle des syndicats de police ou de leurs historiens (Le Clère, 1977) dénonçant des « polices parallèles », sans compter celle de la vulgate marxiste qui en faisait avant tout des « milices patronales ». Le *dirty work* des vigiles, par l'unique démonstration de leur quantification analysée comme une nécessité socioéconomique, sortait progressivement de sa malédiction historique.

La recherche de Pierre Simula, quoique novatrice, restait dépendante du carcan implicite de la théorie du « partenaire junior » de la police publique. Mais, en se faisant l'analyste rétrospectif des transformations globales de l'espace professionnel de la sécurité en France, il ne raisonnait plus dans le contexte d'une époque où l'enjeu idéologique de la dénonciation du privé avait la virulence prise dans le passé. La thèse de Simula le conduisait à assumer au contraire un langage très nouveau dans le champ, celui de « l'offre de sécurité » par rapport à celui de la « demande », et visait par conséquent à mettre en scène deux dynamiques majeures :

– un double mouvement d'externalisation des activites de sécurité : d'un côté, une externalisation du centre vers la périphérie pour les emplois publics, avec notamment la remontée des polices municipales ; de l'autre, une externalisation de la sécurité interne aux entreprises vers une protection sous-traitée à des prestataires de services pour les emplois privés ;

– un resserrement des activités de police sur le métier principal (police criminelle et police d'ordre) au détriment des activités de sécurité publique, thèse allant d'ailleurs largement à l'encontre de la doctrine officielle du gouvernement Jospin-Chevènement qui promouvait une idéologie de la sécurité publique de proximité par un redéploiement massif des gardiens de la paix (îlotiers traditionnels et « emplois jeunes » dans des fonctions de tranquillisation urbaine de proximité).

En exploitant les chiffres relatifs aux déclarations annuelles des données sociales de l'année 1995, il montre un effectif de 76 000 agents en fin de période (31 décembre 1995). L'ensemble est formé d'un noyau dur de 48 000 salariés permanents, les autres postes volatiles atteignant une proportion de 117 000 agents, soit un flux de 28 000 entrées pour 20 000 sorties annuelles, ou un flux de 69 000 entrées/sorties, dont une partie importante serait constituée de prestations très ponctuelles (moins de 50 heures de travail pour un salaire inférieur à 5 200 F/mois). En terme de stocks, les 48 000 présents depuis plus d'un an concernent 63 % des effectifs, et sur le total des embauches de l'année 1995 (97 000), 28 000 postes seulement étant encore occupés au 31 décembre. Il explique ce phénomène par le fait que le travail s'organise principalement sur la base du recrutement et du licenciement d'une main-d'œuvre extérieure recrutée au gré des besoins. Ce qui fait à ses yeux la spécificité de la mobilisation de la ressource privée est moins l'importance du temps partiel (deux fois plus fréquent chez les femmes que chez les hommes) que le recours massif aux prestations extérieures : le réservoir est essentiellement formé d'une population plutôt jeune, masculine, peu qualifiée, mobilisée sur une très courte période, ayant des expériences de travail hétérogènes (anciens ouvriers non qualifiés, anciens employés en rupture de parcours ou de reconversion professionnelle). En montrant qu'un noyau d'un tiers seulement d'agents est véritablement stabilisé, c'est-à-dire sous contrat de travail supérieur à un an, Pierre Simula a tendance à surestimer la précarité des autres deux tiers (contrats à durée déterminée inférieurs à un an). En effet, la précarité n'est pas toujours synonyme de « travail en attente de trouver mieux et plus stable » (comme dans le cas des étudiants gardiens de nuit, vivant ce genre de petit job comme une solution permettant de payer leurs études) ; elle peut être un élément constitutif d'un salariat pérenne mais autorisant une grande flexibilité, l'agent pouvant s'offrir simultanément à plusieurs employeurs ; toutefois, ce type d'activités peut parfois déboucher sur une certaine illégalité, d'autant plus difficile à détecter que nombre d'entreprises artisanales sont dirigées par des gens identifiés par ailleurs comme patrons, alors qu'en pratique ils agissent comme des salariés déguisés. Dès lors que l'on reste prisonnier des sources comptables publiques disponibles, il est évidemment difficile de mettre en scène les nombreuses pratiques de sous-traitance en cascade qui conduisent à des trafics de main-d'œuvre ou à des délits de marchandage inhérents au monde de la surveillance privée que bien des professionnels admettent et que les inspecteurs du travail suspectent sans pouvoir véritablement les enrayer, les « clients » eux-mêmes y étant peu sensibilisés.

S'agissant des métiers de la sécurité privée, Pierre Simula explique l'apparition du secteur privé comme s'enracinant dans des milieux où la « fonction sécuritaire » n'occuperait pas de place véritablement prépondérante. Il évoque des missions diffuses et éclatées, pénétrant le champ d'un ensemble de professions dont l'activité principale est ailleurs. L'imprécision à ce sujet affaiblit un peu une démonstration d'ensemble heureusement contrebalancée par un propos très novateur sur les phénomènes massifs de *turnover* et de faible stabilisation des effectifs. Sur les vingt dernières années, la croissance du nombre des agents privés s'est avérée beaucoup plus rapide que celle des agents publics ; la progression des forces entre les années 1982 et 1995 (1999, p. 100) fut inégalement répartie : des effectifs de police et de gendarmerie ont augmenté respectivement de 15 000 (+ 12,6 %) et de 12 500 (+ 15,1 %), tandis que dans le même temps les effectifs de la sécurité privée étaient de 67 000 (+ 68,5 %). Sous la période 1990-1995, le personnel des prestataires de services a augmenté de plus de 30 000 (contre 9 500 dans la police et 4 000 dans la gendarmerie). L'auteur conclut que, globalement, la fonction publique d'État est restée largement majoritaire, bien qu'elle décroisse relativement lentement mais inexorablement (61,6 % en 1982 ; 55,8 % en 1995). Parallèlement, le secteur de la sécurité privée s'est de plus en plus affirmé : secteur d'importance « marginale » en 1980 (ce que ne montrait pas le recensement par métiers de 1980), il représenterait en 1995 un salarié privé sur cinq agents de la fonction publique (78 800 agents contre 414 400 de l'effectif total selon une conception très extensive).

Ce ratio peut être révisé à la hausse car il sous-estime la proportion souterraine des agents participant à la sécurité privée (beaucoup d'entre eux restent non déclarés, se mettent au service simultané de plusieurs employeurs ; beaucoup de salariés sont des artisans déguisés, etc.).

À cette nuance près, l'exercice de comparaison entre la dynamique des emplois de la sécurité publique et celle de la sécurité privée est devenu incontournable, et il ne fait désormais plus de doute qu'un observatoire national dédié aux professions de sécurité gagnerait à systématiser périodiquement cette étude pionnière pour affiner notre connaissance des interactions entre les différents agents contributeurs de protection et de sécurité.

Analyse rétrospective des données morphologiques sur les agents

Raisonner en termes diachroniques est possible dans la mesure où l'on dispose désormais de séries de données homogènes sur les vingt dernières années (les données 2002 ne le sont pas encore). Ces données sont inédites et n'ont encore à ce jour jamais été publiées par quiconque. Elles apportent un nouveau degré de précision sur le statut des agents concernés (de l'entreprise privée, de la fonction publique d'État ou de la fonction publique territoriale). Elles rendent également possible une meilleure comparaison quantifiée des agents de surveillance privée avec les effectifs de la police et de la gendarmerie, à partir de la nomenclature des professions (INSEE, 5317, 5311 et 5312).

Croissance comparée des agents privés et publics

Les données que nous présentons ici ventilent la population active ayant un emploi au moment de l'enquête annuelle, selon la PCS (profession, catégorie sociale) et le statut des agents concernés. Il faut savoir que ces enquêtes françaises annuelles interrogent un échantillon représentatif national qui, de 134 430 personnes en 1982, est passé à 182 066 personnes en 2000, afin de tenir compte de l'augmentation du poids de la population active dans le pays.

Tableau 5 et graphique 1. *Évolution de l'effectif national des agents de sécurité privés*

(Stocks)	Agents de sécurité, de surveillance	Agents de sécurité, de surveillance (base 100 en 1982)
PCS	5 317	5 317
1982	101 387	100
1983	102 757	101
1984	107 178	106
1985	111 244	110
1986	120 346	119
1987	112 679	111
1988	105 570	104
1989	119 508	118
1990	113 602	112
1991	105 956	105
1992	108 700	107
1993	112 311	111
1994	111 953	110
1995	120 119	118
1996	134 562	133
1997	133 804	132
1998	136 829	135
1999	146 280	144
2000	144 019	142
2001	147 049	145

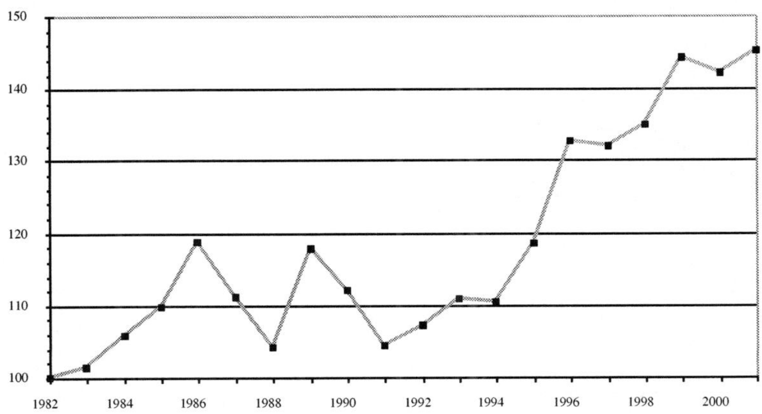

Source : INSEE, 1982-2001

La comparaison avec les agents de la police nationale (catégorie 5311) et de la gendarmerie nationale (catégorie 5312) appariée avec la progression des effectifs d'agents privés donne le tableau suivant :

Tableau 6 et graphique 2. *Évolution comparée de l'effectif national des forces de l'ordre public*

Stocks	Agents de police	Gendarmes
PCS	5311	5312
1982	102 373	60 307
1983	96 803	45 104
1984	93 857	50 163
1985	103 621	74 760
1986	102 719	83 906
1987	92 191	93 089
1988	93 616	100 816
1989	98 553	111 941
1990	111 435	113 243
1991	109 683	80 343
1992	105 155	86 431
1993	111 693	123 886
1994	111 489	122 387
1995	98 048	115 269
1996	97 668	106 056
1997	107 363	97 705
1998	113 725	112 563
1999	113 171	85 569
2000	123 316	80 021
2001	119 526	97 276

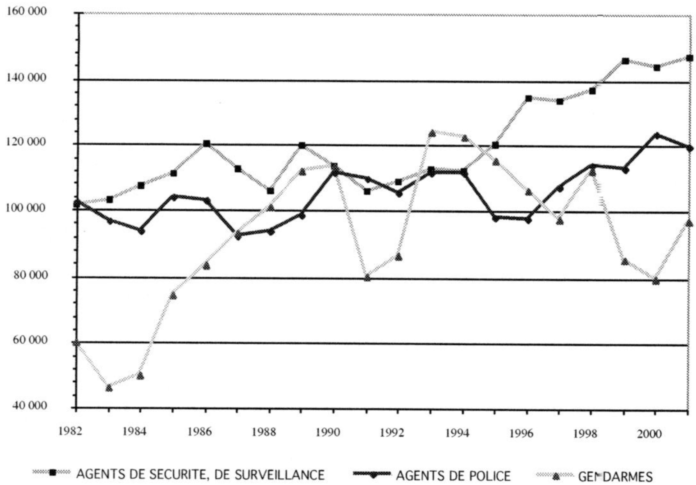

Source : INSEE, 1982-2001

Alors qu'on observe un déclin significatif des effectifs de la gendarmerie (depuis 1993) et une légère hausse des effectifs de la police depuis 1996, la pente des effectifs des agents privés est presque continûment orientée à la hausse depuis 1992, dépassant nettement, à partir de cette date, chacune des deux autres catégories prise isolément.

Le découplage paraît devenir vraiment significatif à partir de 1994-1995, au moment de la Loi d'orientation et de programmation de la sécurité qui a pour la première fois affiché en France la complémentarité des forces publiques et privées dans la production de la sécurité collective.

Agents de sécurité privée ventilés selon leurs différents statuts

Dans la séquence de temps comprise entre 1982 et 1989 d'une part, et entre 1990 et 2001 d'autre part, les codes de la nomenclature liés au statut des différents agents interrogés ont changé. Il a donc fallu regrouper les codes de la période 1982 à 1989 pour les faire correspondre à ceux de la période suivante de façon à reconstituer une série homogène. Cette opération a permis d'apparier les effectifs de la catégorie 5317 avec les différents statuts des agents concernés, depuis dix-neuf ans.

Je précise à nouveau qu'il s'agit là d'une conception beaucoup plus extensive des effectifs que les chiffres identifiés par les recensements nationaux. Dans mes calculs antérieurs, j'avais pris pour habitude de ne me concentrer que sur la première colonne du tableau suivant pour évoquer les non-fonctionnaires de la sécurité et j'avais observé, tout comme les services préfectoraux, que le cap des 100 000 agents privés avait été franchi à l'orée de l'an 2000. Afin d'enrichir désormais la démonstration, j'ajoute que le nombre des salariés privés recrutés par l'État et les collectivités territoriales oscille bon an mal an dans une proportion d'un quart des effectifs embauchés par rapport à ceux des entreprises privées (effectifs constants). La troisième colonne du tableau suivant rend compte d'un doublement sur vingt ans de l'embauche de contractuels précaires (CDD, stagiaires, autres), mais ne permet pas de décider si l'on a affaire à des agents recrutés par les entreprises privées ou par les services publics. On peut néanmoins supposer qu'ils sont plus fréquemment embauchés par des entreprises privées.

Tableau 7 et graphique 3. *Évolution comparée des effectifs des agents de sécurité publics et privés selon leur statut*

Agents de sécurité et de surveillance

	Salariés hors État et hors collectivités locales	Salariés État et collectivités locales	CDD, stagiaires et autres	Total 5317
1982	67 542	27 450	6 395	**101 387**
1983	68 646	30 286	3 825	**102 757**
1984	75 008	27 883	4 287	**107 178**
1985	74 909	32 152	4 183	**111 244**
1986	80 700	32 793	6 853	**120 346**
1987	71 803	32 630	8 246	**112 679**
1988	68 950	29 360	7 260	**105 570**
1989	76 016	33 101	10 391	**119 508**
1990	78 609	28 224	6 769	**113 602**
1991	71 853	28 153	5 950	**105 956**
1992	69 312	32 514	6 874	**108 700**
1993	79 790	27 689	4 832	**112 311**
1994	78 790	25 561	7 602	**111 953**
1995	84 281	27 031	8 807	**120 119**
1996	96 116	25 755	12 691	**134 562**
1997	92 140	28 818	12 846	**133 804**
1998	95 476	27 939	13 414	**136 829**
1999	101 111	30 398	14 771	**146 280**
2000	97 790	26 415	19 814	**144 019**
2001	108 476	23 086	15 487	**147 049**

Source : INSEE, 1982-2001.

Si, à partir de cette série, on représente les chiffres sur une courbe cumulée selon les statuts, on obtient le graphique suivant :

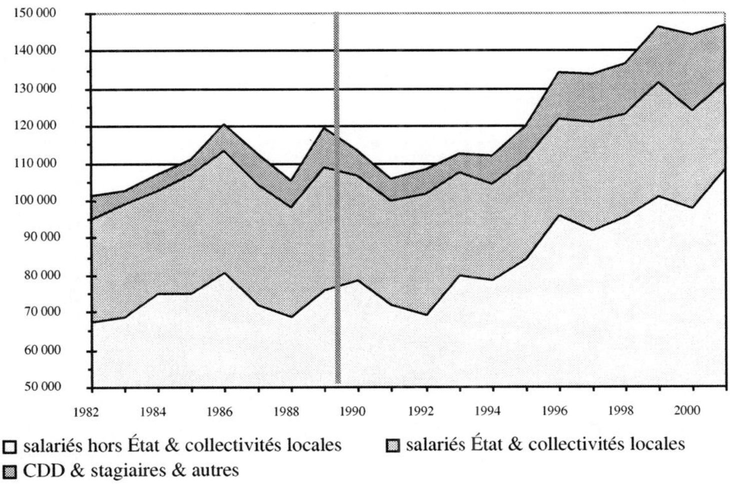

Autres caractéristiques morphologiques des agents de sécurité privés

Les tableaux qui suivent sont construits à partir d'échantillons de la population qui, même importants dans le cadre de ces enquêtes annuelles, ne fournissent qu'environ 400 à 500 individus dans la catégorie 5317 qui nous intéresse. Il faut donc regarder les résultats suivants en tendance générale, sans accorder trop d'importance aux fluctuations annuelles.

Tableau 8 et graphique 4. *Évolution de l'âge moyen des agents de sécurité privés*

Années	Âge moyen	Années	Âge moyen
1982	44,4	1992	39,1
1983	43,8	1993	38,9
1984	42,5	1994	38,5
1985	41,6	1995	38,3
1986	40,1	1996	38,0
1987	40,0	1997	38,6
1988	39,7	1998	37,9
1989	39,1	1999	37,9
1990	38,4	2000	36,6
1991	38,4	2001	36,8

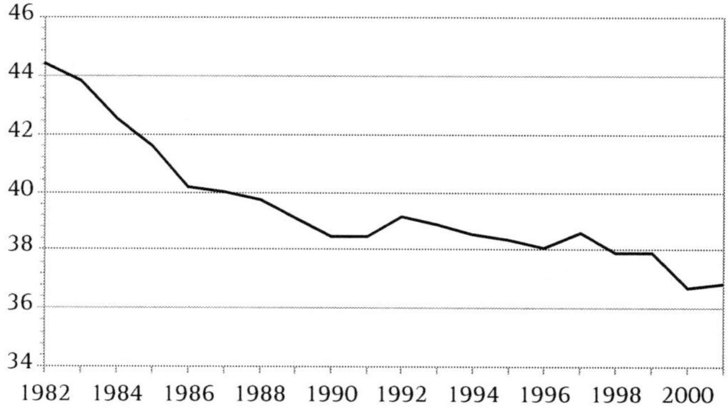

Source : INSEE, 1982-2001.

L'âge moyen des agents de surveillance et de sécurité a baissé de huit ans en vingt ans. Dans le temps, il s'agit d'un rajeunissement extrêmement important de la population des agents de sécurité recrutés, l'indice d'une tendance majeure à la professionnalisation à long terme par raréfaction des emplois « de garage » naguère réservés à des agents inaptes à d'autres tâches dans l'entreprise.

Évolution du « sex ratio » parmi les agents privés

S'agissant de l'éventuel effet de féminisation (7 à 12 % selon les années), les observateurs ont essayé de valider cette tendance, en estimant que, dans le secteur privé de la sécurité, de plus en plus de femmes étaient embauchées dans les fonctions d'hôtesse d'accueil.

L'allure globale de la courbe présentée ici semble le confirmer. Mais il faut rester prudent : on ne trouve pas, dans les présentes données, de résultats vraiment convaincants. On note surtout qu'il n'y a pas de différences vraiment significatives avec le taux de féminisation dans le monde policier public, dont on sait par ailleurs qu'il est de 12 %, et dans le monde gendarmique, où il est de 7 %. Les professions de sécurité restent des métiers d'hommes.

Tableau 9 et graphique 5. *Évolution de la proportion de femmes parmi les agents de sécurité privés*

Années	% femmes	Années	% femmes
1982	6,8	1992	9,26
1983	8,08	1993	7,95
1984	9,13	1994	8,73
1985	5,62	1995	10,3
1986	5,26	1996	10,14
1987	7,91	1997	7,82
1988	6,74	1998	8,5
1989	8,7	1999	10,32
1990	8,46	2000	12,22
1991	9,83	2001	7,86

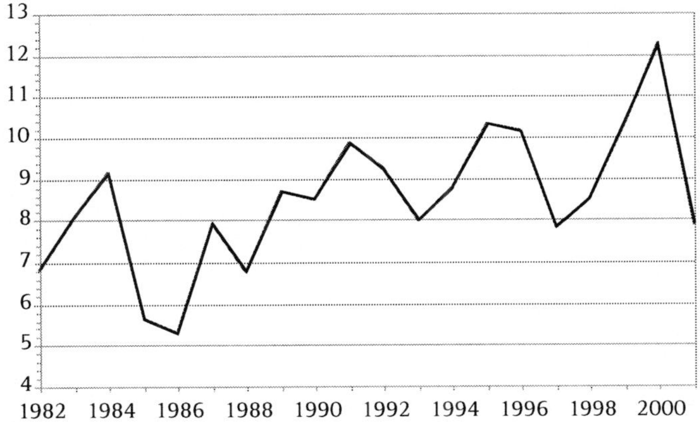

Source : INSEE, 1982-2001.

Évolution de la répartition géographique des effectifs privés

Compte tenu des effectifs sur lesquels on travaille, il n'est pas possible de descendre à un niveau régional plus fin que celui que l'on présente ici. Et dans la mesure où il apparaît que la part des effectifs exerçant leur activité dans la région Île-de-France est dans une proportion d'un quart à un tiers de l'effectif global selon les époques, on a calculé dans la cinquième colonne le ratio à partir de deux items : « région Île-de-France » *vs* « autres régions ».

Tableau 10 et graphique 6. *Évolution de la répartition des agents de sécurité privés sur le territoire*

	Île-de-France	**Autres régions**	**France entière**	**% Île-de-France/ France**
1982	26 304	75 083	101 387	25,9
1983	31 767	70 990	102 757	30,9
1984	31 862	75 316	107 178	29,7
1985	38 764	72 480	111 244	34,8
1986	32 968	87 378	120 346	27,4
1987	36 148	76 531	112 679	32,1
1988	34 673	70 897	105 570	32,8
1989	37 290	82 218	119 508	31,2
1990	37 298	76 304	113 602	32,8
1991	33 218	72 738	105 956	31,4
1992	38 051	70 649	108 700	35,0
1993	41 191	71 120	112 311	36,7
1994	37 327	74 626	111 953	33,3
1995	39 741	80 378	120 119	33,1
1996	43 994	90 568	134 562	32,7
1997	41 683	92 121	133 804	31,2
1998	43 557	93 272	136 829	31,8
1999	46 007	100 273	146 280	31,5
2000	41 512	102 507	144 019	28,8
2001	43 975	103 074	147 049	29,9

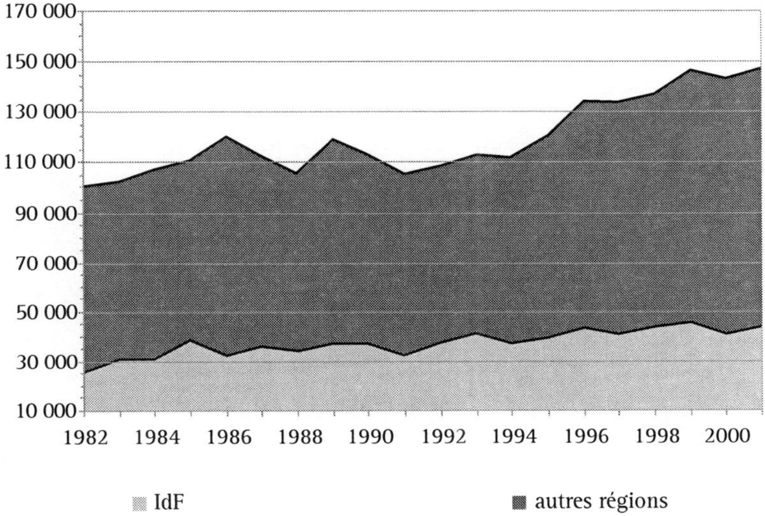

Source : INSEE, 1982-2001.

Il en résulte que la part des effectifs de la PCS 5317 en Île-de-France était plus forte durant la première période que durant la deuxième. En fin de période, une croissance plus rapide des effectifs peut être constatée en dehors de l'Île-de-France, ce qui prouverait que les besoins de protection sont désormais généralisés dans l'Hexagone.

Évolution des niveaux de qualification des agents privés

Un dernier test ventilant la population 5317 en deux items selon le degré de scolarisation des recrutés montre une nette progression des diplômés du baccalauréat et plus, par rapport aux agents qui ne sont pas titulaires d'un tel diplôme (on frôle le cinquième). Cela suppose d'une part que de plus en plus d'étudiants « précaires » acceptent ces emplois ; d'autre part, que se confirme une tendance à la professionnalisation.

Tableau 11 et graphique 7. *Évolution des niveaux de diplômes scolaires des agents de sécurité privés*

PCS 5317	% < bac	% bac et plus	Total
1982	92,17	7,83	100
1983	92,76	7,24	100
1984	92,62	7,38	100
1985	93,09	6,91	100
1986	92,66	7,34	100
1987	89,15	10,85	100
1988	87,95	12,05	100
1989	88,76	11,24	100
1990	87,25	12,75	100
1991	87,41	12,59	100
1992	85,33	14,67	100
1993	88,90	11,10	100
1994	89,59	10,41	100
1995	86,66	13,34	100
1996	87,58	12,42	100
1997	85,18	14,82	100
1998	83,26	16,74	100
1999	80,82	19,18	100
2000	80,78	19,22	100
2001	82,70	17,30	100

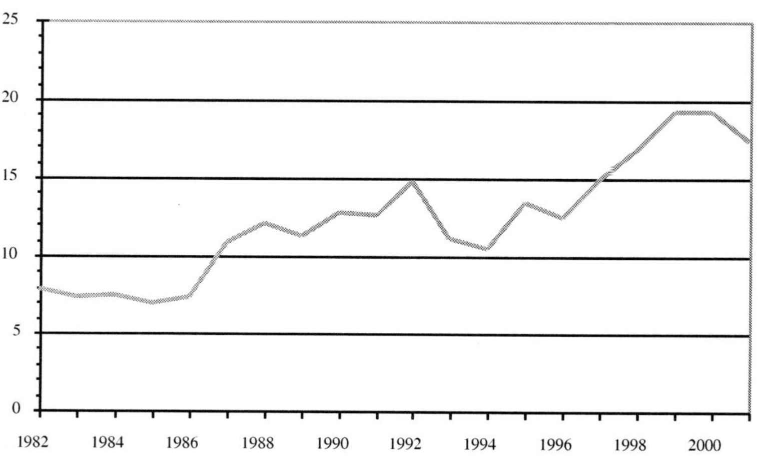

Source : INSEE, 1982-2001.

Évolution de la proportion d'étrangers parmi les agents privés

Tableau 12 et graphique 8. *Évolution de la proportion d'étrangers parmi les agents de sécurité privés*

PCS 5317	% étrangers	PCS 5317	% étrangers
1982	6,8	1992	8,0
1983	8,0	1993	7,0
1984	9,9	1994	8,0
1985	9,4	1995	7,3
1986	7,0	1996	6,8
1987	7,8	1997	7,7
1988	10,6	1998	6,9
1989	8,0	1999	7,7
1990	6,6	2000	8,1
1991	7,2	2001	8,3

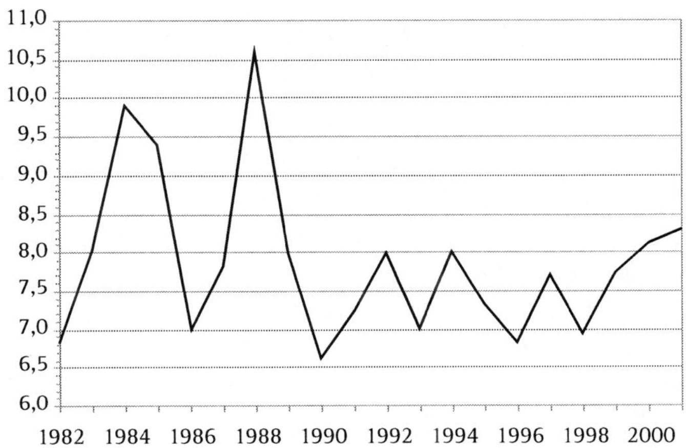

Source : INSEE, 1982-2001.

Le pourcentage d'étrangers avec permis de travail est en moyenne de 8 %. En réalité, il est bien plus important ; il s'agit assez souvent de clandestins et de membres de « minorités visibles » (Hug, 2000). Au cours de la période 1982-2001, le taux officiel a montré des poussées allant jusqu'à 11 % dans les années 1980 et a notamment fluctué de 7 à 8 % dans la décennie 1990. Le score semble remonter un peu en toute fin de période observée, mais rien ne permet de dire que cette tendance ira se confirmant par la suite.

Renouvellement de la réflexion sur des indicateurs européens

Au milieu des années 1990, de nouvelles sources de données quantifiées firent leur apparition et prirent leur essor en France et en Europe, au point que les comparaisons internationales allaient devenir une sorte de fatalité, puis de nécessité. Il n'était pour tout dire plus possible de rester cloisonné aux chiffrages intérieurs. Et les commanditaires publics et privés, apprenant à raisonner sur les diverses « forces » en présence, se mirent à multiplier les comparaisons pays par pays entre effectifs policiers et effectifs d'agents privés.

On distinguera d'abord les autres sources professionnelles françaises, et nous évoquerons ensuite les enjeux liés aux comparaisons internationales.

Une première source est le fruit du travail de compilation de Patrick Haas. Cet observateur n'a cessé depuis quinze ans de scruter, au sein de sa revue bimensuelle *En toute sécurité*, l'ensemble des mouvements significatifs des fusions et des concentrations des entreprises de sécurité françaises et européennes. Son atlas annuel[5], qui récapitule les informations de son bimensuel, constitue un autre outil précieux montrant les évolutions des chiffres d'affaires sur chaque segment ou créneau spécialisé dans l'industrie et les services de la sécurité. Ses données sont moins fiables que les précédentes, car il n'a pas le pouvoir d'obliger ses informateurs à révéler quoi que ce soit de leurs affaires et n'a pas non plus toujours la capacité de vérifier la véracité des propos de ceux qui veulent bien le renseigner. Néanmoins, les entreprises les plus importantes, et pour tout dire les plus viables économiquement, se sentent tenues de lui communiquer des informations routinisées, dans la mesure où elles se sont aperçues que, en position relativement monopolistique d'information dans le champ, ce

5. *Par exemple,* Atlas européen des entreprises de sécurité 2002, *Paris, Technopresse, 2001.*

journaliste participait « de façon indépendante et néanmoins très avertie » à un travail collectif d'objectivation et de représentation de la profession, de manière plus neutre que le travail accompli de son côté par le lobby des syndicats patronaux de la sécurité auprès des pouvoirs publics ou au sein des instances internationales. Patrick Haas a réussi à stabiliser un large spectre de catégories d'activités au sein du champ de l'industrie de la sécurité, en ventilant la progression des chiffres d'affaires des vingt-quatre segments d'activités qui sont autant de maillons de ce que le jargon professionnel nomme la « chaîne de sécurité ». On peut en conséquence disposer d'un tableau annuel synthétique de la progression de leurs chiffres d'affaires respectifs (par exemple, Haas, 2000, p. 34) par sous-secteurs classés alphabétiquement :

– les activités industrielles de la protection (équipements blindés, serrurerie, alarmes anti-intrusion, équipements de télésurveillance, sécurité incendie, sécurité industrielle, sécurité informatique, protection de l'homme au travail) ; les équipements de vidéosurveillance ; les équipements de transport de fonds ; le traitement des valeurs et logistique bancaire ;

– les activités humaines de la sécurité privée passive et active (gardiennage, surveillance humaine ; transport de fonds ; intervention sur alarme ; protection rapprochée ; lutte contre la démarque inconnue ; contrôle d'accès ; contrôle technique ; télésurveillance ; télé-assistance) ;

– les activités plutôt intellectuelles et techniques de la sécurité privée (enquêtes privées ; études de marché ; conseil audit ; ingénierie).

En dépit de résultats souvent en dents de scie pour chaque créneau, il ressort nettement de cette source que, sur la dernière décennie, les technologies de surveillance à distance (télésurveillance, vidéosurveillance, télé-assistance) et la protection rapprochée se sont nettement détachées des autres activités, puisqu'elles génèrent toutes des augmentations de leurs chiffres d'affaires annuels supérieurs à 10 %.

Deuxièmement, dès la fin des années 1980, le Conseil de l'Europe se préoccupait de son côté de comparer l'état des forces de sécurité publique et les forces de sécurité privée dans chaque État membre de l'Union, et surtout l'état des réglementations qui les concernent. Les rapports demandés par Strasbourg à ce sujet aux différents ministères de l'Intérieur ou à leurs homologues se sont souvent avérés décevants, faute de consensus pour extraire des chiffres d'entreprises ou d'agents spécialisés dans telle ou telle fonction. En laissant à des administrations le soin de définir par elles-mêmes leur labellisation de la sécurité privée, on ne se donnait pas vraiment les moyens d'unifier une connaissance fiable à l'échelon européen. Mais un réflexe a été pris, et c'est de l'équipe hollandaise de De Waard, travaillant pour le compte d'un ministère de la Justice sensibilisé au problème de la protection des libertés individuelles face au développement du marché privé au début des années 1990 (De Waard et Van der Hoeck, 1991), qu'est advenue une première tentative de comparaison systématique des effectifs publics et privés. Le modèle de questionnaire administré aux spécialistes des États membres aura dans les premiers temps une allure ressemblant fort à la problématisation hollandaise. De Waard (1999) a publié une première synthèse de l'état des forces dans quatorze pays européens. Il a complété son tableau en 1996 avec les données fournies par huit nouveaux pays, dont trois géographiquement proches des États membres mais n'appartenant pas à l'Union européenne (Suisse, Islande, Norvège), et l'a complété avec des données fournies par les États-Unis et le Canada, l'Afrique du Sud, l'Australie et la Nouvelle-Zélande (De Waard, 1999).

À partir de l'année 1995, le mouvement des comparaisons tous azimuts s'est accéléré, obéissant à de nouvelles préoccupations communes. En 1996, dans la mesure où la quantification de l'évolution des effectifs de la sécurité privée avait commencé à avoir une bonne visibilité dans le monde de la recherche, de la justice et de la police, l'Union internationale des syndicats de police s'y est lancée à son tour. S'intéressant plus spécifiquement aux relations entre polices publiques et secteur privé, elle a conduit sa propre enquête dans l'ensemble des pays de l'Union afin de déterminer, à la conférence de Luxembourg de 1997, jusqu'à quel point il pouvait être légitime de promouvoir des conditions d'amélioration du partenariat entre les deux secteurs, entérinant une préoccupation du Bundeskriminalamt (BKA) allemand qui, un an auparavant, avait lui-même commencé à élaborer des propositions de coopération des policiers publics avec les agents du secteur privé.

C'est également de 1996 que date la première tentative de comparaison des forces en Europe, commanditée par les entreprises major elles-mêmes : la multinationale suédo-britannique Securitas, implantée dans vingt-six pays, commandita un rapport confidentiel à des experts privés, chargé de faire le point sur le statut juridique des entreprises de sécurité au sein de dix-huit pays. Ce rapport a servi à nourrir la conférence de Budapest qui mit à son ordre du jour la question des conditions de pénétration des entreprises de sécurité privée au sein des PECO, et notamment de ceux d'entre eux pour lesquels une première vague d'adhésions à la communauté était en préparation à l'époque (Hongrie, Pologne, République tchèque). Cette conférence itinérante, organisée annuellement par la

Confédération européenne des services de sécurité (organisme fondé en 1989), se préparait aux grandes manœuvres de l'élargissement à l'Est. Le leader allemand de la sécurité, Raab Karscher (qui sera racheté par Securitas un an plus tard, tout comme le major français Proteg), mit son poids dans la balance, surenchérissant dans la commande aux dires des spécialistes européens. Un ouvrage de référence faisant le point de la situation de la sécurité privée dans vingt-six pays de l'Europe (Ottens et *al.*, 1999) dressera un bilan quantitatif et qualitatif de la situation européenne, ajoutant aux données disponibles celles de la Turquie, de la Roumanie, de la Lituanie et de la Slovénie.

À ce niveau de généralisation, pour pouvoir fournir des éléments de comparaison pertinents, on imagine que les indicateurs devaient rester grossiers et les définitions communes les plus minimalistes possibles. Dans tous les cas, on chercha à établir des ratios entre effectifs de police publique et de sécurité privée rapportés ou non à 100 000 habitants. On chercha également à établir un ratio entre nombre d'entreprises de sécurité (la question de la taille est déjà trop complexe) et nombre des salariés. Et enfin, à dresser un état comparatif des législations nationales, réglementations généralistes ou particulières à un segment. Dans tous les cas, le panorama des ratios entre effectifs publics/effectifs privés permit de classer les différents pays selon leur degré d'emprise du privé dans l'histoire de leurs polices publiques.

Avant d'en présenter un synopsis général, mentionnons le fait que des chercheurs du Groupe européen de recherche sur les normativités (Van Outrive, dans Shapland et Van Outrive, 1999) ont également tenté de documenter, au sein de six pays de la communauté (Allemagne, Belgique, Espagne, France, Pays-Bas, Royaume-Uni), de nouvelles questions plus affinées que les précédentes, sans être parvenus à remplir l'ensemble des cases. Il s'agissait d'y distinguer les effectifs d'agents de surveillance sous contrat de service par rapport aux agents maison (polices spéciales d'entreprises privées et publiques avec des pouvoirs spéciaux) ; les effectifs des détectives privés ; les effectifs (publics/privés) des polices employées par les municipalités. Mais également de distinguer les effectifs sous réglementations spécifiques, telles que les activités de télésurveillance et de vidéosurveillance, et d'engranger des données au sujet de la surveillance financière et du contrôle des données personnelles, ainsi que des données sur les réglementations incitatives à la protection de l'habitat.

Toutes les tentatives de comparaison recensées depuis le début des années 1990 ont suivi les postulats de la pensée criminologique académique anglo-saxonne, qui n'a généralement pas les états d'âme des chercheurs issus des pays latins quand il s'agit de mettre sur un pied d'égalité fonctionnelle les fonctions publiques et commerciales de la sécurité. Le pragmatisme en la matière est évidemment de mise, ce qui s'explique par la plus forte visibilité et légitimité *a priori* des *polices privées* dans ces pays. Le tableau comparatif récapitulatif suivant le montre sans ambiguïté.

Sauf à y déceler une moindre rigueur s'agissant des données fournies par la source professionnelle (colonne 1) et à être surpris par l'extraordinaire emprise des effectifs privés dans les PECO (un phénomène qui n'a certainement pas la même signification que dans les vieilles nations de l'Europe occidentale), on y observera comme un fait remarquable qu'en termes d'effectifs chiffrés, les agents privés sont dans un différentiel très supérieur aux agents publics en Afrique du Sud, bien supérieur aux États-Unis, au Canada, en Australie et... identiques en Grande-Bretagne. Il n'est pas étonnant alors que les théorisations du *policing* concurrentiel soient dans ce pays beaucoup plus élaborées que dans les pays d'Europe continentale hors PECO.

Tableau 13. *Ratios des effectifs publics divisés par les effectifs privés par pays, à partir de deux sources différentes, professionnelle et publique*

Sources	Von Arnim[6]	1999, p. 90	De Waard[7]	1999, p. 156
	Public	Privé (+ ratio public/privé)	Public	Privé (+ ratio public/privé)
Europe UE				
Allemagne	263 000	168 000 (1,56)	320	217 (1,47)
Autriche	254 000	5 500 (4,62)	363	75 (4,82)
Belgique	36 000	9 700 (3,71)	344	109 (3,15)
Danemark	12 200	10 000 (1,22)	236	193 (1,22)
Espagne	179 400	71 500 (2,50)	477	152 (3,13)
Finlande	11 800	6 000 (1,96)	233	69 (3,37)
France	227 000	94 000 (2,41)	394	121 (3,25)
Grèce	39 000	5 000 (7,80)	379	19 (19,94)
Irlande	10 900	5 150 (2,11)	304	143 (2,12)

.../...

Sources	Von Arnim[6]	1999, p. 90	De Waard[7]	1999, p. 156
	Public	Privé (+ ratio public/privé)	Public	Privé (+ ratio public/privé)
Italie	278 500	25 000 (11,1)	488	76 (6,42)
Luxembourg	1 100	1 200 (0,91)	276	201 (1,37)
Pays-Bas	39 500	20 200 (1,95)	256	132 (1,93)
Portugal	46 000	15 000 (3,06)	440	152 (2,89)
Royaume-Uni	185 000	200 000 (0,92)	318	275 (1,15)
Suède	17 500	16 000 (1,09)	310	184 (1,68)
Europe hors UE				
Islande	620	200 (3,10)		
Norvège	7 500	4 800 (1,56)		
Europe PECO				
Hongrie	30 800	54 900 (0,56)		
Pologne	102 000	200 000 (0,51)		
Rép. Tchèque	49 000	50 000 (0,98)		
Slovénie	5 800	4 000 (1,45)		
Turquie	175 000	82 000 (2,13)		
Autres				
Afrique du Sud			312	900 (0,34)
Australie			287	516 (0,55)
Canada			260	432 (0,60)
Nouvelle-Zélande			195	153 (1,27)
Suisse	13 900	8 000 (1,73)	205	108 (1,89)
États-Unis			321	582 (0,55)

6. *A. G. von Arnim, dans Ottens, Olschock et Landrock, 1999, p. 61-112 (sources professionnelles ; données brutes).*
7. *J. De Waard, 1999, p. 143-174 (sources publiques ; données rapportées à 100000 habitants).*

Chapitre 4

TRANSFORMATIONS ET USAGES DES TECHNIQUES PRIVÉES DE SURVEILLANCE À DISTANCE

La liberté des citoyens serait-elle désormais menacée par la technologisation des dispositifs privés de surveillance et de contrôle à distance dans les organisations et les « territoires urbains », comme beaucoup le prophétisent ? La notion même de liberté aurait-elle encore un sens, si on la considère du point de vue de l'atomisation des individus face aux environnements sociotechniques automatisés, ou si on la voit entièrement contenue dans la production de sécurité exercée par ces technologies ? On le sait, sur le sujet, les camps sont irréductibles, mais bien peu sont nourris d'arguments empiriques consistants.

Il s'agira d'abord de montrer comment les lectures du « nouveau contrôle social » induites sont souvent pétries des implicites d'un déterminisme technologique alors qu'elles ne sont bien souvent que des actualisations de problématiques anciennes. On documentera ensuite ce chapitre par une réflexion sur les modalités de lutte contre la perception d'une emprise par trop sécuritaire des techniques d'information et de communication, dans un contexte où les individus se sentiraient menacés, prouvant ainsi les limites du déterminisme des environnements technologiques censés leur procurer protection et sécurité.

Les rapports des hommes aux nouvelles technologies sont à cet égard beaucoup plus sinueux, complexes et nuancés. Avant d'examiner en quoi les technologies tendraient progressivement à se substituer à l'homme dans la mesure où elles seraient plus efficaces que lui dans les tâches de veille, de contrôle des risques et des dangers de toutes natures, on rendra surtout compte de la façon dont les outils sont investis par les idéologues, les politiques, les marchands et les divers usagers, bref, ceux qui les construisent, les installent, les manipulent, les évitent ou se les approprient. Autrement dit dans un langage plus sociologique, en rendant compte de la façon dont logiques techniques et logiques sociales s'articulent avec les logiques d'offre (elles-mêmes guidées par les prescriptions normatives d'un État arbitre devant concilier liberté et sécurité), et les logiques d'usage.

Technologies d'information et de communication

Laissons-nous d'abord guider par les conclusions de l'enquête parlementaire de Franck Sérusclat (1995) qui offrent une bonne synthèse des différentes modalités de recueil de l'information sur les individus, groupes sociaux et groupes d'usagers, permises par les TIC (technologies d'information et de communication), et observons comment la plupart d'entre elles sont potentiellement annexables à des fins de sécurité.

Quatre modalités d'informations structurées ont été mises en évidence :

– l'information par voie de recueil de données mises en fichiers, les plus contrôlées par la vigilance démocratique ou les autorités administratives indépendantes comme la CNIL (Commission nationale de l'informatique et des libertés). Les agences de police constituent non seulement des fichiers d'auteurs recherchés ou de personnes disparues, mais également des fichiers d'interdits de séjour, d'expulsés, de refoulés, de déboutés du droit d'asile, etc. ;

– l'information transactionnelle liée à la croissance de l'utilisation des cartes à mémoire et de l'information de retour délivrée par des supports numérisés[1] ;

1. *Une première prise de conscience des menaces induites a été provoquée en France par l'affaire OM-Valenciennes en 1993, où le risque de violation des libertés privées par la mémoire électronique des transactions permettant de reconstruire le trajet des individus suspects a suscité une très vive émotion. Le traçage électronique des individus, rendu possible par le débit d'une carte de crédit à un péage d'autoroute, et la mémoire électronique de communications téléphoniques émises depuis les hôtels des protagonistes avaient permis de confondre les alibis des suspects.*

– l'information constituée par les traces laissées par l'enregistrement d'éléments identifiant les personnes, avec d'autant plus de facilité désormais que les technologies dites « à main libre » permettent à l'usager, dans certains cas, de ne même plus avoir besoin de présenter de carte à mémoire pour être identifié par un système quelconque ;

– les moyens d'identification donnés par les capteurs utilisés par la télésurveillance, dont la performance est décuplée par leur couplage à des caméras vidéo (télé-vidéosurveillance) qui enrichissent la connaissance du comportement mobile des individus à partir de leur image mouvante (le *morphing*, capable de reconstruire un scénario à partir de fragments sur un individu se déplaçant dans un flux).

Face au décuplement de l'efficacité de ces techniques pour repérer et identifier les individus ou groupes d'individus cibles d'une action quelconque, et du potentiel de menace que ces ciblages sur des individus ou des catégories font courir à leurs libertés, un débat s'est très vite engagé au sein de la société, nourri par une inquiétude au sujet d'une nouvelle configuration policière qui ferait un usage de plus en plus fréquent de ces technologies. Ce débat vise à combler ce qui a été très vite perçu comme un déficit démocratique avec pour objectif de mieux contrôler les modalités par lesquelles les États les plus puissants d'abord (Campbell, 2001), les polices ensuite, dans un cadre intérieur et transnational (et pas toujours judiciaire), maximisent leurs missions traditionnelles lorsqu'ils font une utilisation de plus en plus intensive des procédures de surveillance et de contrôle à distance qu'ils empruntent aux opérateurs privés.

Les établissements publics et les collectivités locales (municipalités) sont devenus une clientèle de première importance pour la surveillance à distance privée et la gestion commerciale contractuelle, trait dominant de la sécurité urbaine actuelle. On y délaisse de plus en plus ouvertement les anciens systèmes de régie directe au profit de formules plus souples : par exemple, les formules de délégation à des entités monopolisant les réseaux de télégestion et de télésurveillance pour surveiller l'habitat public (Dard, 1998, 2001). Les téléservices couplés à des missions de protection et de surveillance de la petite délinquance sont quant à eux de plus en plus fréquemment vendus clé en main aux pouvoirs locaux (Rochette et Marchandet, 1998) ou aux organisations publiques et privées, les centres commerciaux par exemple.

Ces technologies fonctionnent au départ comme des « prothèses sociales » (Eveno, 1997) pour de multiples raisons : nécessité de lutter localement contre l'isolement, contre le vieillissement d'une population de plus en plus dépendante (télé-assistance médicale et telédiagnostic) ; montée du télétravail et du télé-enseignement qui contribuent à diminuer ou à changer la nature des déplacements physiques dans l'espace urbain ; expansion de l'immotique (télégestion dans les immeubles de bureaux) et de la domotique (télégestion dans la maison individuelle) dans l'habitat résidentiel et collectif, ce qui implique à la fois télégestion de l'énergie (ou gestion des fluides d'énergie et des consommations) et téléinformatique (communication d'informations diverses entre gestionnaires, habitants et prestataires de services), sur quoi se greffent télédétection (contrôle et surveillance des anomalies diverses et des renvois d'alarmes) ou télésécurité (contrôle et surveillance des biens et des personnes, et intervention physique).

On assiste aujourd'hui à des processus de légitimation croisée (Rochette et Marchandet, 1998) entre opérateurs de réseaux et collectivités territoriales lorsqu'on regarde les stratégies des responsables locaux des grandes villes qui y recourent. En effet, l'offre des technologies de communication est largement aux mains de grands opérateurs de réseaux interconnectés sur le plan national (tels France Telecom, EDF, GDF), ou d'acteurs de réseaux additionnés (tels que Générale des Eaux, Bouygues et Philips, Lyonnaise des Eaux, Schlumberger). Ces groupes privés sont en concurrence sur les téléservices et cherchent à faire vivre des filiales en les spécialisant exclusivement dans la télésurveillance et dans la télésécurité, dans la mesure où ils parient sur des marchés rentables. Ces opérateurs, dotés d'un pouvoir économique fort mais d'une légitimité politique plutôt faible au niveau national, se cherchent donc une légitimité politique locale où ils savent porteur le créneau de la « demande de sécurité ». Ils fournissent les services de télésurveillance sur des territoires urbains très localisés, élaborant leurs stratégies de conquête auprès des municipalités en mobilisant l'argument de la défaillance policière nationale ou de la meilleure performance des polices municipales. Il n'est pas sûr toutefois que ces stratégies de conquête n'essuient pas quelques échecs cuisants, comme on l'a vu dans l'affaire de l'absorption par Proteg (le leader de la sécurité privée en France) de l'activité de gardiennage et de télésurveillance de la Générale des Eaux[2]. Mais s'improviser professionnel de la sécurité privée quand on ne dispose que de compétences financières ne va pas toujours de soi. Convaincre un client de mobiliser des technologies nouvelles à son profit, et cela est tout aussi vrai pour les polices publiques,

2. *Voir* En toute sécurité, *1997, n° 202, p. 4-5.*

les élus locaux ou les particuliers, n'est pas suffisant si l'on ignore parallèlement les efforts d'adaptation des utilisateurs ou usagers potentiels aux contraintes matérielles et aux investissements de sens et de pratiques qu'ils mettent dans ces technologies coûteuses pour leur organisation ou leurs administrés.

La nature du contrôle social induit par l'usage de ces nouvelles technologies est une question dérivée, alors que bien souvent les sociologues la traitent de façon tout à fait indépendante, comme on va le voir.

Régression ou renouvellement du contrôle social ?

Une théorie récente sur la nature du contrôle social induit par les environnements sociotechniques automatisés (ESTA) visant à organiser, à réguler ou à surveiller les comportements humains dans des sphères pré-aménagées extérieures à la sphère domestique, consiste à dénoncer l'appauvrissement ou la régression du contrôle social de la modernité tardive en la comparant à la richesse de ses caractéristiques antérieures (Lianos, 2001 ; Lianos et Douglas, 2001).

Michalis Lianos, dans une veine renouvelée à partir de celle de Thomas Mathiesen (1997), prend comme exemple emblématique les rames automatisées du métropolitain. L'usager entrerait dans un monde fonctionnant dans un contexte d'interaction dont serait exclue la négociation, dans un environnement unidimensionnel et monosémique substituant au « citoyen respectueux des lois » un « utilisateur efficace », c'est-à-dire non discriminé dans son statut d'utilisateur[3]. Les ESTA décrits par M. Lianos ne seraient pas seulement des dispositifs égalitaires de contrôle discriminant les utilisateurs efficaces des inefficaces, mais les instruments d'une gestion d'ensemble visant à adapter le monde social aux fins de l'institution qui les utilise. Dans cette perspective, le danger, la menace, la déviance proviendraient de tout utilisateur potentiel dont le système détecterait la non-conformité selon un processus d'inspection anticipée incorporée au contrôle d'une activité de gestion débarrassée de toute négociation sociale. Les perceptions de la déviance seraient tendanciellement dissociées de l'expérience directe ou indirecte d'un vrai comportement déviant, et incorporées dans la norme grâce à l'administration de petites doses de contrôle automatisé. Bref,

3. On retrouve là une prémisse de la thèse de Jeremy Rifkin (2000) sur « l'âge de l'accès ».

l'action institutionnelle dominerait l'interaction entre personnes ou groupes sur des territoires où se rencontreraient des individus atomisés inconnus les uns des autres. L'hypothèse de la coexistence d'une société et d'un État différenciés disparaîtrait au profit de celle d'une masse d'individus indifférenciée aux prises avec des institutions incarnant des environnements sociotechniques où sûreté et sécurité seraient partie intégrante des systèmes eux-mêmes. Sans institutions de ce genre, pas de sécurité satisfaisante, pour cet auteur, même au niveau organisationnel le plus micro-sociologique : la déviance dangereuse dans ce monde social *cyndinisé*[4] serait en passe de supplanter la déviance illégale définie par l'État de droit, situations où les contrôleurs publics et privés se faisaient une idée générale du comportement problématique de la personne avant de l'exclure ou de l'inclure. Bref, si le monde industriel rationalisait le danger en en faisant une catégorie d'« objet à objet », celui de la modernité tardive verrait s'opérer une véritable régression du contrôle social où le danger deviendrait une catégorie de « société à objet ». Le pari de cette sécurité viendrait non plus du besoin de conjurer des dangers aggravés par le comportement des personnes avec leur concours, mais plutôt de faire advenir un contrôle social « hors du cadre social par des voies institutionnelles, techniques et thématiques ».

Cette nouvelle modalité du contrôle social se détournerait de la métaphore du « Panopticon » de Jeremy Bentham (et de sa vulgate en termes de « Big Brother »)[5]. Elle postule une machinerie aveugle baptisée « synopticon » par Thomas Mathiesen (1997), non pas un « anti-panoptisme », mais plus exactement un « péri-optisme » généralisé. Pour Michalis Lianos, l'usage de cette métaphore serait utile pour qualifier la naissance d'un nouveau contrôle social émergent capable d'adapter le monde social environnant aux finalités de l'organisation, procurant de la sécurité à ceux-là seuls qui y seraient adaptés (et non l'inverse), et de l'insécurité pour tous les autres. Elle postule que l'inspecteur du bon fonctionnement de la machine ne se comporte jamais comme un contrôleur des raisons qui font qu'elle exclut celui qui, pour une raison ou pour une autre, n'est pas adapté à sa finalité. Un pas est évidemment

4. *Du grec* kundunos, *« danger », d'où la* cyndinique, *« science du danger ». Le concept a été lancé en France par Kervern et Rubise (1990). D'où aussi* cyndinisation, *etc.*
5. *La figure du « Panoptique » fut au départ conçue pour contrôler les comportements des individus au sein d'institutions closes (d'abord prison, puis hôpital, école...) en les soumettant à un regard invisible qui voit tout ou laisse croire qu'il le fait.*

franchi par cette analyse qui ne discute plus du statut public ou privé de l'inspecteur ou du contrôleur en question, les deux types d'agents étant eux-mêmes réduits à n'être que les serviteurs de l'organisation dont la nature juridique n'a plus d'importance en tant que telle.

La grande différence entre cette analyse prospective et celle de Shearing et Stenning (1981) vient de ce que ces derniers plaçaient encore au centre de leur réflexion sur la nature du nouveau *policing* produit par l'organisation, une focalisation sur la déviance des « négligents », c'est-à-dire de ceux qui s'émancipaient de leur devoir de respecter les règles techniques, fragilisant ainsi l'organisation entière. Que faisaient en effet le contrôleur ou l'inspecteur face au comportement négligent de l'employé qui ne fermait pas son bureau, ne sécurisait pas son ordinateur, ne se souciait pas des consignes anti-incendie ? Punissaient-ils ces négligences en excluant temporairement ou définitivement de l'organisation le sujet rétif à la discipline ? Ou se contentaient-ils d'un avertissement pédagogique en espérant que, à terme, il adopterait une attitude plus responsable ? La réponse des auteurs oscillait : ils montraient surtout que la sécurité privée dans l'ordre interne des entreprises avait ceci de particulier par rapport à la sécurité publique qu'elle était mieux à même de transformer un comportement fautif en un comportement à risque par une pédagogie adaptée, c'est-à-dire incluante, visant à transformer le sujet négligent en un sujet responsabilisé, rendu conscient de sa participation individuelle à l'insécurité générale dans l'organisation... Une préoccupation étrangère à leur sens aux polices publiques entièrement focalisées sur l'arrestation du coupable.

Cette vision supposait évidemment une nette délimitation de l'espace public et de l'espace privé de l'organisation. Or, à partir du moment où cette distinction n'a plus de sens, parce que les environnements sociotechniques automatisés concernent surtout des organisations statutairement hybrides, privées par leur structure juridique, mais vécues comme publiques par la présence d'une masse d'usagers extérieurs, les lectures critiques du contrôle social sont amenées à se modifier en conséquence.

Elles préfigurent un avenir possible, mais permettent-elles de rendre compte de la complexité actuelle du réel ? Rien n'est moins sûr... Il semble que les distinctions entre répression par mise à l'écart ou prévention dissuasive par une recherche d'adhésion disciplinaire aux finalités des systèmes aient encore un sens, pour au moins deux raisons : elles demeurent ancrées dans les représentations mentales de tous les acteurs sociaux ; et cela, quelles que soient leur position dans la structuration sociale et leur aptitude différenciée à mobiliser des réseaux, à se mouvoir dans l'espace ; d'autre part, parce que les pouvoirs publics et privés n'ont jamais renoncé à la pédagogie de transformer les pratiques des citoyens usagers. Il s'agit d'adapter les sociétés aux évolutions des innovations technologiques, en créant des outils juridiques susceptibles de répondre à ces mutations sociologiques.

Pour les analystes radicaux qui attachent encore un sens menaçant aux nouvelles technologies parce qu'ils estiment qu'elles maximisent d'abord l'efficacité policière publique, les raisonnements modernisés à ce sujet demeurent à teneur conspiratoire. C'est en effet à partir d'une réflexion sur le raffinement des technologies de répression que certains chercheurs continuent à penser les politiques de sécurité (et non plus de prévention) mises au point actuellement. Il se dégagerait par ces moyens une efficacité accrue de gestion policière des menaces à l'échelon supranational. Les travaux de Didier Bigo (1997, 2000, 2001) et de Richard Brousse sur les « industriels de la sécurité » particulièrement actifs dans les salons comme Milipol, tendent à montrer comment les technologies de sécurité privée constituent progressivement de nouvelles armes opérationnelles policières et militaires mobilisées à distance, jusques et y compris au sein d'opérations de contrôle ou de police internationale.

Les institutions policières qui s'organisent à l'échelon supranational dans les vieilles démocraties de l'Ouest (l'espace Schengen, par exemple) le font-elles pour lutter contre des menaces imaginaires en les inventant au fur et à mesure qu'elles avancent ensemble, comme semblent le soutenir les analystes radicaux de cette école de pensée (par exemple des menaces terroristes, le spectre des menées subversives intégristes, les menaces de criminalité liées aux migrations de populations en provenance du Sud ou de l'Est [Tzoukala, 2000, 2002]), dans le but de fonder une identité commune et de persister dans leur être ? Ou le font-elles à cause de la nécessité géostratégique de dépasser le cadre trop étroit de la réponse d'États-nations devenus impuissants à lutter à eux seuls contre des menaces (réelles ou probables) qui les frapperaient solidairement, au point d'engendrer un brouillage des frontières territoriales de l'ordre intérieur et de l'ordre extérieur de chaque État-nation ?

Considérer par ailleurs les « multinationales de la sécurité » comme des entreprises mercenaires gérant l'ordre à distance pour le compte d'États impériaux au sein d'États affaiblis et émergents, accrédite une acception trop univoque et fermée de leurs finalités. Les multinationales de la sécurité, bardées comme les polices supranationales d'équipements technologiques d'information et de communication sophistiqués, sont aussi des agences dont le cœur de l'identité consiste à rechercher et à protéger des informations sensibles. Or, il n'est pas dit que ces informations aillent uniquement dans l'escarcelle des États impériaux : le jeu est suffisamment ouvert aujourd'hui pour que la collecte et la protection de l'information puissent également bénéficier à la communauté internationale des internautes ou des cybercitoyens antisécuritaires.

Toutes les thèses autour du nouveau contrôle social généré par les technologies de l'information et de la communication dont nous disposons actuellement sont séduisantes, voire élégantes, stimulant abondamment l'imagination critique. Elles demeurent encore largement spéculatives. Les unes, centrées sur les risques d'inégalités entre citoyens-usagers, ne sont pas sans évoquer une sorte de nostalgie d'un âge d'or du panoptique qui semblerait rétrospectivement doté de toutes les vertus. Les autres, pour dénoncer le besoin qu'auraient les polices de s'édifier à l'échelon supranational, tendraient à accréditer l'idée que les « hordes » de populations venues de l'Est et du Sud constitueraient la menace suprême, des foyers de dangers liés au « choc des civilisations »... Une chose est certaine, en tout cas : après les attentats du 11 septembre 2001, il a fallu d'urgence réviser à la baisse la croyance en la construction de menaces comme autant de fantasmes paranoïdes des puissants.

Des usages variés des techniques de surveillance à distance

La question des investissements des particuliers dans les TIC commence à être suffisamment documentée pour qu'il soit possible de montrer comment la diversité des représentations explique en partie la diversité des usages. On regardera ensuite de quelle façon les pouvoirs publics locaux mettent en jeu une forme de légitimité politique auprès de leurs administrés par la mise en place de techniques de vidéosurveillance dans l'espace public de leur ville. Enfin, je montrerai comment s'effectuent les réactions au cadrage par l'État des usages locaux de ces technologies, en étudiant les effets de la mise en œuvre du décret de 1996 sur la vidéosurveillance.

Particuliers et télésurveillance

Il est rassurant de voir naître une préoccupation démocratique mieux ciblée à l'égard d'une utilisation de plus en plus sécuritaire des TIC (par exemple, détecter et interpeller un ou plusieurs perturbateurs dans un lieu public ou mixte), alors que ces techniques ne se présentent pas de prime abord chez tous les utilisateurs avec cette vocation.

Mais comme le processus perçu par la pensée critique radicale est bien celui d'une dérive par le détournement de leurs multiples finalités vers un but exclusivement répressif (la valeur sécurité ne s'embarrassant pas de la polysémie des finalités, aujourd'hui moins que jamais), on admettra qu'il existe toujours de la part des polices publiques une attente virtuellement répressive par rapport à ces technologies qu'elles cherchent à s'annexer dans la mesure où elles se sentent de plus en plus menacées dans leur légitimité professionnelle par ces opérateurs concurrents (municipaux, privés...), en dépit des discours publics sur la coopération ou le partenariat.

D'où, pour le citoyen critique, ces questions : comment s'opposer aux risques d'interconnexion des données recueillies par les polices avec celles des autres agences de renseignements théoriquement non répressives dans leurs finalités (les diverses agences de sécurité privée, banques, compagnies d'assurance, sociétés de télécommunications, fournisseurs de crédit à la consommation ou de télépaiement, organismes gestionnaires de l'habitat collectif, entreprises de transport, etc.) ? Et, plus largement, comment parlementaires, juristes militants d'associations ou d'organisations non gouvernementales et autorités administratives indépendantes peuvent-ils, pour défendre la liberté des citoyens contre les atteintes à leur vie privée, contrer l'emprise des techniques d'observation à distance et d'enregistrement de données de toutes natures ? Sur quels principes et quels textes ces défenseurs naturels des libertés peuvent-ils fonder leur action ? Y répondre suppose de procéder par élimination successive des acteurs mobilisables, des moins au plus concernés.

Je vois mal comment les défenseurs des libertés pourraient trouver des alliés parmi les catégories de populations ayant une confiance absolue dans les ressources de la protection, par exemple les personnes ayant décidé de vivre dans des bulles de sécurité ou des ghettos de luxe totalement sécurisés, tels qu'on en voit apparaître un peu partout dans le monde (Davis, 1990 ; Lopez, 1996). Sans s'attarder sur une telle caricature du style de vie des riches, on peut aisément imaginer que les classes moyennes et populaires adhérant simplement aux vertus de la domotique et de toutes les technologies de pointe présentées comme facilitant la vie quotidienne (téléassistance) resteront peu enclines à imaginer comment les composantes virtuellement sécuritaires de ces techniques pourraient se retourner contre leurs libertés[6].

Du reste, si les premières études disponibles examinant les usages de la télésurveillance par les particuliers montrent parfois des modifications de leur rapport à l'espace, il semble que les télésurveillés y raisonnent rarement en termes de menace à leur liberté individuelle, notamment les usagers de l'habitat pavillonnaire ou du logement collectif public, car les pratiques de protection restent orientées vers l'extérieur plutôt que l'intérieur de la collectivité résidente. La typologie des propriétaires de télésurveillance élaborée par Madeleine Akrich et Cécile Méadel (1996) a bien montré comment le « gardien de la forteresse » renforce par ce nouveau dispositif une protection qu'il s'était déjà créée contre le monde avoisinant ; comment le « presse-bouton » n'y voit tout au plus qu'une serrure électronique plutôt embarrassante dont il s'équipe avant tout pour rassurer ceux qui se font du souci pour lui. Le rapport à l'environnement chez ces deux types de citoyens n'est pas significativement modifié. Il en va différemment du « pragmatique du local », qui cherche à renforcer son propre réseau de sociabilité au travers d'une démarche qui ne le prédispose pas à instruire le procès des techniques puisque, au contraire, elles vont favoriser ses marges de manœuvre et lui permettre d'augmenter sa propre surface sociale.

D'autres études (Dard, 1998) ont montré que le secret de la réussite d'une sécurisation d'un immeuble locatif d'habitat social était lié à une bonne articulation entre l'espace privé (l'appartement du locataire), les espaces semi-publics de l'immeuble et ceux de l'environnement public urbain. Ce qui suppose une dynamique interactive entre des relations de voisinage fortes (des locataires ayant un intérêt partagé aux valeurs d'usage des moyens de la télévidéosurveillance et aux télécommunications disponibles sur des réseaux internes à la

6. *André Midol (1995) a distingué les « technologies de sécurité par destination » des « technologies de sécurité par incidence », en donnant à cette distinction une coloration juridique évidente, pénale en particulier, voire policière. La distinction a des vertus opératoires pour la police, qui serait uniquement intéressée par les premières (cet auteur y range la télésurveillance, la vidéosurveillance, la télésécurité). Or, les deuxièmes, qui impliquent du contrôle et de la surveillance, de la gestion des flux d'informations, d'énergie, etc., intéressent surtout les opérateurs privés, même si les polices publiques peuvent le cas échéant bénéficier de leur savoir sur les hypothèses de malveillance susceptibles d'expliquer les dysfonctionnements rencontrés, notamment sur les déclenchements d'alarmes par tel ou tel capteur.*

communauté des locataires) ; des relations de proximité avec l'institution logeuse (un gardiennage de proximité, assurant une fonction de gestion technique et administrative, de négociation et de régulation des conflits entre les locataires) ; et de bonnes relations avec les services urbains privés et publics. C'est la figure de la « coveillance » (ou surveillance partagée[7]) théorisée par Dard (2001), une figure alternative considérée par ce chercheur du Centre scientifique et technique du bâtiment comme une réussite plutôt rare, tandis que d'autres analystes critiques la dénoncent comme un échec patent (Hanot, 1996), car, dans les faits, il manquerait généralement à l'appel l'une des trois conditions énumérées par Philippe Dard. De toute évidence, si réussite de la coveillance par le biais de la télésurveillance il y a, la recette n'est pas facilement généralisable, vu l'échec de cette formule dans d'innombrables habitats sociaux notamment. Dans deux hypothèses fréquentes notamment : quand, par exemple, la surveillance de la consommation de l'énergie et des comportements incivils des locataires de l'immeuble reste centralisée dans les mains de l'organisme logeur ; quand la gestion des alarmes à distance reste une fonction sous-traitée par des opérateurs trop éloignés des préoccupations quotidiennes des locataires, en l'absence d'un gardien sur place.

On imagine assez mal les « militants de la liberté » dénonçant l'emprise oppressive des TIC s'appuyer sur les catégories pauvres de la population en matière de communication technologique, celles qui n'ont pas elles-mêmes accès à la maîtrise des nouveaux outils ni d'ailleurs conscience de leurs effets positifs ou nocifs. Ces populations, que d'aucuns ont décrites comme les « nouveaux analphabètes de l'information » (Foucauld, 1995), sont pourtant objectivement les plus contrôlées dans tous les espaces urbains où elles se meuvent en tant que résidents ou usagers de services publics. Si les réglementations récentes leur concèdent en France quelques garanties dans des textes s'adressant à tous, c'est-à-dire à personne en particulier, l'analyse des circulaires d'application montre en revanche que la défense privée des espaces contre les intrusions malveillantes ou simplement indésirables est toujours mieux calibrée que les procédures permettant la mise en

7. *Le système combine l'interphone qui commande l'ouverture de la porte de l'immeuble et l'image vidéo projetée par un canal interne sur un écran de télévision. De son appartement, le résidant peut observer l'entrée de l'immeuble, le parking extérieur, le bac à sable des enfants, prendre connaissance des messages sur la vie de la résidence...*

œuvre de la défense des libertés (Ocqueteau et Heilmann, 1997). Il est manifeste que dans cette lutte entre la promotion de la sécurité et la défense des libertés individuelles, le législateur se montre toujours plus bavard au sujet de l'organisation du premier objectif que du second, quand il n'est pas intarissable sur les restrictions à la mise en œuvre réelle de l'exercice des libertés.

La cause semble donc entendue : les militants de la liberté, nécessairement des minorités actives (des associations comme Privacy International, Samizdat, Souriez Vous êtes filmés, Clifti, réseau Voltaire..., pour ne prendre que les plus connues), ne peuvent s'appuyer que sur des fractions de populations déjà préoccupées par les risques engendrés par ces nouvelles technologies et normalement prédisposées à leur résister passivement ou activement. Des minorités actives le sont par défection, par conviction, voire par provocation ; d'autres sont également convaincues par le fait que l'activation du droit par le plus faible peut s'avérer une arme parfois efficace quand elle se retourne à bon escient contre le plus fort. Autrement dit :

– des citoyens qui se tiennent volontairement à l'écart, cherchant à ne pas donner prise à des informations personnelles susceptibles d'être connectées à leur insu. C'est en substance la conclusion suggérée par la vision de la « société de sécurité maximale » de Gary Marx (1988) qui, réfutant quinze sophismes (ou techno-erreurs) sur lesquels elle fonctionnerait, les présentait de telle manière qu'aucun ne pouvait *a priori* se justifier comme une nécessité. Si de tels combats sont méritoires, leur approche catastrophiste paraît néanmoins faire figure d'arrière-garde, encore qu'une méfiance diffuse de la part des fractions intellectuelles des classes moyennes expliquerait peut-être pourquoi un outil tel qu'Internet est resté largement sous-utilisé en France par rapport à des sociétés à développement comparable ;

– une minorité de citoyens surinformés, pénétrés de la croyance en un mythe de la démocratie informatique mondiale, qui n'hésite pas à se placer sur un terrain identique à celui des polices, considérant le cryptage de leurs propres communications et transactions comme un acte essentiel contre les monopoles que s'arrogeraient les États en cherchant à contrôler de nouveaux dangers sur les réseaux (Salomon, 1997). Pour ces nouveaux libertaires, désireux de bénéficier et de jouir d'une liberté de communication maximale, c'est une manière de défier symboliquement la sollicitude des États prétendant préserver les citoyens contre eux-mêmes, selon une vieille idéologie recyclée sur les usages intempestifs de leurs libertés par des citoyens infantilisés ou considérés comme inconscients[8], ou incapables de s'autogouverner par la mise au point de leurs propres systèmes de régulation ;

– en dehors de cette minorité active, souvent libertaire, plus ou moins radicale et plus ou moins repentie au fil du temps, de nouveaux militants de la liberté qui entendent rester dans la légalité pour assurer la crédibilité de leur combat dans l'arène publique. Ils n'ont guère que les armes du droit (Boisseau, 1999) à retourner contre les excès policiers et les excès des groupes extrémistes. Leur seule arme est d'opérer d'inlassables vérifications sur les utilisations policières abusives de ces techniques, même s'ils ont conscience d'une lutte s'apparentant à celle du pot de terre contre le pot de fer. Lorsque le juriste avocat recherche dans les législations internes des États membres ou dans la législation européenne ce que dit le droit des technologies de sécurité basées sur l'information et la communication, il n'a guère d'autres atouts que d'évaluer ce que le droit interdit de faire, en décrivant les virtualités positives et négatives de l'utilisation des nouvelles technologies confrontées à leurs appropriations sociales et policières. L'avocat de la liberté aura beau défendre l'interdiction de constituer des fichiers sur les opinions des salariés ou autres, de rappeler le caractère illégal de la surveillance à distance dans des locaux privatifs tels que les vestiaires d'entreprises[9], de rappeler l'obligation d'informer les usagers de leur droit de regard sur l'enregistrement des images analogiques ou numériques dans les espaces privés recevant du public ou dans les lieux publics, ces avancées sur le plan des libertés arrachées de haute lutte resteront de peu de poids. La mobilisation du droit ne donne des armes utilisables qu'*ex post*, permettant seulement de vérifier que les dispositifs de sécurité ont été détournés ou transformés, avec une visée explicite de porter atteinte à la vie privée, même si cette menace est

8. Pour un journaliste comme Jean Guisnel (1995), l'ambivalence était déjà de mise concernant l'attitude à adopter face à ces tentations extrêmes. Sur les questions d'informatique en général et des représentations des normes attachées au licite et à l'illicite ainsi qu'aux catégories incriminantes de la sécurité informatique subséquente, voir Breton, 1997. Il semblerait que l'affaire ultra-médiatisée des réseaux pédophiles ou pornographiques à la fin des années 1990 ait fait considérablement pencher les représentations du public plutôt du côté de la sécurité que de celui de la liberté.

9. Les atteintes aux libertés des salariés sont des menaces fréquentes dans l'entreprise, notamment par le biais de la vidéosurveillance, des autocommutateurs téléphoniques internes, des badges magnétiques, et de l'existence de l'intranet. Sur toutes ces questions, la jurisprudence n'est pas encore totalement stabilisée...

virtuellement contenue dans leur simple utilisation quotidienne et systématique (Marx, 1988a et b).

Pouvoirs locaux, organisations publiques et privées, vidéosurveillance

Bien que tous les programmes d'évaluation menés en Angleterre sur l'impact de l'introduction de la vidéosurveillance au cœur des villes aient montré des résultats fort mitigés au sujet du recul de la délinquance urbaine (impact négatif, aucun impact, ou impact dans les six mois, puis nécessité de pérenniser le dispositif en l'accompagnant par d'autres techniques de prévention) (Heilmann et Mornet, 2001), l'entrée des maires français dans les utilisations de ce type de dispositif semble plus problématique qu'en Grande-Bretagne. Une recherche récente du sociologue Dominique Pécaud (2002) a bien fait ressortir les raisons poussant des élus à équiper leur ville d'un réseau de caméras vidéo. Il a montré les modalités concrètes de la contractualisation par rapport aux espoirs attendus de ces techniques censées offrir un niveau de sécurité plus acceptable aux citoyens demandeurs d'une meilleure protection dans les centres-villes. Les huit terrains concernaient deux compagnies de transport urbain (vidéosurveillance embarquée), une compagnie de transport avec vidéosurveillance dans une installation fixe, quatre collectivités territoriales (dont une municipalité allemande) et une compagnie bancaire.

Cette recherche a passé au crible les éléments de justification de l'implantation de cet objet technique afin de rendre compte du processus de décision ayant amené sept opérateurs à s'en équiper et un autre à le refuser. L'ensemble des éléments répertoriés inscrivait cette technique dans « un système social total » tenant compte à la fois des représentations symboliques ou imaginaires de l'efficacité du nouveau contrôle social, des pratiques objectives de surveillance, du degré de sophistication de l'objet technique, de l'état de la demande de sécurité sur les biens et les personnes, de l'état des croyances des (non-) utilisateurs, des stratégies politiques, des circonstances historiques, des nécessités conjoncturelles, et de l'influence des pressions s'imposant aux décideurs. Cette recherche a montré l'existence de trois éléments déterminants pour les décideurs locaux dans la décision d'équipement : ou bien cet équipement s'insère dans une stratégie de surveillance préexistante plus globale ; ou bien il est conçu comme une aide secondaire à la mise en place d'un autre dispositif plus global, pensé avec d'autres préoccupations ; ou bien encore il est l'élément central d'une sécurité recherchée à court terme, qui dispense de réfléchir à la complexité de la prévention et de ses effets par la bonne articulation des détections, des interventions et des interpellations sur site.

Dominique Pécaud voit dans ces différentes modalités de prise de décision la validation du « paradigme de Sauve » : pour qu'une innovation technique s'incorpore au social, il lui faut d'abord s'ajouter à un ensemble plus vaste, s'y intégrer, puis le transformer au point d'induire des changements dans les comportements sociaux. Pour cet auteur, les techniques de vidéosurveillance ne sont pas des technologies importées, mais s'établissent au sein de sociétés locales ayant déjà des dispositifs élaborés de surveillance. Dans la mesure où les technologies sécrètent en même temps des formes spécifiques de société, le contrôle de la technologie et de la connaissance que cette dernière produit devient le champ même de l'expression du pouvoir politique local.

Au sujet de la vidéosurveillance, l'auteur montre en outre une déconnexion de plus en plus manifeste entre « surveillance pensée » et « surveillance réelle », comme l'avait bien pointé Michalis Lianos. L'idée du bien-fondé de cette technologie devient tellement prégnante et collectivement admise que l'on ne chercherait même plus à vérifier la liaison entre sa mise en place et le retour du sentiment de sécurité. Autrement dit, la question politique de la surveillance par l'image ne se poserait plus aujourd'hui comme une question préalable à résoudre pour ses utilisateurs, contrairement à ce que pensent encore les militants de la liberté évoqués plus haut. D. Pécaud nuance toutefois ces conclusions dans chacun des domaines observés. Il montre que, même chez les utilisateurs pour qui la fin justifie les moyens, la vidéosurveillance n'est pas vécue comme une panacée, mais serait beaucoup plus souvent pensée comme un complément à un dispositif de contrôle social préexistant que comme un vrai produit de substitution. Cette technologie serait par ailleurs largement sous-utilisée, car elle ne serait pas toujours perçue comme strictement nécessaire à la sécurité. La décision même de s'équiper répondrait beaucoup plus souvent qu'on le croit à des calculs antinomiques : répondre à la fois à une pression supposée ou réelle de groupes professionnels définissant leurs exigences de manière exacerbée, à une demande syndicale pour améliorer les conditions de travail, voire à l'achat de la paix sociale ; se laisser influencer par des vendeurs de sécurité offrant un double service, l'analyse ou le diagnostic local de l'insécurité autant que le remède, l'offre commerciale du dispositif. Enfin, la vidéosurveillance ne serait même pas une solution à un problème technique (la sécurité des passagers par exemple), mais plutôt l'expression de l'appartenance du problème à une situation sociale globale de fait, celle d'une rivalité entre groupes sociaux antagonistes, à l'existence avérée ou supposée. Dans la pesée des arguments qui font qu'on se résout à utiliser cette technique, c'est moins la focalisation sur ce qui mettrait à mal la liberté, l'existence de fauteurs de troubles à détecter et à exclure qui compterait, que le sentiment de fatalité de devoir s'accommoder d'un outil qui détruit le besoin de croire à un âge d'or nostalgique où la pression communautaire était forte et pouvait les contenir. Autrement dit, elle signerait une conversion au réalisme obligeant les décideurs à admettre que les pratiques historiques de la prévention sociale ne sont plus capables de tenir à distance les nouvelles pratiques de la prévention situationnelle.

Ceux qui se résolvent à s'équiper ne sont évidemment pas dupes qu'un niveau de sécurité perdu reviendra nécessairement à son étiage antérieur, mais ils le font parce que l'objet entre en résonance mentale avec ce qu'ils pensent devoir satisfaire avec cet outillage : combler la disparition progressive de la pression communautaire d'autorégulation ; sacrifier à l'air du temps (faire comme les autres au risque de diriger une municipalité ou une organisation stigmatisée par sa singularité) ; avoir conscience de l'irréversibilité de l'entrée dans l'ère de l'image, reposant sur le conformisme de l'apparence physique et comportementale du plus grand nombre, quand bien même le paraître constituerait aujourd'hui un signe majeur de distinction sociale.

Il existerait, selon D. Pécaud, une contradiction flagrante entre le respect des libertés publiques basées sur le droit à l'image et l'anonymat. J'y vois au contraire une continuation logique avec les débats qui eurent lieu en 1995 lorsqu'il s'est agi de réglementer la question. Certes, la pression marchande à l'installation est devenue assez habile pour toujours se situer sur les deux registres des croyances et des valeurs des clients : à l'égard des indécis, l'argument de vente met plutôt l'accent sur la neutralité de l'objet et sur la garantie de son encadrement juridique, ce qui prouve que la contrainte normative de l'État finit toujours par devenir en France une ressource inespérée de légitimation commerciale pour les installateurs, fonctionnement typique dans notre culture ; pour les convaincus, l'accent est surtout mis sur l'efficacité, c'est-à-dire la capacité de l'instrument à transformer les attitudes des délinquants et des déviants, et à conforter le conformisme des inquiets.

Mais, en aucun cas, l'évaluation de l'impact ne s'effectue sur le constat d'un recul significatif de la délinquance validé par des chiffres, puisqu'on persiste bien souvent à s'équiper d'un outil qui a fait la preuve de son inefficacité à cet égard. L'évaluation positive ne peut se justifier pour le client qu'à l'égard de la supposée satisfaction ou du relatif mieux-être général des usagers.

Cette recherche empirique très innovatrice permet d'accomplir un saut qualitatif important dans la connaissance des usages sociopolitiques de l'introduction des nouveaux outils de sécurité. Espérons qu'elle sera suivie de bien d'autres, car elle constitue un modèle de sociologie qui nous éloigne des grandes fresques spéculatives sur la nature du « nouveau contrôle social » de la post-modernité, saturant par ailleurs une littérature criminologique critique où disparaissent de plus en plus souvent les acteurs sociaux...

Il reste à scruter la façon dont l'État français s'est réinscrit sur la scène du contrôle et de la canalisation de cette technologie, puisqu'il fut sommé de réglementer les dangers d'atteintes aux libertés des citoyens que font tendanciellement courir ces technologies. En réalité, nous allons voir comment il pilote le processus de contrôle tout en maximisant, au profit de ses agents, les éventuelles performances qu'il en attend.

L'État face aux usages de la vidéosurveillance dans l'espace public

La vidéosurveillance, en France, à la différence de nos voisins d'outre-Manche, a été d'emblée beaucoup plus discutée comme une technique menaçant les libertés fondamentales que comme un dispositif de prévention de la délinquance. Les allusions à l'univers de « Big Brother » ou au « panoptique » de Bentham font partie d'une vulgate obligée, qui permet de se plaindre à peu de frais du déploiement urbain d'un outil menaçant alors qu'il ne s'agit bien souvent que de surveiller à distance le trafic routier. Dans les centres-villes, le contrôle social induit par la vidéosurveillance demeure éloigné de l'utopie panoptique de l'espace clos.

Au sujet des techniques de surveillance à distance actuelles, les spécialistes de la question sont généralement divisés : pour les uns, les libertés et la sphère privée doivent être protégées des intrusions de la vidéosurveillance publique et marchande ; pour les autres, les droits des citoyens à la sécurité doivent être protégés de la croissance de la délinquance de prédation, ce qui justifie une utilisation plus systématique de tous les outils possibles, y compris des caméras de vidéosurveillance. Or, à bien y réfléchir, ces deux points de vue reposent sur la même croyance, le postulat de l'efficacité des systèmes, lequel n'a jamais été réellement débattu à partir d'évaluations sérieuses. Tout se passe comme si les utilisations de ce dispositif obéissaient plus à un effet de mode départageant les villes qui feraient « quelque chose » pour la sécurité de celles qui ne feraient rien de bien original (Ocqueteau, 2000). Aucun débat réel sur les coûts et les bénéfices ne précède jamais la décision de mettre en place un système en centre-ville, et on n'a encore jamais vu un audit sérieux qui aurait conclu à l'inefficacité du système au point de faire renoncer à son utilisation, c'est-à-dire de le retirer de l'espace urbain pour contre-productivité. Les seules institutions qui trouvent *a priori* leur compte dans le développement de ces techniques sont la police ou la gendarmerie, qui font état de taux d'élucidations plus performants à l'égard des délits contre la propriété, ou d'aide à une meilleure identification *a posteriori* de suspects étant passés à l'acte (la preuve judiciaire du flagrant délit), ce qui veut bien dire que l'outil est spontanément et facilement annexé à l'entendement des catégories de la police judiciaire. Or, il ne faut pas être grand clerc pour comprendre qu'il n'y a aucun lien de nécessité entre présence de caméras et diminution de violences interpersonnelles ou présence de groupes menaçants dans l'espace public, comme l'exemple de la Grande Arche de la Défense l'avait montré de façon assez spectaculaire en mars 2001[10].

Les représentations toujours assez figées dans des camps idéologiquement tranchés ont toutefois évolué au cours des années 1990. De nouveaux usages des technologies de surveillance sont considérés comme positifs. Ainsi, par exemple, la détention à domicile par le biais du bracelet électronique, qui réduirait les coûts financiers de l'emprisonnement et permettrait un meilleur projet de réinsertion. Là encore, ces systèmes s'éloignent de la métaphore de Bentham, parce que l'information recueillie à cette occasion n'est rien de plus qu'un moyen électronique de contrôle d'une présence à domicile (Froment, 1998), parfois rétrocédé à des télésurveilleurs privés, comme en Suisse ou en Grande-Bretagne. Autre innovation positive : l'enregistrement audiovisuel de l'audition de mineurs victimes d'abus sexuels, ce qui évite les auditions multiples aux effets psychologiquement douloureux (Mariage-Cornali, 2000).

10. On se souvient du fait divers d'une bataille rangée opposant avec violence deux bandes de jeunes de villes voisines venues régler leurs comptes sur l'un des espaces publics les mieux vidéosurveillés du territoire (l'esplanade du parvis de l'Arche de la Défense à Paris).

Protection de la sphère privée des citoyens contre les enregistrements de toutes sortes (Braibant, 1998, 1999) et maintien de la paix civile dans des espaces publics sont des exigences difficilement conciliables, que les pouvoirs publics doivent pourtant faire respecter. Les autorités de régulation qui existent en France sont légion (Commission nationale de l'informatique et des libertés, Conseil supérieur de l'audiovisuel, Autorité de régulation des télécommunications). Reprenant une réflexion juridique sur la promulgation du décret de 1996[11] sur la videosurveillance, nous nous sommes concentrés sur le travail des Commissions départementales de vidéosurveillance (CDV), que le législateur avait substituées au rôle de la CNIL. Nous nous sommes demandé s'il existait une doctrine officieuse qui serait la marque de fabrique de l'administration d'État sur le fonctionnement de ces CDV pas véritablement indépendantes, autrement dit une rationalisation étatique de la mise en œuvre.

Rappelons d'abord que cinq membres composent chacune de ces commissions départementales : un magistrat de l'ordre judiciaire la préside, en règle générale, secondé par un magistrat de l'ordre administratif. Les textes prévoient de les rémunérer tous deux, mais non les autres membres ; en conséquence, l'assiduité n'est pas toujours de mise, ce qui rend parfois difficile la réunion d'un quorum permettant de fonder un avis éclairé. Le troisième membre est généralement un commerçant désigné par la chambre de commerce locale. Le quatrième est un élu (un maire le plus souvent), offrant l'avantage de faire prévaloir le point de vue local, ce qui n'est pas sans poser la question de la bonne distance quand il s'agit de se prononcer sur la demande d'une commune du département dont la taille fait qu'elle a d'autres intérêts à défendre. Le cinquième membre, censé refléter une meilleure expertise des enjeux, peut être un technicien, (un expert en *risk management*), sinon un spécialiste de l'ordre, tel un fonctionnaire de police ou de la gendarmerie à la retraite.

Après instruction des dossiers, les avis pris à la majorité sont suivis par le préfet dans l'immense majorité des cas, pour la simple raison que ce dernier n'a pas vraiment la faculté technique de s'opposer à l'avis formulé par la CDV. Sa décision est un acte administratif susceptible d'être attaqué. La plupart des recours s'effectuent à titre gracieux ;

11. Décret n° 96-926 du 17 octobre 1996 relatif à la vidéosurveillance pris en application de l'article 10 de la loi du 21 janvier 1995, JO, 20 octobre 1996 ; circulaire aux préfets du 22 octobre 1996 (JO, 7 décembre 1996, p. 17835-17840).

d'après les services de la Direction des libertés publiques et de l'action juridique du ministère de l'Intérieur (DLPAJ), le contentieux en atteintes aux libertés serait resté rare.

Arrivons-en maintenant à la maîtrise des ambiguïtés les plus manifestes dans le contenu du décret d'application, et à la façon dont les acteurs en charge de le faire appliquer sont guidés dans leur interprétation par les fonctionnaires du ministère. Que disent ces derniers au sujet des dispositifs techniques de vidéosurveillance entrant dans le champ d'application des textes ? Comment estiment-ils un « risque particulier d'agression ou de vol » fondé ? Comment délimitent-ils les notions de « lieux publics » et « lieux privés recevant du public » ? Trois enseignements se dégagent tendanciellement :

– *Une philosophie de la prévention situationnelle est entrée dans les mœurs administratives.* Lors de l'instruction des demandes, on veille à justifier de l'isolement du site ou de l'heure tardive de fermeture des centres commerciaux ou des stations-services ; la valeur des marchandises convoitées (pour les banques, bijouteries ou musées) ou leur nature (par exemple les pharmacies). Observons que les décrets du 15 janvier 1997 qui obligent des organisations réputées vulnérables à s'équiper de caméras ou de dispositifs de garde privés (banques, centres commerciaux, pharmacies, garages, enceintes sportives, etc.) ont facilité le travail des interprètes du texte précédent, puisque ces textes ont nommé les principaux pétitionnaires concernés par la vidéosurveillance. Il leur faut démontrer le risque et non le postuler, et l'avis doit être motivé par des éléments précis. En langage actuariel, on parlerait d'une probabilité d'aléa récurrent. Il s'agit de solliciter des pétitionnaires, des éléments de leur multivictimation, leur vulnérabilité objective calculée par leurs pertes ou leurs manques à gagner, et de fonder l'idée que le dispositif envisagé pourrait les faire diminuer. Dans les faits, les indicateurs sont assez lâches, ils peuvent être objectifs ou subjectifs. Mais on voit néanmoins nettement comment l'État français participe aujourd'hui très concrètement aux présupposés de l'idéologie de la prévention situationnelle, et à quel point les critères requis concernent beaucoup moins que par le passé la prévention sociale de la délinquance.

– *Les espaces sont juridiquement déterminés par la « vocation » de leurs publics.* La circulaire d'application évoquait à propos des lieux privés recevant du public « un lieu accessible à tous, sans autorisation spéciale de quiconque, que l'accès en soit permanent et inconditionnel ou subordonné à certaines conditions comme acquitter un droit d'entrée ». La traduction par les fonctionnaires est la suivante : espace nu ou construit, espace statique ou mobile[12] ; l'autobus d'une ligne de transport public doit être considéré comme tel, mais pas le car de lignes à longue distance exploité par une société privée. Les lieux ouverts au public sont constitués par tous les services publics et les établissements privés accueillant du public derrière un guichet (commerces de détail, commerces de services, à l'exclusion des locaux exclusivement réservés au personnel). Bref, les grandes surfaces, les banques, les bijouteries, les musées, les cinémas, les salles de spectacles, les débits de boisson, les espaces aménagés comme les enceintes sportives, parcs de loisirs privés ou publics. Également les établissements de soins privés ou publics et les maisons de retraites. Une nouvelle doctrine officieuse est en train de se dégager à ce sujet, à travers la notion de « lieux ouverts au public par destination », qu'il s'agisse d'établissements appartenant à des personnes morales de droit privé (centre commercial, discothèque) ou de locaux affectés à l'enseignement (les salles de classe d'une école ou d'un lycée) que l'on rend assimilables aux entreprises privées, à des lieux privés. Il en ressort bien une définition extensive de la notion de lieu et de « public par destination », autrement dit *un lieu où tout un chacun est susceptible de se rendre pour exercer une activité autre que professionnelle*. Les élèves sont une communauté privée de travailleurs comme les travailleurs d'une entreprise...

– *Un contrôle des systèmes au moindre coût facilité par un jeu d'inclusion et d'exclusion*. Les enjeux pratiques de délimitation des situations concrètes par la loi ont conduit la DLPAJ à retenir un spectre de solutions visant à départager les bonnes interprétations des mauvaises et, somme toute, à dégager une philosophie d'action à l'usage des préfets. Tentons de le montrer à travers quelques-unes des solutions empiriques dégagées.

La règle de base est simple : il y a système de vidéosurveillance dès lors qu'une caméra est couplée à un moniteur, écran permettant la visualisation des images. Inversement, sans moniteur, il n'y a pas de système de vidéosurveillance. Toutefois, sont exclus du champ d'application de la loi tous les usagers équipés d'un moniteur visible de tous. Par exemple, dans les débits de tabac faisant souvent appel à des moyens vidéo, on a considéré qu'il s'agissait surtout de dispositifs

12. Le lieu peut être mobile (si telle ligne particulière est « insécure », à la condition que ce soit prouvé par des rapports de police), c'est le cas de l'autobus. La vidéosurveillance embarquée y est considérée comme une excellente réponse sécuritaire.

d'alarme classiques mis en action en dehors des heures d'ouverture du public et dans lesquels la transmission n'intervenait qu'aux fins de levée de doute pour confirmer la réalité d'une intrusion dans le local. L'image ne constituerait, dans pareille hypothèse, qu'un élément accessoire de sécurité. Il n'y aurait pas de surveillance des mouvements mais plutôt vérification que le mouvement détecté par des moyens électroniques correspond bien à une intrusion. On exclut également tout ce qui relève du simple visionnage d'images transmises à un ordinateur sans dispositif d'enregistrement, un système à seule finalité de gestion des flux de clientèle (par exemple, la longueur des files d'attente), et même les caméras têtes d'épingle censées confondre des employés indélicats. En revanche, si les demandes d'équipement dans un simple but de confort sont proscrites, l'administration admet dans les grands magasins des caméras factices bien en évidence accompagnant des caméras dont il est impossible de savoir où elles sont placées. Le réalisme fait que l'on reconnaît une certaine vertu à l'effet placebo, à condition qu'un affichage général soit évident. Sont enfin exclues du champ d'application les caméras vidéo surveillant domicile privé, siège social d'une entreprise ou parkings personnels, autrement dit tous les *vidéoportiers* (même équipés d'une caméra mobile miniature) : la raison en est qu'un dialogue s'instaure entre la personne qui demande l'accès et le propriétaire qui actionne son fonctionnement. La personne consentirait donc implicitement, pour pénétrer, à être identifiée par la caméra. Sur ce point, les fonctionnaires du ministère reconnaissent que le préfet est juridiquement démuni face à la coveillance, autrement dit face aux systèmes installés dans des locaux d'habitation HLM et dont les images sont diffusées dans chaque appartement concerné par le biais du téléviseur : on doit admettre en effet que ce sont des lieux privés, même si l'administration reconnaît que la conservation des images par certains habitants pourrait devenir problématique.

En revanche, l'administration se montre opposée à restreindre la mise en œuvre de la vidéosurveillance sur le réseau concédé aux sociétés d'autoroutes sous prétexte d'absence ou d'insuffisance de risques d'agression ou de vol sur des segments du réseau autoroutier. Elle considère que les systèmes concernés entrent de plein droit dans le champ d'application de la loi, tout simplement parce que les enregistrements intéressent au plus haut point les différentes polices publiques de la route et la sécurité civile.

Ces exemples montrent à satiété combien les justifications ne sont pas forcément toujours très convaincantes du point de vue de la défense des libertés. Mais également que l'enjeu qui consiste à démarquer nettement télésurveillance et vidéosurveillance apparaît comme ayant quelque chose de suranné. Si l'administration considérait en effet tous les systèmes comme entrant dans le champ d'application de la loi, il va de soi qu'elle serait immédiatement entravée, pour ne pas dire paralysée, dans la mise en œuvre d'un système incapable d'absorber le trop-plein. Les justifications d'exclusion sont plutôt présentées dans un but de simplification des démarches d'utilisateurs non dotés de véritables systèmes de vidéosurveillance au sens de la loi. En réalité, et contrairement à ce que l'on imagine souvent, l'administration est obligée, pour des raisons de coûts de mise en œuvre, de restreindre considérablement son champ d'application. Ce phénomène, bien connu des sociologues de l'administration, peut alors s'analyser selon deux clés de lecture partisanes susceptibles de déplacer le projecteur de la problématique convenue du panoptique ou du *Big Brother is watching you* :

– ou bien comme une garantie aux tentations totalisantes de certains États et de leur propension à vouloir tout contrôler, y compris les développements technologiques des prestataires du secteur de la sécurité privée ;

– ou bien comme une incapacité d'assurer correctement leur rôle de contrôleur et de protecteur des citoyens, à cause de la rapidité des développements des technologies échappant constamment aux administrations de contrôle mises en place pour en canaliser les effets néfastes au fur et à mesure de leur apparition problématique.

Mais il semble qu'on voit surtout à travers cet exemple empirique comment l'administration se fait le porte-parole des intérêts des polices publiques puisque, s'agissant de la conservation des images, où paradoxalement il n'existe que très peu de doctrine *interne* sur le sujet, les seuls conseils donnés visent plutôt à inciter à une conservation des enregistrements la plus longue possible, par rapport à celle que proposent généralement les pétitionnaires. C'est ainsi, par exemple, que les gestionnaires d'enceintes sportives ont été invités à conserver leurs bandes vidéo quelques heures ou quelques jours supplémentaires en prévision de l'analyse rétrospective par la police de la genèse d'incidents toujours susceptibles de déborder sur la place publique. Il ne fait aucun doute en ce cas que l'impulsion provient des polices et de la gendarmerie, désireuses de mieux comprendre la genèse de conflits entre supporters, de façon à mieux identifier parmi la foule les vrais fauteurs de troubles et leur *modus operandi*.

Les points faibles d'un tel dispositif légal tiennent évidemment au fait que la philosophie qui l'inspire est de présumer que l'administration qui agrée elle-même les systèmes de vidéosurveillance le fait avec bienveillance (garantissant les libertés, elle n'aurait pas elle-même vocation à être contrôlée), tandis que les pouvoirs locaux (les maires et leurs polices municipales) ou les organisations privées devraient être *a priori* suspectés de dérapages vers des pratiques potentiellement plus liberticides. C'est un dogme que rien ne fonde. Après tout, les préfets n'ont aucune raison d'être meilleurs garants des libertés que les maires.

Mais pour montrer qu'ainsi va la République, s'agissant de la protection des préfectures elles-mêmes classées comme points sensibles, on observe que leurs bâtiments ne sont pas soumis à l'obligation de déclaration en CDV. L'État ne s'applique donc pas à lui-même les contrôles qu'il met en place, alors que la préfecture de police de Paris pilote un réseau extrêmement dense de caméras de vidéosurveillance. Face à cette contradiction, la DLPAJ concède que les opérateurs publics ne sont pas dispensés de déclarer leur système, et veillerait à ce qu'ils se mettent également en conformité (par exemple, demande de rectification des caméras à tel ou tel préfet par le ministre de l'Intérieur lui-même). Pure hypothèse d'école.

L'enjeu, dans un très proche avenir, est de transposer dans le droit interne la directive européenne relative à la « protection des personnes physiques à l'égard de traitement des données à caractère personnel et à la libre circulation des données[13] » qui devait entrer dans le système domestique français en 1998 (Braibant, 1998 ; RFAP, 1999). À ce jour, il ne semble pas que le Conseil d'État ait eu à examiner le texte, mais un débat a eu lieu devant la Commission nationale consultative des droits de l'homme. L'une des questions était de savoir si l'article 10 de la LOPS et son champ d'application offraient ou non des garanties équivalentes à celles découlant de la directive. En attendant que cette question soit tranchée, les fonctionnaires du ministère de l'Intérieur en charge de cette réglementation estiment que le système actuel est protecteur et efficace, et ne mérite pas d'être bouleversé, puisqu'il n'a pas démérité, selon eux, par rapport à d'autres nations de l'Union non dotées de systèmes de contrôle analogues. Par ailleurs, le législateur français n'est pas resté inactif à l'égard de la faille initiale du texte. En effet, la loi du 12 avril 2000 relative aux droits des citoyens dans leurs relations avec les administrations a réparé, cinq ans après la censure du Conseil constitutionnel, l'épineux problème du silence de l'administration valant approbation dans les quatre mois au sujet des demandes d'autorisation.

13. JOCE, *1281, 23 novembre 1995, p. 31-50.*

Désormais, compte tenu des risques encourus pour la liberté individuelle au sujet de l'installation de nouveaux systèmes de vidéosurveillance, un article 22 ajoute que tous les agréments administratifs doivent être motivés dans les temps requis dans les matières mettant en jeu la protection des libertés[14]...

Il se peut que, à la faveur d'un incident grave, la controverse publique de l'année 1995 rebondisse à nouveau et que l'on voie resurgir alors un conflit de légitimité au sujet de la meilleure instance de régulation souhaitable, au point que pourrait même être remise en question l'autorité des CDV, moins garante des libertés que celle de la CNIL, toujours mobilisable dès lors que l'enregistrement numérique des images peut aboutir à la constitution de fichiers nominatifs.

14. Le texte précise : « Le silence gardé pendant deux mois par l'autorité administrative sur une demande vaut décision d'acceptation dans les cas prévus par décrets en Conseil d'État [...]. Toutefois ces décrets ne peuvent instituer un régime de décision implicite d'acceptation lorsque les engagements internationaux de la France, l'ordre public, la protection des libertés [c'est le cas de l'autorisation des dispositifs de vidéosurveillance] ou la sauvegarde des autres principes de valeur constitutionnelle s'y opposent. »

Chapitre 5

LES ENJEUX D'UN CONTRÔLE DE L'ÉTAT

Qui nous préservera de la déontologie des gardiens privés, seraient-ils munis désormais de matériels sophistiqués ? Autrement dit, qui garantira au citoyen lambda la certitude d'être moins menacé par le gardien privé que par le voleur dont il entend être personnellement protégé, quand la protection de l'État lui paraît être devenue insuffisante ? À cette question, il existe virtuellement trois réponses possibles : s'en remettre à soi-même en recourant à la légitime défense ; s'en remettre à l'État, qui définit les besoins collectifs et indifférenciés de ses citoyens et doit y répondre ; ou devenir un client rétribuant une prestation de service finalisée à son intérêt personnel (c'est-à-dire s'en remettre à la protection d'un garde personnel, d'un veilleur, d'un garde du corps...).

Lorsque le client est un groupe collectivement organisé, plus le groupe est étoffé, moins le rapport aux gardiens mobilisés est personnalisé, d'autant plus dans l'hypothèse où la prestation de protection est externalisée par ledit collectif : le client doit néanmoins pouvoir compter sur la confiance dans le résultat qu'il escompte de la déontologie du prestataire de services en l'absence d'un contrôle indirect de l'État. La seule sanction à la défaillance déontologique du prestataire, dans l'hypothèse d'un État absent ou lointain, est la loi du marché qui consiste à troquer le prestataire contre un autre de ses concurrents. Mais rares sont les cas de figure marqués par l'absence totale de l'État dans la socialisation de ce mécanisme. Au fur et à mesure qu'une économie de la protection et de la sécurité se diffuse dans la société, les pouvoirs publics se sentent en effet tenus d'édicter des règles du jeu plus ou moins contraignantes, dans la mesure où le client et le prestataire ne sont pas toujours capables à eux seuls d'en maîtriser toutes les implications et les dérives possibles.

Trois séries de questions demandent en conséquence à être examinées. Que nous apprennent les incursions dans l'histoire des pratiques de *policing* privé en France, et comment expliquer le differentiel de suspicion quasi culturelle dans laquelle furent constamment tenues les polices privées d'entreprise dans le monde européen continental par rapport aux nations de *common law* ? En quoi l'histoire des polices privées des entreprises industrielles ou commerciales, ou celle des affaires de la bourgeoisie cherchant à protéger ses intérêts, et notamment ses instruments de production, constituent-elles un fil conducteur indispensable à la compréhension généalogique des processus d'externalisation actuels de la protection ? À quelles conditions et quand le processus d'externalisation de la protection interne à l'entreprise a-t-il commencé à atteindre un seuil critique au profit de prestataires de services spécialisés ? Comment expliquer ce seuil critique de l'externalisation de la garde, de la surveillance et de la protection des biens, des personnes et de l'information par le biais des indicateurs chiffrés mis en scène dans le chapitre 3 ? La pression assurantielle à la protection conditionnant l'émergence de services prestataires agissant sur le mode contractuel est-elle un facteur d'explication suffisant ? Et s'il existe des résistances à ce processus, dans quelle mesure l'économie néo-institutionnelle et la théorie des coûts de transaction peuvent-elles rendre compte des processus de facilitation, de résistance ou du blocage départageant les mécanismes du faire (en compte propre) et du « faire faire » (en compte d'autrui) ? Comment expliquer les raisons pour lesquelles toutes les nations occidentales n'ont pas réglementé – ou pas cru devoir réglementer – le secteur de la sécurité privée dans des contextes où son emprise est différente ?

Ce besoin s'est fait sentir très tôt en France, dès 1983, puis dans la plupart des autres pays d'Europe (Belgique en 1990 et 1999, Danemark en 1986, Espagne en 1992, Pays-Bas en 1997, Portugal en 1998, Suède en 1974 et 1980, canton de Genève en 1985, Allemagne, en préparation), tandis qu'en Grande-Bretagne les pouvoirs publics n'en ont pas éprouvé le besoin, en dépit de nombreuses discussions à ce sujet entre les syndicats de police et les gouvernements conservateurs et travaillistes.

Cette dernière question nous introduira directement aux changements de positionnement de l'État français par rapport aux changements des politiques publiques de sécurité qui furent initiés sur une vingtaine d'années, en scrutant attentivement les éléments problématiques propres à l'apparition du secteur privé de la sécurité lui-même et aux débats qu'ont suscités ses pratiques dans des conjonctures particulières.

Des "polices privées" à... la "sécurité privée"

Historiquement, la police privée a une figure connue, celle du détective qui s'est toujours cherché une identité positive alors qu'il fut très tôt mal aimé et rapidement victime de représentations sociales négatives, sans compter qu'il fut toujours surveillé par une puissance publique soucieuse de ne pas lui laisser prendre trop de place dans la régulation sociale. La récente recherche de Dominique Kalifa (2000), qui a bien renouvelé cette historiographie, s'ouvre par exemple sur l'année 1832, date de création de la première agence de police privée par Vidocq, précurseur d'un modèle d'entreprise censée constituer une police du commerce qui se donne pour objectif d'en débarrasser les escrocs. Sous la nébuleuse des cinq cents « maisons de renseignement » que dirigent trois cents hommes d'affaires, on assiste à un doublement du nombre des agences ayant pignon sur rue entre 1870 et 1914, avec une diversification croissante dans les « affaires de famille ». Les détectives se livrent à une concurrence impitoyable pour « informer sur la vie privée des individus », ce qui s'explique aisément par un protocapitalisme où l'entrepreneur est encore largement un chef de famille propriétaire de ses outils de production et de reproduction. Il a besoin de pallier les insuffisances des services de police à une époque où le policier perd progressivement sa fonction de « protecteur et de confident des familles », comme s'il l'avait jamais été... Mais, dès le départ, le ver est entré dans le fruit de l'« industrie du fileur » : la plupart des agents de renseignement se montrent cupides, scandalisent le bourgeois par leurs chantages aux abonnements, pratiquent maintes escroqueries, et surtout fournissent à leurs clients des renseignements très incertains. Ils ne parviendront pas à redresser la barre d'une image déplorable de leurs pratiques, que presse, magistrature, vaudeville et roman populaire ne cesseront jamais de dénoncer ou de ridiculiser. Et cela, en dépit de réactions du milieu, telle celle de ce syndicat d'hommes d'affaires créé en 1866, dont la propagande moralisatrice n'a rien à envier à celle des modernes syndicats patronaux de la sécurité, puisqu'on trouve déjà à l'époque des arguments en tout point identiques à ceux qu'on voit fleurir dans la presse spécialisée d'aujourd'hui. À partir des années 1890, toutefois, d'après Kalifa, une inflexion importante de l'image de la fonction va durablement s'installer, épaulée par les représentations positives des polices privées anglo-saxonnes. D'outre-Manche s'imposent en effet le modèle Sherlock Holmes et celui du héros populaire Nick Carter, figures de policiers amateurs très prisées au Royaume-Uni ; d'outre-Atlantique, celle d'Allan Pinkerton, une sorte de « constituant de l'identité américaine », et de ses deux fils, William qui donna à l'entreprise paternelle une dimension d'investigation criminelle tandis que Robert la dota d'une dimension de « gardiennage et de police d'usine » (Morn, 1982).

De 1895 à 1914, Dominique Kalifa estime que sous l'influence de cet imaginaire d'aventures et de symboles policiers positifs, les agences de police privée réussissent partiellement à s'émanciper de l'image calamiteuse des pratiques antérieures des « cabinets de renseignements commerciaux ». Pourtant, l'enquête criminelle demeure une composante marginale de l'activité privée, même quand elle investit le monde de l'entreprise. C'est la présence de policiers retraités dans les rangs privés qui favorise en fait la réorientation de cette image et les liens de coopération qui s'instaurent entre les deux univers. Le terme valorisant de « détective privé » est lent à s'imposer par rapport à celui, grivois, de la « brigade des cocus », laquelle élargit pourtant le spectre de ses marchés à la surveillance des aliénés et aux enquêtes sur les captations d'héritages. La concurrence est rude avec les services internes des grands magasins, hôtels, banques et douanes qui s'organisent à la fin du XIXe siècle, malgré l'embellie que permet la création de nombreux corps de vigiles en banlieue parisienne, en raison de la conjoncture alarmiste et sécuritaire des années 1907 (Berlière, 1991).

Kalifa dresse une typologie de la trajectoire de quelques détectives ayant surnagé parmi une armée d'obscurs aventuriers aux destins de petits-bourgeois déclassés : des transfuges de la préfecture de police ou de la police municipale, parmi lesquels des brebis galeuses (comme Latapie ou Delpech), des policiers instables et irréguliers (Gambette) ; mais aussi des limiers du service de la Sûreté l'ayant quitté à la suite de graves conflits personnels (Goron, Jaume, Prince et Rossignol), des fonctionnaires irréprochables ayant eu la vocation (Calchas, Debisshop et Cassellari). Une minorité d'entre eux use même de toutes les armes de la publicité commerciale (tel Eugène Villiod, le célèbre « homme à la clé », qui constitua d'ailleurs un modèle de longévité commerciale). Kalifa montre que si l'image du détective *self made man* américain continue à susciter des vocations, seule la connaissance intime de l'organisation des services de police de l'époque fait la différence entre l'aventurier et le professionnel qui dispose d'atouts pour pérenniser son affaire.

Après la Première Guerre mondiale, les agences de Harris, Le Page et autres Faralicq prennent la relève à Paris ; la moitié des détectives professionnels sont d'anciens fonctionnaires, à l'exception des dirigeants des cabinets Deluc et Marcel Guillaume. C'est en province que la progression des agences de police privée est la plus sensible. On voit naître également les premières entreprises de surveillance et gardiennage (SPS à Paris en 1926), qui vont connaître une nouvelle embellie jusqu'à la Deuxième Guerre mondiale. Mais très vite, nombre d'entre elles, prises dans les dérives de l'espionnage syndical, se trouveront compromises par les liens très particuliers entretenus avec des formations d'extrême droite. Sur ce point, l'« alerte des pouvoirs publics » aurait été, selon Kalifa, suffisamment active pour qu'une telle dérive soit demeurée un fantasme plus qu'une réalité. L'auteur croit plutôt à une rumeur persistante entretenue par des fonctionnaires syndiqués de la préfecture de police...

La première tentative pour lutter contre les pratiques de reconversion des fonctionnaires de la préfecture de police dans les agences privées remontait à 1922 (Ocqueteau, 1992), et ce ne sera pas la dernière. Kalifa émet quelques doutes sur les justifications officielles de ce texte sans autre précision. S'il est certain que le projet de loi de 1922 ne put voir le jour, sa mémoire ne sera pas perdue pour autant.

Depuis l'apparition des grands magasins sous le Second Empire, la police privée concentrée sur le vol à l'étalage est une réalité attestée par Zola dans son *Bonheur des Dames*. Elle ne pose pas véritablement de problème et personne ne contestera vraiment son bien-fondé. En revanche, on note durant tout l'entre-deux-guerres un regain d'activité des agents de surveillance internes aux entreprises industrielles. La pratique du mouchardage au sujet de l'indiscipline des ouvriers dans l'« usine-machine » de Taylor et Fayol nécessite encore, quand les agents internes ne suffisent pas, de recourir à des espions stipendiés pour surveiller, voire infiltrer, les syndicalistes, aussi bien dans l'industrie métallurgique, automobile ou textile que dans l'industrie chimique.

En 1942, date de la première réglementation officielle des « agences privées de recherche », le métier de détective est certes fermement établi, et le bilan des cent dix premières années de leur existence reste facile à dresser : réprouvés, déclassés et médiocres en ont le plus souvent constitué le bataillon principal et, en dépit d'une conjoncture de deux décennies plutôt satisfaisante au tournant du siècle, la difficulté à imposer en

France une représentation héroïsante du métier leur est demeurée un handicap majeur. Deux hypothèses sont présentées par Kalifa à ce sujet : la première est que le détective privé n'aurait pas vraiment réussi à s'acclimater aux besoins d'une bourgeoisie préférant largement confier ses vices au prêtre, au notaire ou au médecin. Cette hypothèse convainc plus que la deuxième : proposant à ses clients un savoir non partagé, le détective français aurait toujours été plus prédisposé à l'abus de pouvoir et à l'abus de confiance que dans les autres pays. On voit mal pourquoi ce travers (une exception culturelle française, peut-être ?) n'aurait pas été connu ailleurs et n'aurait pas suffi à disqualifier durablement les détectives sous d'autres horizons.

Les recherches effectuées sur la mise en œuvre du texte de Vichy réformé par une loi du 23 décembre 1980 amènent à considérer avec Fayard (1991) que, à quelques exceptions près, toutes les entreprises d'enquêtes privées sont encore, au seuil des années 1990, largement artisanales. Les statistiques du ministère de l'Intérieur qui en 1990 répertoriaient 1 950 agences sur le territoire (soit 2 000 dirigeants et 600 employés) ne constituent pas une mesure réelle de leur activité, puisque beaucoup sont en sommeil et se réactivent au fur et à mesure de contrats discontinus. À cette époque, 155 policiers à la retraite (surtout des inspecteurs et quelques commissaires) ont demandé une autorisation d'exercer comme agents privés de recherche. Dans la quasi-totalité des cas, la direction générale de la police nationale, cette prérogative n'appartenant plus aux préfets comme auparavant, avait donné un avis favorable au vu de leurs états de service.

La question est de savoir si la multinationalisation de la nouvelle génération des agences de renseignements privés, et l'extension de leurs activités à des fonctions d'expertise en risques et vulnérabilités que nous connaissons actuellement (Gill, Hart 1999 ; Bonn, 1993) ne sont pas en train de porter des coups fatals à l'image répulsive des artisans qui persista si longtemps au cours du XXe siècle. Si une « deuxième génération » d'agences de détectives se profile aujourd'hui dans l'espionnage industriel, ou pour mieux dire dans le créneau de l'« intelligence économique » (IHESI, 2003), la réflexion se fait intensive quant aux finalités, mais demeure encore très imprécise quant au statut et à la compétence requise des agents concernés. La nécessité de décloisonner le champ couvert reste grevée par l'attitude de l'État qui résiste à se voir dépossédé d'une maîtrise du renseignement stratégique sensible au profit d'agences de renseignements privées sur le théâtre d'opérations extérieures notamment. Mais il est clair que les « brigades des cocus » appartiennent désormais à une histoire folklorique révolue. Pour autant, sous la IVe et la Ve République, les missions des détectives privés sont reconnues comme des prestations externes légitimes parce que étroitement réglementées. Les sociétés de gardiennage, de protection et de sécurité qui émergent progressivement dans leur orbite se sont dissociées de celles des détectives, alors que détectives et surveillants n'étaient pas perçus avant-guerre comme assumant des fonctions réellement distinctes (un « espionnage » toléré était sans aucun doute leur attribut commun). Toutes les nations européennes qui s'étaient effrayées de la politisation des milices privées dans les années 1930 et qui avaient tenté par un arsenal d'exception de conjurer la menace des « factieux » en inventant des délits de reconstitution de ligues dissoutes pour lutter contre « les groupements de fait cherchant à porter atteinte à l'intégrité du territoire ou d'attenter par la force à la forme républicaine du gouvernement », furent ultérieurement amenées à se servir de ces législations pour contrôler les sociétés de gardiennage par des systèmes de dérogations. Durant les années 1980-1990, des changements sémantiques significatifs se sont opérés, invitant à penser qu'on était entré dans une nouvelle ère : dans leurs questions au gouvernement, les parlementaires n'emploient plus l'expression « police privée » ; depuis 1987, en effet, les tables des questions écrites au *Journal officiel* parlent de « gardiennage et sécurité ».

Faire soi-même ou faire faire par d'autres ?

Comment expliquer que des pratiques massives de sous-traitance de la protection d'entreprises vulnérables soient aujourd'hui devenues la norme ? Pourquoi la création ou la diversification d'un service interne à l'entreprise ne constituent-elles pas une solution prévalente ? Un examen de cette question effectué auprès d'une multitude d'entreprises « clientes » apporte d'intéressantes pistes de travail. Au cours des années 1980 et au début des années 1990, deux types d'arguments expliquent la préférence de l'appel au service extérieur par rapport à la mise sur pied d'un service de sécurité interne, ou d'un service plus étoffé que celui qui mélangeait encore le nettoyage et la veille informelle nocturnes. Que l'entreprise soit publique ou privée, le premier argument pour externaliser est celui du moindre coût. Dans la mesure où existe une offre de service, et où le marché propose des agents et des équipements de sécurité « clé en main », agents en principe formés et directement opérationnels, il est beaucoup moins coûteux d'y recourir que d'investir soi-même dans la formation d'une main-d'œuvre maison dédiée. La qualité de la prestation fournie est le second argument, le mot « qualité » étant fréquemment associé à « flexibilité » : facilité de remplacement de l'agent absentéiste ; flexibilité et polyvalence des prestations demandées ; très faibles contraintes des conventions collectives et d'un droit du travail dérogeant au droit commun, vu les besoins très fluctuants des clients.

Il est évident que ces deux arguments, le moindre coût et la qualité de la prestation de service, ne sont pas à eux seuls des leviers suffisants pour la constitution d'une identité professionnelle propre aux agents de surveillance et de protection privés, ils seraient même un handicap. Ceux des agents de garde qui ne veulent pas être confondus avec les vigiles les considèrent encore comme des marginaux, voire des agents suspects. À tort ou à raison, ils estiment qu'il s'agit d'un boulot bien peu valorisant, fait de précarité, de faible professionnalisme, dont le recrutement s'opère toujours aux limites de la légalité, avec un personnel très peu rémunéré, aux conditions de travail difficiles, sans grandes responsabilités et sans intérêt, vécu bien souvent dans un total isolement ou dans une dépendance extrême aux ordres de l'employeur.

Comme expliqué au chapitre I, l'observation, au cours des années 1980 et 1990, de différentes sortes de « clientèles organisées » a conduit à poser l'hypothèse selon laquelle les vulnérabilités et les dommages étaient un phénomène perçu par les actuaires comme de plus en plus préoccupant, en conséquence de quoi les compagnies d'assurance avaient poussé à la mise en protection de leurs clientèles organisées et les avaient incitées à recourir au marché de la sécurité privé. Cette hypothèse n'avait pas été testée auparavant, à l'exception de la Grande-Bretagne (Litton, 1982) et uniquement auprès des particuliers. En revanche, des sociologues américains (Reichman, 1987) avaient montré que certaines compagnies d'assurances opérant dans plusieurs États de l'Union avaient réussi à se voir déléguer de véritables pouvoirs d'investigation et d'arrestation quand elles suspectaient chez leurs clients des déclarations frauduleuses de sinistres, de véhicules en particulier.

À cet égard, les banquiers furent les premiers à faire appel aux sociétés de convoyage de fonds pour transporter leurs valeurs et à sécuriser leurs parcs de distributeurs automatiques de billets. Les bijoutiers et joailliers, autres professions à risques, outre la cherté traditionnelle de leurs primes, furent particulièrement incités à innover dans l'industrie et les services de protection. Les industriels, qui avaient largement oublié la nécessité de protéger les outils de travail contre les vols et les sabotages dictés par les conflits sociaux, furent amenés à s'intéresser à ces risques et plus généralement aux diverses prédations, alors que seules les menaces d'incendie, l'hygiène et la prévention des accidents du travail mobilisaient durablement leur attention. De même, les entreprises de la grande distribution commerciale et les entreprises de transports publics (métro, train, et aéroport) furent amenées, en tant qu'établissements recevant du public, à s'équiper pour faire face à divers risques liés à la nécessité de mieux gérer les incidents de foules. Les collectivités territoriales et locales durent apprendre à réfléchir au partenariat avec le privé en contractant avec les prestataires de surveillance.

Au demeurant, tous ces acteurs organisés (des *corporate victims*, pour le dire dans une terminologie consacrée dans le monde anglo-saxon) apprenaient non seulement à faire appel aux prestations de garde privée statique et itinérante sur leurs espaces privés, par le biais des mécanismes de l'appel d'offre public, mais apprenaient également très rapidement à faire appel aux ressources disponibles de matériels de protection de plus en plus sophistiqués, protections électroniques ou matériels de surveillance à distance.

L'apport de l'économie néo-institutionnelle

Pour sortir de l'impressionnisme des enquêtes de terrain, l'apport des grilles de lecture de l'économie néo-institutionnelle est apparu d'une grande utilité pour rationaliser ces mouvements empiriques. Les phénomènes d'externalisation de la protection qui montrent le passage du « faire » soi-même au « faire faire » ne sont pas des phénomènes linéaires et inexorables. Mais, comme nous venons de le voir, on doit pouvoir identifier les raisons pour lesquelles nous sommes encore largement dans une phase historique d'externalisation, quand bien même nombre de signes avant-coureurs invitent à penser que ce n'est pas encore et nécessairement le cas dans certains domaines considérés comme « sensibles » par l'État. Le calcul du moindre coût et de la flexibilité des agents privés suffit-il à expliquer l'ensemble des cas de figure rencontrés ? Quelles sont les limites intrinsèques à la vulgate néolibérale selon laquelle des « économies d'échelles » liées à la mobilisation des ressources d'un secteur de services de protection et de sécurité sont nécessairement au rendez-vous ?

Grâce aux travaux des théoriciens de l'économie néo-institutionnelle (Williamson, 1994, discuté par Ménard, 1990, et Lotter, 1995), il est possible de mieux concevoir les raisons pour lesquelles le besoin de diminuer les coûts de transaction dans le domaine de la protection n'engendre pas nécessairement un processus d'externalisation systématique et complet. Dans tout processus d'externalisation, trois conditions théoriques doivent en effet être réunies : que les marges d'incertitude sur la fiabilité du partenaire soient faibles ; que les possibilités de transaction soient fréquentes et routinisées ; et que les coûts d'usage alternatifs ou de rechange (en investissements, en équipements et en capital humain) soient forts.

Dans le domaine de la protection privée d'une organisation ouverte, c'est précisément parce que certains coûts d'usage alternatifs ne sont pas faibles, bien au contraire, que l'on connaît en réalité des systèmes de gestion mixte ou des « structures de gouvernance hybrides », dans la mobilisation des techniques et des agents de protection privés (c'est-à-dire un système de coexistence d'agents maison et d'agents contractualisés). Si l'on prend l'exemple de la télésurveillance ou de la vidéosurveillance, des outils devenus conquérants tant au sein des entreprises publiques que des firmes privées pour contrôler le périmètre de leurs territoires de vie, ou au sein de municipalités soucieuses de prévenir les prédations affectant leur patrimoine, le statut, la formation et les procédures négociées entre les agents intervenant sur les incidents déclencheurs d'alarmes sont des coûts d'investissement qui demandent à être soigneusement pesés. L'entreprise cliente a-t-elle les moyens de s'assurer par elle-même de la déontologie des agents privés avec qui elle contracte et dans quelle mesure s'affranchit-elle totalement de ce souci en en laissant la responsabilité aux prestataires en cas d'incident, quand la réprobation du public des employés ou des consommateurs peut avoir des incidences directes sur le climat de l'entreprise ? Si le client n'est pas assuré que l'État pourvoit réellement au nécessaire contrôle de la moralité des agents à sa place, son comportement ne va-t-il pas varier à ce sujet ? Dans l'exemple d'une mission de télésurveillance d'un site, appartient-il à l'État d'en finaliser la déontologie et la mission, ou le cahier des charges négocié entre l'entreprise cliente et le télésurveilleur privé suffit-il à régler la plupart des problèmes qui se poseront en cas d'incident ? Le client est-il toujours apte à contrôler lui-même les contrats de sous-traitance d'inspection du gardiennage motorisé quand le télésurveilleur détecte et signale le déclenchement d'une alarme à son client ? Et lorsque l'installateur promet que, en ce cas, une force quelconque interviendra sur l'alarme dans un délai très court, le coût ne devient-il pas prohibitif si la force en question est une force publique qui négocie préalablement les conditions de son intervention pour ne pas avoir le sentiment de se mettre au service du télésurveilleur privé (hypothèse d'une prestation payante ou d'un échange de bons procédés, légal, illégal) ?

On voit bien qu'entre l'hypothèse de la préfecture de police de Paris, qui gère un dispositif de télésurveillance public pour le compte de clients publics avec des intervenants publics dans la capitale, et l'hypothèse du télésurveilleur privé qui gère à distance des milliers d'alarmes chez les particuliers (parmi lesquels il peut se permettre de perdre quelques mécontents[1]), les différences restent considérables. Or, dans la plupart des autres cas de figure intermédiaires, se déclinent des normes de fonctionnement différentes. Quand l'État demeure en position d'extériorité, y compris quand ses propres entreprises publiques deviennent des clients du secteur privé, il ne se désengage jamais totalement de l'organisation des partenariats. Il relaie la demande du contrôle formel des assureurs, autant que celle des professionnels et des citoyens eux-mêmes. Cette demande, conditionnée par des réflexes culturels puissants de dépossession dans l'auto-organisation de la protection, se diffuse spontanément vers l'État, un phénomène tenant à la spécificité des logiques politiques du pouvoir, qui entre difficilement dans les catégories analytiques de l'économie des coûts de transaction qui supposent un postulat d'égalité entre partenaires. Or, en France notamment, ces biais historico-culturels grèvent durablement l'analyse des avantages du « faire faire » sur ceux du « faire par soi-même » dans le domaine de la protection. L'externalisation de la prestation de protection ne joue en réalité que dans des hypothèses où les enjeux sont faibles et dans l'hypothèse où l'État a acquis la conviction que, pour faire intervenir la force et l'autorité, les acteurs organisés ont préalablement respecté les standards normalisés de la protection privée.

En France, la thèse du critère moral du « moindre mal » l'emporte encore dans l'analyse de la théorie du coût de transaction, plutôt que celle de l'évaluation de l'efficacité ou de la performance de l'« autorégulation » du système par le recours aux voies du marché

1. À signaler sur ce sujet une autre source de régulation, à partir de la réflexion de fond et de la série de recommandations émises en 1996 par la commission des clauses abusives dans les contrats de télésurveillance, qui avait bien montré les dérives de la position asymétrique du télésurveilleur par rapport au particulier.

(Lotter, 1995). Williamson concluait qu'en évaluant les compétences respectives des organisations publiques et privées selon les attributs des transactions, l'efficacité organisationnelle des organisations privées, y compris pour se protéger de divers risques, était supérieure à celle des organisations publiques. Cet économiste restait sans nul doute prisonnier des postulats culturalistes de Schumpeter, selon lesquels la recherche de l'efficacité était moins marquée dans les hiérarchies publiques que dans les hiérarchies privées, les premières étant présumées plus sûrement soumises à la logique politique du pouvoir car plus bureaucratisées que les secondes. Il n'avait évidemment pas envisagé que l'État puisse être considéré comme un « super-protecteur » des nombreuses défaillances du privé dans la plupart des configurations des offres de protection. La démonstration novatrice à laquelle s'est récemment livré l'économiste Olivier Hassid (1997, 2002) pour parvenir à la conclusion que la police privée avait plus d'atouts en main que la police publique dans la fonction de protection de l'entreprise au sein d'un environnement hautement sensible à la criminalité, la Guyane en l'occurrence, demande qu'on s'y attarde. Cet auteur a montré que, dans ce département d'outre-mer où l'insécurité urbaine, à Kourou notamment, est devenue très préoccupante (Joseph-Affandi, 1999), les entreprises ayant besoin d'être protégées ne pouvaient compter sur une force publique faible en effectifs et trop peu réactive, si bien qu'elles étaient obligées d'organiser leur police privée. Or, pour fonder l'hypothèse de la supériorité de l'auto-organisation privée par rapport à celle de l'État dans ce département, cet analyste dut spéculer sur la nécessité pour les entreprises mobilisant ces protecteurs de se voir reconnaître des pouvoirs coercitifs identiques à ceux des polices publiques. Si les observations de terrain présentent de solides fondements (faible réactivité de la police française sur ce territoire, criminalité violente et insécurité tangible, protection très musclée du gardiennage privé...), l'argument conclusif reste plus discutable. Demander une mise en concordance du droit avec le fait au nom de la « meilleure performance constatée de la ressource privée sur la ressource publique » en matière de protection ne va pas de soi. La délégation (ou décharge) aux entreprises privées du monopole de la force publique prônée dans un département d'outre-mer transformé en territoire d'outre-mer, pourrait constituer un précédent dangereux. Si un territoire d'outre-mer peut certainement retrouver le plein exercice de sa souveraineté policière en mobilisant des agents privés pour accomplir des missions de sécurité publique, peut-on pour autant accepter l'hypothèse d'une configuration mercenaire analogue à celle d'un Bob Denard sur le territoire des Comores, une situation dont on sait comment elle causa naguère quelques dégâts collatéraux non négligeables en matière de respect des libertés publiques. L'exemple guyanais d'Olivier Hassid pose une excellente question dans une conjoncture de transition partagée entre tentation militaire et nécessité d'intégration. Elle renvoie à la description du maintien de l'ordre dans bien des États en décomposition ou en voie de recomposition, analogue à ceux que l'on observe dans différents régimes post-coloniaux. Mais quand un État « néocolonial » se montre défaillant sur un territoire, alors qu'il entend continuer à y exercer sa pleine souveraineté, une « armée de protection privée » de substitution peut-elle assurer cet ordre défaillant pour le compte de clientèles puissantes et territorialement disséminées, menacées dans leur survie économique ? Si, au nom du réalisme, on s'engageait dans une méthode de gouvernement indirect des « zones grises » en acceptant de tirer les leçons d'une métropole se déchargeant partiellement de sa mission de surveillance politique et policière à l'égard d'un « confetti de l'Empire », où serait le gain pour les autres habitants de la Guyane française exclus du bénéfice de cette nouvelle protection ? On touche ici les limites d'une théorie des incitations économiques par rapport à la productivité des services publics dans le domaine de la souveraineté.

Cadrages réglementaires du secteur de la surveillance et de la protection privée

L'histoire de l'essor du secteur privé, comme activité économique liée à la prévention des risques, des désordres et des délinquances, peut être relue comme une tentative de l'État défaillant dans ses allocations de ressources de protection (Shearing et Stenning, 1983), d'organiser les nouvelles modalités de régulation des désordres qui lui échappent, car il n'a plus forcément en main toutes les cartes pour les maîtriser, sinon les monopoliser. Ce n'est pas non plus l'histoire linéaire et déréalisée des différentes habilitations de la puissance publique à des gardes privés, telle que dessinée par les juristes (Belhache, 2002), qui peut faire toucher du doigt les pressions économiques à l'œuvre dans l'émergence des différents cadrages réglementaires du développement de la sécurité privée.

Du strict point de vue de la puissance publique, le cadrage des développements de l'offre de sécurité privée doit être au contraire retracé à la fois comme une suite de réponses *ad hoc* à des traumatismes sociaux (faits divers spectaculaires et moments de tension internationaux se réfractant sur le territoire national, tels des attentats terroristes) face auxquels l'inertie des dirigeants politiques aurait été inconcevable, mais également comme autant d'étapes de légalisation de certaines dimensions « problématiques » du secteur que la faiblesse organisationnelle de ses dirigeants n'est pas parvenue à prévenir ni à rendre légitime par le concours de leurs seuls clients. Toutefois, on les a vus nettement pousser un avantage défensif ou offensif en 1983, 1986, 1991, 1995, 2001 et 2003, lors d'étapes nécessaires à la réactualisation des dispositifs réglementaires existants. Sans développer trop loin le soupçon d'une analyse de circonstance de l'actualisation des réglementations de la question privée sur l'agenda gouvernemental, on ne peut en effet qu'être surpris de constater, depuis une vingtaine d'années, à quel point des avancées significatives[2] dans ce domaine ont toujours suivi des événements ou des accidents politiques et sociaux traumatiques. C'est le cas de la loi fondatrice de 1983 qui a suivi deux affaires hautement médiatisées : le tabassage à mort d'un clochard par les vigiles des commerçants du Forum des Halles le 24 décembre 1981 et l'implication d'une société de gardiennage comme « briseur de grève » dans un conflit du travail à Isigny, en Normandie. Les décrets d'application de cette loi sont intervenus en 1986, immédiatement après une vague d'attentats terroristes spectaculaires à Paris ; le décret sur la télésurveillance privée de 1991 a été promulgué à l'avantage de la police durant la guerre du Golfe et après les émotions suscitées par une nouvelle vague d'émeutes urbaines en banlieue. La loi Vaillant sur la « sécurité quotidienne », contenant des dispositions inédites sur les pouvoirs de certains agents privés, est intervenue en novembre 2001, immédiatement après les attentats du World Trade Center de New York, laquelle sera suivie d'une salve de lois ultrasécuritaires élaborées par les services de Nicolas Sarkozy en 2003.

Attentivement scrutées sur un assez long terme, la pression opportuniste du patronat n'a pas suffi à convaincre les pouvoirs publics de la légitimité de son action. Ce qui autorise à lire rétrospectivement les politiques publiques de sécurité vis-à-vis du secteur privé comme un progressif élargissement de son intelligibilité.

La fin des années 1970 et le début des années 1980 constituent le premier moment où la nécessité se fait sentir pour les pouvoirs publics de départager clairement ce qui est et n'est pas économiquement viable dans le monde de la sécurité privée. Cette question reste pourtant à

2. *Voir l'annexe I dédiée aux textes fondamentaux réglementant les activités de sécurité privée en France.*

l'arrière-plan d'un débat politique beaucoup plus symbolique, à savoir la nature morale (légitime) ou immorale (illégitime) des pratiques du gardiennage privé dont il fut longuement débattu devant la représentation nationale en 1982 et 1983. Par la suite, la légalisation d'un nombre toujours croissant d'activités de sécurité privée se trouva mise à l'agenda sans réelle discussion publique. Quatre séquences de temps parcourent les repositionnements successifs des pouvoirs publics français à l'égard de la sécurité privée.

Première arrivée de la gauche aux affaires

Des années 1970 au début des années 1980, la méfiance des pouvoirs publics domine. Pour ces derniers (le nouveau gouvernement socialiste, très critique dans l'opposition avant 1981, se met à l'école du réalisme lors de sa venue aux affaires), convoyeurs de fonds, vigiles ou gardes du corps privés constituent un mal nécessaire. Certains de ces agents, anciens repris de justice, qui ont également été impliqués dans la répression de mouvements sociaux au sein de milices patronales (briseurs de grèves), sont vus comme menaçant les libertés individuelles, voire l'État de droit ; il faut assainir et codifier les prestations de services, à défaut de pouvoir entièrement les empêcher d'agir. L'émotion causée par les deux faits divers emblématiques cités plus haut n'est pas étrangère à la mise à l'agenda du problème. Tout se passe d'ailleurs comme si l'on avait toujours besoin d'éléments de cristallisation hautement émotionnels à conjurer pour aider à légiférer ou à réglementer sur ce chapitre. La loi du 12 juillet 1983 instaure alors une multitude d'interdictions accompagnées de sanctions pénales. Les décrets d'application promulgués trois ans plus tard le sont dans la foulée du traumatisme causé par une vague d'attentats terroristes à Paris, notamment celui de la rue de Rennes. La mise en œuvre de l'opération d'assainissement par les préfets qui délivrent les autorisations aux entreprises et aux agents démarre au cours de l'année 1987. De 3 à 8 % d'agents sont éliminés au regard du contrôle du volet B2 de leur casier judiciaire, selon les préfectures. Au cours de cette période, les pouvoirs publics laissent les partenaires sociaux maîtres des conditions de formation des agents et leur confient le soin de trouver des solutions dans la branche, pour améliorer les conditions de travail et sortir les agents de l'infra-droit social dans lequel ils agissent encore largement. Ce sont les professionnels qui s'impliquent de plus en plus par voie conventionnelle : en 1985, est signée une première convention collective des agents de surveillance et de sécurité ; en 1986, un certificat d'aptitude professionnel est homologué ; entre 1987 et 1991, divers accords de branche sur la formation et la revalorisation des bas salaires sont négociés ; ce mouvement ira s'amplifiant jusqu'à la promotion, à la fin des années 1990, de normes de qualité au sein des entreprises de sécurité (apparition en 1999 de la norme de qualité ISO 9001).

Les polices de la ville

La fin des années 1980 et le début des années 1990 voient s'opérer un tournant dans l'attitude des pouvoirs publics à l'égard du secteur privé qui sera le prodrome d'une idéologie promouvant la complémentarité des missions, pour ne pas encore parler de partenariat. À la faveur notamment des réflexions d'un *think tank* dirigé, à la Délégation interministérielle à la Ville, par le sous-préfet Philippe Yvin, un collaborateur de Gilbert Bonnemaison, sous forme d'un séminaire méthodologique national de la prévention de la délinquance où se retrouvent des magistrats, des policiers, des chercheurs... On y théorise la coproduction des « polices de la ville » dans des logiques de situations urbaines problématiques (Conseil national des villes, 1993). La sécurité se pense de plus en plus en termes de déconcentration, voire de décentralisation, et, s'agissant du strict rapport puissance publique/secteur privé, les perceptions de l'État à l'égard du secteur marchand évoluent rapidement. Il faut d'abord noter le décollage important en termes de chiffres d'affaires des entreprises de surveillance à distance, lié à la nécessité de contrôler plus efficacement les lieux privés ouverts au public menacés par les attentats terroristes (on est en pleine guerre du Golfe) et par une augmentation des prédations, une peur qui s'installe durablement dans certaines banlieues, à commencer par celle de Vaulx-en-Velin de 1991. Tandis que l'économie entre en récession, beaucoup de ces entreprises de surveillance à distance gagnent d'importantes parts de marché ; l'offre et la demande de sécurité se conditionnent mutuellement. Tout au long des années 1980, la jurisprudence civile a dû trancher de nombreux litiges en responsabilité entre clients (assurés) et prestataires de services de garde et de surveillance. Les notions d'« obligation de conseil » pour installateurs d'alarmes par exemple, d'« obligations de moyen » au détriment du « résultat » font rage, preuve qu'il existe un vrai débat autour des responsabilités respectives des prestataires de services et des donneurs d'ordres à propos du contrat de service de protection. On se demande par exemple, dans le cas où un *cambriolage* est commis alors qu'existe un contrat de garde payé pour le prévenir ou l'empêcher, à quel titre l'entreprise, voire le particulier, sous télésurveillance peuvent se retourner contre les prestataires, et surtout comment justifier cette action. Un fort besoin de normer la part des responsabilités respectives se fait sentir chez les assureurs, au-delà de la fixation minimale des règles du jeu par l'État, lequel affirme toujours plus ouvertement sa volonté de ne pas attenter à la liberté du commerce de la protection et de la surveillance.

L'année 1991 voit le point culminant d'un conflit envenimé entre la préfecture de police de Paris et les télésurveilleurs privés, au sujet de la gestion des alarmes « sur sites déportés » (c'est-à-dire à distance). L'enjeu est alors de déterminer qui doit discriminer la cause du déclenchement de l'alarme pour qu'une intervention la plus efficace possible survienne. Le décret du 26 novembre 1991 vient conforter la thèse de la police. Puisque les policiers de la préfecture se plaignent de perdre leur temps à intervenir sur des alarmes intempestives, le décret va renverser le rapport de forces ; il oblige le télésurveilleur à une « levée de doute » préalable, discriminant son origine exacte avant de faire intervenir, sur le lieu de l'alarme, les forces de l'ordre dans le seul cas d'une tentative d'effraction, ou les pompiers dans le seul cas d'un début d'incendie ou d'un accident quelconque. Tout appel improductif sera désormais sanctionné. Même si le climat va rester longtemps empoisonné entre télésurveilleurs privés et police publique, la nouvelle donne est bien d'instituer les télésurveilleurs comme des agents de première ligne sur les effractions, ce qui va leur permettre d'acquérir une nouvelle légitimité aux yeux des clients, les collectivités locales notamment : les contrats se multiplient entre polices municipales et télésurveilleurs privés. Le partenariat public/privé est en marche sans en avoir encore le nom, au grand dam des syndicats de police qui sont débordés sur ce terrain, au moins en dehors de Paris.

La consécration politique de la "coproduction" de sécurité

La loi d'orientation et de programmation sur la sécurité du 21 janvier 1995 institue une nouvelle ère où la *confiance* envers un secteur privé partenaire est officiellement affichée par les pouvoirs publics, admettant désormais que certaines prestations de la sécurité privée participent à la coproduction de la sécurité collective[3]. On n'interdit plus au secteur privé de « faire », à la différence de 1983. Au contraire, il s'agit plutôt pour les pouvoirs publics de consacrer des formes de partenariat préexistantes et qui fonctionnent bien entre forces de police et agences privées de surveillance pour maximiser la prévention de l'insécurité, notamment lors des grandes manifestations culturelles et sportives. Certes, il existe de nouveaux défis de société auxquels il faut répondre, mais il s'agit aussi d'entériner des évolutions significatives, autant d'indicateurs témoignant de la pénétration irréversible des techniques et des agents privés dans tous les interstices de la société : on réglemente par un décret de 1996 la vidéosurveillance dans les espaces publics et les sites privés ouverts au public ; on prévoit la nécessité d'une expertise de sécurité préalable à tout nouveau plan de construction ou de réhabilitation de l'habitat dans des « zones sensibles » sous la pression d'une police de sécurité publique qui entend aussi avoir son mot à dire sur l'aménagement urbain, sans exclure que les diagnostics puissent être confiés à des prestataires privés[4] ; on légifère sur la délimitation des compétences de la surveillance publique et du gardiennage privé des immeubles d'habitat social à caractère locatif (un dispositif consacré dans un décret du 28 décembre 2001). Au cours de l'année 1997, une série impressionnante de nouveaux décrets va être promulguée, obligeant des professions ou des gestionnaires de « lieux particulièrement exposés aux risques de délinquance et d'insécurité » à se protéger eux-mêmes en faisant appel aux ressources de la surveillance et du gardiennage privés : banquiers, bijoutiers, pharmaciens, commerçants, garagistes et parkings privés. Les pouvoirs publics, pris à cette époque par la nécessité de réglementer symboliquement les rapprochements informels entre des acteurs organisés, procèdent par recommandations de « faire ». Ils vont notamment s'attacher à traduire formellement dans les textes une coproduction existant d'ores et déjà virtuellement entre les forces publiques et les prestataires privés, singulièrement dans le domaine de la sécurité portuaire et aéroportuaire ou dans celui des grands événements sportifs (à l'approche de la Coupe du monde de football en 1998)[5].

3. L'annexe I de la LOPS reconnaît que d'autres acteurs que la police nationale et la gendarmerie nationale participent à la sécurité générale : les polices municipales et « les entreprises de gardiennage, de surveillance et de transport de fonds, d'une part, les agences privées de recherche, d'autre part, [qui] exercent des activités de nature privée ».

4. Au moment où nous écrivons, les décrets d'application ne sont toujours pas promulgués en raison d'une très franche et longue hostilité du ministère de l'Équipement à l'égard de ce projet.

5. Sur la production réglementaire du champ de la coproduction de sécurité dans le monde des manifestations culturelles et sportives, voir les travaux de Frédéric Diaz (2001).

Quand un nouveau gouvernement socialiste revient aux affaires en juin 1997, les questions relatives à l'organisation de la sécurité publique restées en suspens en 1995 vont reprendre une nouvelle vigueur. Le projet de loi du Sénat du 21 juin 1995 qui avait précisé les orientations de la LOPS n'avait en effet pas pu être examiné, compte tenu du changement de législature. Le colloque de Villepinte des 24 et 25 octobre 1997, que l'on a décrit souvent comme l'acte fondateur d'une politique sécuritaire de gauche, ne constitue pas à proprement parler une rupture réelle avec le dispositif antérieur de la LOPS. Il a tout au plus été infléchi par la mise en avant d'un habile dispositif permettant de jouer sur deux tableaux : élaboration d'une insertion sociale pour jeunes en échec et action capable de combler de nouveaux besoins de prévention sociale (adjoints de sécurité (ADS) et agents locaux de médiation sociale (ALMS) sur une programmation de cinq ans). La seule nouveauté de la pratique chevènementiste sera d'élargir l'organisation du domaine de la sécurité coproduite à la redéfinition des missions des polices municipales (loi du 15 avril 1999 et décrets du 24 mars 2000) et d'envisager une énième refonte de la réglementation au sujet de la sécurité privée.

En 2000, au moment où le gouvernement Jospin annonce la refonte de la loi de 1983, à la suite d'engagements pris en 1997, le sous-directeur du bureau des Libertés publiques et de l'action juridique (DLPAJ) au ministère de l'Intérieur se charge de piloter un audit général de la situation avec la contribution d'un groupe d'étudiants de l'ENA de la promotion Averroès (ENA, 2000). Le document produit mérite qu'on s'y attarde car il constitue une mine précieuse décrivant et évaluant de façon synthétique le rôle de la puissance publique face à l'émergence d'un bien économique nommé « sécurité ». Ce langage n'avait à notre connaissance encore jamais émergé de la sorte dans ce type de document quasi officiel. Le diagnostic est le suivant. On aurait tort de percevoir le développement de la sécurité privée comme une remise en cause du rôle de l'État pour deux raisons : premièrement, « l'État a veillé à encadrer son champ d'action » (compétence des sociétés et des agents privés, intervention sur la voie publique par exception) ; deuxièmement, « la demande de substitution du secteur privé au secteur public reste marginale ». Il n'y aurait par ailleurs de « difficulté d'articulation entre les acteurs privés et publics que sur un nombre limité (*sic*) de territoires », c'est-à-dire dans les établissements recevant du public tels que les centres commerciaux, les hôpitaux, les aéroports, les zones portuaires, les stades, les salles de concerts, les boîtes de nuit, les parcs d'attraction, les gares ou le métro, autant de lieux et de clientèles qui, d'après le document, ne constitueraient que 10 % du marché global[6]. Or, les surveillants privés de sécurité, « au professionnalisme variable », y « exercent des missions délicates au contact du public ».

Ce jugement des futurs énarques est significatif : faute d'avoir trop voulu jusque-là privilégier le contrôle par rapport à une approche partenariale, l'État ne serait « pas parvenu à réguler efficacement les activités privées de sécurité », affirment-ils (p. 20), de sorte que les atteintes possibles aux libertés publiques (politiques et sociales, à l'ordre public, à l'intégrité des personnes ; risques liés à l'intelligence économique, aux nouvelles technologies) resteraient une menace pour les libertés publiques à laquelle est attachée la Direction des libertés publiques et de l'action juridique (DLPAJ) du ministère de l'Intérieur. En dépit du discours de la coproduction de la LOPS, auquel semble croire fermement la promotion de l'ENA, l'intégration des acteurs privés ne déboucherait que rarement sur des partenariats opérationnels, ce qui s'expliquerait pour les raisons suivantes : l'État viserait à responsabiliser les acteurs économiques plutôt qu'à promouvoir la logique du partenariat avec les entreprises privées ; il éprouverait des difficultés à contrôler les risques associés aux développements des technologies de sécurité et de l'intelligence économique pour lesquelles la législation des agences privées de recherche serait encore peu adaptée. Les futurs énarques de la promotion Averroès déplorent surtout que les acteurs privés ne soient pas plus systématiquement associés aux partenariats locaux, ce qu'ils s'expliquent pour deux raisons : la responsabilisation des acteurs serait restée cantonnée à un débat sur les charges indues de la police ; les structures administratives existantes auraient du mal à la favoriser. De fait, seule la DLPAJ assure le suivi en concentrant son action sur le contrôle normatif ; ce qui ne la rend évidemment pas véritablement apte à aborder les aspects opérationnels qui relèveraient de la compétence des seules directions de la police et de la gendarmerie nationales. À terme, le diagnostic est que cela pourrait avoir des répercussions négatives, y compris celle d'amener les sociétés privées à outrepasser leurs pouvoirs[7] ;

6. La source demeure hélas inconnue dans le document, mais il y a fort à parier qu'elle provienne de l'Union fédérale des industries de surveillance et de sécurité (UFISS).

7. L'exemple donné est directement puisé dans nos travaux, puisqu'on agite le spectre de la création d'un niveau « infrapolicier » dans les établissements recevant du public tels que les centres commerciaux. Or, dans la source exacte, il n'était pas question d'un risque au conditionnel mais d'un fait avéré : les contentieux du vol à l'étalage sont privatisés et régulés de facto *par les vigiles des grands distributeurs commerciaux.*

mais également celle d'engendrer une confusion de pouvoirs aux yeux des citoyens (fouilles de bagages, palpations de sécurité, etc.). Observons que cet argument n'est pas nouveau, il revient de façon cyclique, y compris lorsqu'on évoque les polices municipales. Qu'en est-il ressorti à l'annonce du projet de réforme du conseil des ministres de mai 2000[8] ? Le projet mis en place par les services de la DLPAJ poursuit plusieurs objectifs :

– mieux définir les tâches de prévention des atteintes aux biens et aux personnes de la part des entreprises de surveillance, de gardiennage, de transport de fonds, de protection physique des personnes et de recherche privée, pour peu que toutes ces activités aient un but commercial ;

– revoir la réglementation des services de sécurité internes aux entreprises, et notamment examiner à part le statut des agents de sécurité de la SNCF et de la RATP ;

– élargir le contrôle de l'administration sur le professionnalisme et la moralité des dirigeants et des employés. La nouveauté vient de ce que l'on confie à des hauts fonctionnaires de la police et de la gendarmerie nationale la charge de surveiller ces entreprises, la capacité à se faire communiquer les registres et les documents visés par le code du travail, en dehors des éventuels contrôles de l'inspection du travail, le but étant de limiter les pratiques abusives de sous-traitance à bon marché méconnaissant les obligations sociales et le droit du travail. Jusque-là, les préfectures se bornaient en effet à vérifier le contenu du volet B2 du casier judiciaire des dirigeants ;

– l'ensemble du secteur concerné, y compris les agences de recherche (jusqu'à présent tenues en dehors du champ par une réglementation spécifique datant de 1980), devait faire l'objet d'un régime d'autorisation administrative préalable mettant fin au simple régime de déclaration. Suspension et retrait de l'autorisation de fonctionnement en cas de poursuites pénales, responsabilité pénale de la personne morale seraient les leviers disponibles ;

– enfin, certains donneurs d'ordre, notamment ceux des transports de fonds, seront incités à mieux aménager leurs locaux pour assurer la sécurité des convoyeurs lors des phases de transfert sensibles.

8. Il n'a pas reçu la moindre traduction concrète, bien que la discussion parlementaire devait s'ouvrir à l'automne de la même année. Les services de la DLPAJ, rédacteurs du projet avorté, s'étaient très largement inspirés de nombre de propositions suggérées dans le rapport de la promotion Averroès.

La sécurité privée mobilisée après le 11 septembre 2001

Depuis les attentats du 11 septembre, la France vit largement dans une sorte d'« état d'exception », dans la mesure où les gouvernements qui se succèdent profitent sur le plan interne d'une forme d'union sacrée favorisée par le contexte d'un environnement international délicat. Mais, à trop se focaliser sur les récents textes de loi (LOPSI du 29 août 2002 et LSI du 18 mars 2003) préparés par Nicolas Sarkozy, d'orientation nettement sécuritaire *(law and order)*, on risque d'oublier qu'ils s'inscrivent dans le droit fil de la loi de son prédécesseur, dite de la sécurité quotidienne, du 15 novembre 2001. Il faut voir là un essor des ministères de l'Intérieur successifs qui éclipsent progressivement, dans l'art de produire de la sécurité, les autres ministères régaliens, notamment celui de la Justice. La LSI du 18 mars 2003 s'est inscrite dans une continuité parfaite avec les textes précédents, puisqu'elle pérennise *ad vitam aeternam* des dispositions qui avaient été décrétées « exceptionnelles » ou « transitoires ». Non seulement elle procède à des ajustements techniques sur maints pouvoirs auparavant dévolus au secteur de la sécurité privée (pouvoirs de fouilles en sécurité aéroportuaire), mais aussi à des exigences morales sur ses pratiques commerciales (interdiction de sous-traitance à des sociétés privées non agréées) ou sur la formation minimale de ses agents. Elle profite également de ce contexte favorable pour élargir les pouvoirs de contrôle des agents stadiers dans les enceintes sportives en les justifiant par une meilleure lutte contre le hooliganisme, en réglant au passage un débat classique sur les libertés publiques, la fouille des coffres de véhicules. La sécurité étant proclamée première des libertés, le texte ne s'embarrasse plus véritablement d'amalgamer de nombreuses catégories de « populations à risques ». Cette terminologie vaut qu'on s'y arrête un instant, car elle peut recouvrir deux manières de considérer la question : en clé positive, il peut s'agir de catégories de populations pauvres qui souffrent d'être victimes de leur marginalisation et risquent, par la suite, de basculer dans une délinquance plus caractérisée, ce que l'on cherche à éviter dans une politique de prévention ; ou bien, en clé négative, il s'agit de les responsabiliser en les menaçant de sanction pour leur trop grand laxisme, en réprimant des comportements qu'elles n'auraient pas su prévenir elles-mêmes, et l'on est alors dans une mouture modernisée de pénalisation des « classes laborieuses, classes dangereuses ».

Le propos n'est pas ici de trancher ce sujet difficile. On observera cependant que c'est au nom d'une idéologie assumée de la « tolérance zéro » à l'égard des auteurs de petites délinquances et d'incivilités que l'on justifie cette pénalisation, car on serait susceptible par ce biais de s'attaquer à la délinquance organisée internationale (Monjardet, 2003). Quelles que soient les lectures qu'on peut en faire, il importe de dire que la tendance dominante actuelle est à élargir l'arsenal des pouvoirs policiers pour s'attaquer non seulement aux terroristes, mais encore aux maffieux, aux trafiquants d'êtres humains et aux blanchisseurs de capitaux illégaux liés à l'économie de la drogue dont les activités auraient des conséquences jusque dans les quartiers d'habitat social. Et si l'on incrimine l'exploitation et la traite des êtres humains, notamment les mendiants « venus de l'Est », en affichant qu'on va aussi les protéger en tant que victimes à certaines conditions, les « mendiants agressifs » deviennent pénalisables en tant que tels. Car, au-delà des groupes de personnes *a priori* suspectes de dangerosité, on entend s'attaquer aux manifestations d'« incivilités », en incriminant tout à trac la demande de fonds sous contrainte ou la mendicité agressive sur la voie publique, l'entrave menaçante à la circulation des personnes dans les halls d'immeubles, l'aide à l'organisation de squats, et surtout les « gens du voyage » dans l'incapacité de fournir des justificatifs de la provenance des objets roulants dans lesquels ils vivent. Quant au racolage actif ou passif sur la voie publique, il témoigne d'une évidente confusion des genres, à moins qu'il ne fasse l'objet d'une modalité inédite d'une entreprise de morale en marche, dictée par la nécessité de répondre aux plaintes d'une nouvelle catégorie juridique de populations, les « riverains ».

Il est incontestable que les grands gagnants de cette « loi de police » fourre-tout sont les policiers publics : en effet, de nouveaux moyens et de nouvelles armes sont donnés aux enquêteurs pour intensifier la lutte contre des infractions connexes au terrorisme (trafics de stupéfiants, vols et recels associés), contre la cybercriminalité (Stella, 2003) et contre la délinquance sexuelle. Non seulement leur sont considérablement facilités les accès au fichier des personnes recherchées, mais se trouve également élargi le champ des suspects pouvant faire l'objet d'un fichage de leurs empreintes génétiques.

Mais, par-delà ce nouvel arsenal dont la symbolique supposée rassurante achève de rendre totalement opaque la distinction fonctionnelle entre « police administrative » et « police judiciaire », la leçon qui doit être tirée, et que l'on soupçonne bien moins souvent, est ailleurs. Les polices d'État sortent apparemment grands vainqueurs de l'affaire puisqu'elles sont désormais dotées de tous les moyens légaux à leur disposition pour justifier le bien-fondé de leurs choix discrétionnaires en matière de lutte contre les foyers de désordres les plus divers : des combats nobles et incontestés, par exemple traquer à sa source le futur terrorisme (les banlieues abriteraient des jeunes islamistes potentiellement mobilisables), et des combats beaucoup plus douteux[9]. Mais surtout, l'autorité des fonctionnaires de police, que l'on a par ailleurs débarrassés du souci de signifier aux prévenus leur droit au silence introduit par la loi du 15 juin 2000, se voit mise sur un piédestal dans une mesure inédite. Dans leurs missions de pacification ou de lutte pour la restauration de la tranquillité publique, le nouveau dispositif les protège au-delà de tout ce que l'on a connu jusqu'alors, à l'unisson d'ailleurs avec leurs proches, et de concert avec un grand nombre d'autres agents d'autorité qui leur sont clairement subordonnés (aussi bien les policiers municipaux que les agents de surveillance privés), par le biais notamment d'un durcissement des peines à l'encontre des outrageux et des rebelles. On sait que, lors des interpellations pour contrôles d'identité des policiers de proximité, ou d'opérations « coups de poing » dans les cités pour faire cesser des troubles de jouissance avec des brigades anticriminalité et au besoin des CRS, l'arme de l'outrage et de la rébellion à l'autorité sert plus que jamais à restaurer une « autorité » que le manque de professionnalisme n'a pas toujours su apaiser par voie de négociation. Il est donc préférable de protéger les agents de l'ordre et leur famille d'éventuelles représailles, dès lors que l'on n'a pas su prévenir une tension rapidement incontrolable. Mais cette considérable extension du champ des pouvoirs octroyés aux polices publiques pour restaurer une autorité prétendument mise à mal ne saurait masquer durablement les conséquences inévitables qui risquent de s'ensuivre. Si le politique continue à exercer sa pression sur les polices pour obtenir des résultats tangibles en termes de diminution de délinquance, rien n'assure pour autant que le sentiment d'insécurité aille lui aussi en diminuant. À ce jour, personne n'a jamais réellement démontré que des gesticulations dans l'ordre symbolique de la répression pénale, au moment de « paniques morales », sans doute efficaces à court terme, puissent générer à long terme un retour de la confiance des citoyens, à

9. Comment apprécier le racolage passif, alors que la notion de racolage actif, déjà délicate à manier, a toujours constitué un blanc-seing donné discrétionnairement aux policiers pour obtenir des intéressés bien d'autres renseignements n'ayant rien à voir.

moins que de tels effets d'affichage ne soient sérieusement relayés par des politiques d'accompagnement et de prévention, ce qui n'est pas le cas pour l'instant.

Assurément, le véritable défi est ailleurs depuis longtemps, mais il n'occupe pas le devant de la scène. Le sociologue Pierre Bourdieu (1980, p. 134) expliquait qu'un « champ [devenait] un appareil lorsque les dominants [avaient] acquis les moyens d'annuler la résistance et les réactions des dominés ». Il conviendrait d'inverser la proposition sur le sujet qui nous préoccupe : l'art de policer les territoires urbains s'est tellement raffiné que, en dépit des efforts actuels pour restaurer l'autorité de la seule police publique, un effort qui ne sera de toute façon jamais acquis autoritairement, le *policing* d'État est devenu un « champ » au sein duquel opère une multiplicité d'acteurs, publics ou privés, enrôlés dans le contexte d'une union sacrée qui prouve surtout l'affaiblissement irréversible de la souveraineté de l'État central. Ce dernier, en effet, parce qu'il ne peut faire autrement, et se sentant obligé de mieux structurer le champ du *policing* public, procède désormais en jouant sur un clavier de ressources beaucoup plus large que par le passé, les questions idéologiques propres à la répartition réelle des objectifs assignés aux agents privés (commerciaux) et aux agents publics étant passées au second plan. Il ne s'agit plus d'un enjeu problématique. Et même si l'on cherche à promouvoir de l'efficacité, tout en faisant semblant de concilier une meilleure défense des libertés publiques par un meilleur professionnalisme et une plus grande responsabilisation des prestataires publics et des prestataires privés, (en recourant à une plus grande implication des donneurs d'ordres), on voit mal pour l'instant comment de tels objectifs ne recueilleraient pas un large consensus au Parlement. Ce n'est certainement pas en accordant un crédit aux prises de position des socialistes au sujet du secteur privé[10] que la donne changera fondamentalement. Tous les agents de sécurité sont aujourd'hui « consacrés » par le seul fait qu'une autorité administrative indépendante, la Commission nationale de déontologie de la sécurité (créée en 2000), se penche sur les

10. Lors de la campagne présidentielle de 2002, le « projet socialiste pour lutter contre la violence et l'insécurité » avançait, au sujet du secteur privé, deux nouvelles propositions : « développer une filière universitaire aux métiers de la sécurité » et « améliorer la réglementation des sociétés privées de sécurité en créant un agrément individuel des agents délivré par les préfectures et préalable à toute embauche ; introduire la coresponsabilité de l'entreprise donneur d'ordre en ce qui concerne le respect des préconisations en matière de sécurité » (Précocité, intensité, continuité : mieux prévenir, mieux punir, *p. 11).*

plaintes des citoyens concernant les exactions possibles des polices publiques, des polices municipales, de la police ferroviaire et des agents de sécurité privée. On observera à cet égard que la recommandation de son troisième rapport (CNDS, mai 2004) au sujet des agents privés se rapproche de la proposition socialiste, dans la mesure où elle invite le gouvernement à créer un fichier national des agréments par agent, de façon à les suivre dans leurs différents postes.

C'est égal. La France se singularise toujours par sa merveilleuse capacité à créer des autorités indépendantes sans pouvoirs, destinées à contrôler des agents de sécurité que tout opposait naguère, et qui, au nom de la défense des libertés publiques, se retrouvent désormais mis sur un pied d'égalité, en dépit de l'existence – et de la défaillance apparente – de leurs instances respectives de contrôle. Autrement dit, nous sommes définitivement entrés dans une ère de consécration définitive originale de tous les métiers de la protection !

Chapitre 6

GOUVERNER OU PILOTER LA PROTECTION DES PUBLICS

Crise de légitimité des polices publiques et nouveaux cadres d'action

Deux leçons fondamentales se dégagent tendanciellement des développements précédents : si la demande existentielle de protection est devenue si forte dans nos sociétés du risque, c'est que, à tort ou à raison, les individus pressentent que, d'une part, dans leur environnement quotidien, les mécanismes d'intégration et l'autorité ne vont plus de soi, qu'ils sont en permanence objets de débats et de discussions, comme s'il fallait indéfiniment réinventer leur légitimité ; d'autre part, que les missions de l'État semblent de moins en moins correspondre aux perceptions de ce que l'appareil politico-administratif prétend assurer, phénomène qui vaut autant dans le domaine de la santé, de l'éducation, que dans celui des fonctions traditionnelles d'assurer l'ordre en public et de dire la justice.

Autrement dit, on peut évoquer une crise des formes traditionnelles (verticales, du sommet à la base) de l'intervention étatique, liée à une conjonction sans précédent de facteurs globaux en interaction : crise financière affectant l'allocation des ressources de sécurité publique ; perte d'influence de l'autorité non négociable ; emprise des valeurs du marché dont les méthodes colonisant la façon d'évaluer la performance des services publics ; inscription des interventions publiques sur des territoires de plus en plus spécifiques (Le Galès, 1996, 1999 ; Leca, 1995).

Pour les administrations régaliennes, le territoire local est devenu peu à peu un « souci », une « préoccupation » en soi (Wyvekens, Donzelot, 2000). La police urbaine ou de contrôle social local, cette fonction de l'administration de la police qui a traditionnellement pour vocation de prendre en charge la paix publique en s'interposant dans les conflits interpersonnels, celle qui est partie prenante de la société dans laquelle elle œuvre, « au sein de laquelle elle ne peut agir efficacement que par son intégration, sa présence, sa permanence, son échange » (Monjardet, 1996, p. 274), cette police de sécurité publique-là traverse elle aussi une crise de légitimité profonde.

Le doute sur les capacités de la justice et de la police publique à réguler les désordres sociaux, à prévenir et à punir à elles seules avec succès les déviances sociales au point de les enrayer durablement, tiendrait à deux séries de facteurs, d'après Bayley et Shearing (1996, 2001) ou Forst et Manning (1999) :

– la première, que nous avons explorée, s'expliquerait par des changements sociopolitiques de grande envergure suscitant une complexité sociale et de nouveaux besoins de réassurance. Des groupes sociaux diversifiés, reconstitués sur des bases communautaristes, considèrent que leurs droits à être protégés dans le respect de leur diversité par l'État leur auraient été déniés au nom d'un intérêt général devenu trop niveleur par rapport à la réalité de la diversité des besoins ;

– la seconde est liée à la crise financière affectant l'État social qui aurait forcé ce dernier aux économies d'échelle jusqu'au sein des polices publiques, l'amenant à déléguer, selon de subtils mécanismes, de plus en plus de tâches de contrôle à moindre prix. Les institutions policières se seraient, de leur côté, enfermées dans une professionnalisation donnant à leurs compétences rationalisées et instrumentalisées une version surtout technique et scientiste, tandis que les fonctions généralistes subiraient un fort sentiment d'illégitimité et de relative désertion. L'émancipation des policiers de leurs ancrages territoriaux naturels aurait provoqué l'apparition d'une multitude d'acteurs de médiation qui, ayant pour mission de rapprocher les publics des institutions, loin de régler le problème, auraient au contraire tendance à conforter le bien-fondé de cet éloignement.

La conséquence que tirent ces analystes est celle d'une irrésistible « privatisation du contrôle social », par la montée de « polices supplétives » (De Waard, 1999) ou « alternatives », et leur naturalisation en tant que nouveaux producteurs de sécurité légitimes. En Europe, quelles que soient les nuances apportées à de tels diagnostics, le développement de nouvelles polices suscite d'intenses interrogations. L'enjeu est partout le même, quelles que soient les formules : il s'agit de créer des polices locales plus à l'écoute des besoins de proximité des citoyens, et ces demandes sont formulées tant à l'endroit des polices publiques « régionales » (aux Pays-Bas), « régionales » et « municipales » (en Espagne), « municipales » (en France) ; qu'à l'égard des « polices privées » du secteur marchand (*paid private security*) ; des « polices communautaires » ou de « polices spontanées de citoyens » (*vigilantism*). Ces dernières sont également acceptées dès lors qu'elles sont organisées par des policiers (Vindevogel, 2002), ou prises en charge par des *quango*[1] (Crawford, 1997).

Les États centraux, ne pouvant plus s'imposer comme les uniques exécutants de sécurité, reconnaîtraient implicitement leur impuissance à satisfaire toutes les demandes des publics. En moralisant et en encadrant les diverses polices qui naissent pour répondre à ces demandes, ils seraient donc conduits à composer différemment avec ces différentes réponses, d'assouplir leur position d'origine par rapport au monopole de production de la sécurité.

Les mises à l'agenda des réformes sur ce sujet se succèdent et prennent des allures de révolutions administratives allant dans deux directions. Externes à l'appareil lui-même, par l'accompagnement et la canalisation incessante des mouvements d'organisation de la sécurité à composante locale, privée, communautaire. Internes à l'appareil policier, en réaction à la perte de légitimité et aux dérives des polices publiques dévoreuses de moyens par rapport à la profusion des risques, en introduisant les normes du nouveau management public sur leur rendement.

Irréversible découplage entre commanditaires et fournisseurs de sécurité ?

D'après Bayley et Shearing (2001), le nouveau paradigme du *policing* en Occident se caractériserait par une distorsion de plus en plus nette entre *auspices* (les commanditaires ou patrons d'intérêts économiques légaux ou illégaux, des communautés résidentielles et culturelles, les individus, les gouvernements) et *providers* (les fournisseurs : compagnies privées, organismes non gouvernementaux, individus et gouvernements) de la sécurité collective. D'autres, à la suite des travaux de Osborne et Gaebler (1993) dans d'autres champs, évoquent souvent la

1. Quasi non gouvernemental organisations.

métaphore nautique de l'État « barreur » et des « rameurs », ce qui revient un peu au même. On sortirait progressivement d'une configuration où les gouvernements locaux ou nationaux avaient la responsabilité d'articuler les besoins de sécurité et d'administrer les institutions ayant vocation à y répondre. La *fourniture* de sécurité prendrait dans la deuxième configuration une modalité selon laquelle les gouvernements seraient des commanditaires organisationnels reformulant les demandes de protection, prenant en charge celles qui leur paraîtraient ne pouvoir et ne devoir être stratégiquement remplies que par leurs propres agents, tout en enrôlant et en habilitant d'autres agents pour des tâches de protection d'espaces publics ou hybrides, laissant aux gestionnaires d'espaces privés le soin de mettre au point leur propre police.

Fonctionnellement, ce schéma complexifie les lectures habituelles des fonctions de l'État, et singulièrement la *fonction de régulation* étatique, qui se transforme substantiellement. Comme le soulignent certains politistes français (Commaille et Jobert, 1998, p. 17), « l'État est également susceptible d'agir par une offre d'institutionnalisation de scènes et de procédures de négociation ou encore plus largement l'autorité publique est en mesure d'institutionnaliser de façon variée des espaces politiques dans lesquels s'élaborent pour l'État une capacité et une légitimité à intervenir ». Cette fonction prend des formes de plus en plus variées, dans le domaine de l'édiction des règles et de la punition de ceux qui les enfreignent. Ayers et Braithwaite (1992), mais également Rose (2000), ont particulièrement étudié les enjeux de la production de sécurité à travers les différents processus de régulation étatique. Ils évoquent des modalités aussi diverses que des injonctions accompagnées de punition non discrétionnarisée, des mesures encourageant plutôt des autorégulations par des agents autorisés, voire la tolérance à certaines autorégulations volontaires.

Mais les *fonctions d'audit* se transforment également. L'État a au moins pour mission de vérifier que les agences autorisées fournissent bien la sécurité à la collectivité et l'orientent dans un sens précis, une idée de l'intérêt général par exemple. Toutes les informations disponibles sont nécessaires et doivent être mobilisées pour évaluer la qualité et la juste distribution de protection des biens et des personnes, à commencer par celles que fournissent ses propres agences sur tous les territoires et par-delà des divisions sociales.

La *fonction de facilitation équitable* des biens de sécurité impose à l'État une troisième série d'obligations, la nécessité d'apprendre à gérer différemment des formes de *policing* très disparates, d'accompagner leurs développements et leurs crises de croissance. À ce sujet, le pilotage des systèmes de sécurité hybrides est devenu un art autrement plus complexe aujourd'hui qu'il ne l'était naguère, quand il s'agissait d'accompagner ou de prévenir les dérapages éventuels du marché de la protection. Connaître les coûts et les bénéfices des systèmes hybrides d'allocation des ressources de protection oblige à mobiliser de nouveaux outils d'évaluation incluant simultanément (autour des nouvelles formes de *policing en situation*) règles budgétaires, coûts d'autorisations ou d'habilitations, évaluation des incitations à la coopération, à la négociation, à la contractualisation et à la délégation.

Une *terra incognita* émerge pour la science du fonctionnement de l'administration au sujet de la régulation, de l'audit et de la facilitation dans le domaine de la protection des personnes et de leurs biens, tant en France que dans les pays voisins de l'Union. En France, nous sommes désormais confrontés à un défi de meilleure gouvernance face aux mutations que constituent les réponses apportées aux nouveaux besoins de protection. Il convient de rendre compte à la fois d'une montée des marchés de la sécurité privée dans leur historicité et leurs nouvelles manifestations ; de l'implication des maires qui se dotent de polices municipales et s'investissent dans le champ de la sécurité publique (Ferret et Mouhanna, 2004), ce qui provoque de nouvelles modalités d'affirmation de leaderships locaux dans les rhétoriques sécuritaires ; d'une institutionnalisation silencieuse et d'une autonomisation des polices municipales ; d'une montée de la thématique de « proximité » des services de justice et de police. Il faut donc évaluer le rendement de tous ces dispositifs, virtuellement en conflit ou en partenariat dans la production de la sécurité collective.

Rendre compte des nouvelles manifestations du “policing” public

Les sociologues et politologues indépendants doivent-ils et peuvent-ils participer eux-mêmes à cet exercice d'évaluation de la régulation, de l'audit et de la facilitation, avec et contre (tout contre) les corps d'inspection traditionnels de l'État ? Je le crois d'autant plus que c'est pour l'instant, dans le champ, la seule posture possible pour dépasser les approches classiques et globalisantes, et ne pas rester prisonnier des cadres interprétatifs normatifs dominants de la science politique actuelle sur l'État.

À travers le défi de pilotage ou de management des réformes de police de proximité qui éclosent un peu partout en Europe, l'hypothèse de départ est bien celle de redéfinir la responsabilité de l'État ayant à réguler les activités des acteurs alternatifs producteurs de sécurité. Il s'agit de documenter les conditions permettant à une institution régalienne aussi complexe que la police d'actualiser l'exercice des responsabilités collective ou individuelle de ses agents et de montrer très concrètement comment elles se connectent avec d'autres formes de responsabilité émergentes.

Il ne s'agit pas de savoir, il est encore trop tôt pour cela, comment on doit juger ce phénomène. Il faut d'abord en scruter toutes les modalités, pour dépasser les approches classiques du fonctionnement de la régulation juridique (Chevallier, 2001) dans les sociétés actuelles en évitant de plaquer les implicites d'une modalité de *policing* substantielle propre au monde industriel sur celles qui seraient propres à un contexte de gestion des risques des sociétés de la postmodernité, caractérisées par une progressive sortie de l'État social.

Rappelons que trois courants d'analyse assez diamétralement opposés se partagent aujourd'hui le marché du diagnostic scientifique à l'égard de l'état du « monopole d'État de la violence légitime » :

1. La thèse de la perte de la souveraineté de l'État central (Crawford, 1997 ; Garland, 1996, 2001), de sa « démonopolisation » (Roché, 2004) ou de son « déverrouillage » (Le Galès, 1999). Un système étatique amaigri, creux, « modeste » en quelque sorte, se serait installé ; il aurait tendanciellement perdu le contrôle effectif des activités humaines en général et de la régulation des déviances en particulier. L'échec des systèmes pénaux pour traiter désordres et délinquances serait patent, car les entreprises de rationalisation de la « bonne police » auraient fini par générer leurs propres inconséquences et contre-productivités dans la société du risque.

2. La thèse de l'État surchargé (Becker, 1968 ; Fixler et Poole, dans Lipman, 1988). L'État bureaucratique contemporain serait totalement débordé par les dépenses de justice et de sécurité, totalement englué ou empêtré dans son interventionnisme. Seule solution : « dégraisser » de façon très volontariste l'État en laissant jouer l'expansion du marché de la protection qui apporterait par défaut la preuve de la défaillance des services publics de prévention et de sécurité. L'État doit être réduit à un rôle minimal de régulation des orientations des marchés de la sécurité privée.

3. La thèse de la relégitimation répressive de l'État (Garland, 1996, 2001). Toutes les inventions de contractualisation, de délégation de

tâches à d'autres agents publics (y compris à un « néo-prolétariat » de la surveillance [Robert, 1999]) ou à d'autres agents privés étiquetés comme « partenaires », représenteraient de fait une extension et une consolidation sans précédent du contrôle des conduites. Au fur et à mesure du recul de l'« État social », progresserait l'« État pénal » et se dessinerait le spectre d'une nouvelle « société punitive », bien amorcée aux États-Unis[2]. Les réformes dites de la « proximité » seraient, en creux, la réactualisation d'une société disciplinaire diffusant de façon plus sophistiquée les mécanismes traditionnels de la contrainte. Le brouillage des frontières entre système officiel et système des agences mixtes non contrôlées (qui permettaient le jeu des contre-pouvoirs lors de la phase de monopole) serait l'un des principaux vecteurs de cette diffusion. Tous les discours et dispositifs de la proximité et du « souci du territoire », qu'ils aient noms « contrats locaux de sécurité », « approche intégrée » ou « troisième voie »..., imposeraient de fait des logiques gestionnaires de management à dominante pénale, une plus grande proximité des contrôles permettant de criminaliser des « populations à risques » (les nouvelles « classes dangereuses » d'incivils) qui auraient traditionnellement échappé aux prises en charge.

Ces trois lectures répondent hélas très imparfaitement à une question plus importante, qui n'est pas celle de savoir si l'État reste ou non maître du jeu dans la production globale de la sécurité des personnes et des biens, mais plutôt de savoir comment s'effectue la régulation du *policing* local, à partir de l'étude des « systèmes d'action concrets », à la façon par exemple dont les ont discutés des disciples de Michel Crozier dans leur enquête sur la « sécurité publique à l'épreuve du terrain » (Gatto et Thoenig, 1993 ; Thoenig, 1994). Ou, pour le dire comme E. Friedberg (1993, p. 178-180), de savoir dans quelle mesure l'impact de l'action publique est « filtré, infléchi, voire annulé par les régulations locales produites par le construit politique qui médiatise et rend possible la coopération concrète des acteurs autour d'un problème également concret ».

Évidemment, la tentation est toujours grande de répondre à partir de cet examen à la question initiale à savoir si un « local fort » contribue progressivement à affaiblir, voire à faire dépérir, à évider ou à faire perdre le contrôle de l'État central dans une métaphore du *hollow state* (Peters, 1993). Mais cela suppose encore de postuler un ordre social englobé par le système politique. Or, empiriquement, il n'y a aucune

2. Contra, *Landreville, 2002.*

raison de conférer cette place prééminente au système politique, si l'État s'y confond..., alors qu'un État peut être appréhendé comme un ensemble de systèmes empiriques qu'il contient et régule autant qu'ils lui donnent vie. Mesurer les mètres perdus de l'emprise de l'État sur les choses de la sécurité ne permet pas d'observer les formes concrètes du désengagement ou du réinvestissement des autorités publiques sur les questions de sécurité. Les trois positions canoniques relevées confortent en général les présupposés des chercheurs plus qu'autre chose. Il est sociologiquement beaucoup plus significatif d'analyser les définitions, les usages, les utilisations réelles des réformes impulsées, et les mettre en perspective avec les appropriations de sens et les pratiques réelles des acteurs publics et privés engagés dans la production de l'ordre local sur un territoire spécifique. Quitte, le cas échéant, à vérifier que les périmétrages des territoires d'interventions et des publics cibles pour prévenir et combattre les désordres constituent en eux-mêmes d'inlassables enjeux de luttes de définition et d'appropriation entre les différentes administrations centrales qui concourent à la production de sécurité intérieure (Intérieur, Équipement, Ville, Justice, etc.), ou entre types d'acteurs chargés de la régulation des désordres au plan local, état des luttes et des appropriations débouchant sur des compromis toujours instables.

Ce n'est qu'à partir de cet objectif et après avoir multiplié les diagnostics en interne et en externe, sans trop se laisser emprisonner par le carcan des paradigmes, que l'on pourra réinterroger l'autorité publique prise dans les tourments des mutations qui affectent les fonctions traditionnelles de dire la justice et d'assurer l'ordre en public. Si l'État doit être vu, d'une part, comme une instance capable d'autoriser et de réguler des systèmes de gouvernance privés, et, d'autre part, comme une instance capable de mesurer l'impact des procédés d'incorporation des intérêts privés dans les processus de contractualisation et les partenariats publics, comme s'il « régulait des autorégulations », pour reprendre le mot de Shearing (1996), alors on ne serait pas trop éloigné de la figure de l'« État négociateur ». Si l'on a absolument besoin de disposer d'une métaphore, celle que justifient Commaille et Jobert (1998, p. 17) paraît pouvoir convenir aux projets qui devraient pouvoir intéresser les chercheurs : « Dans [ces] systèmes polycentriques, ce n'est ni la figure de l'État creux utilisée pour décrire un évidement de l'État, ni celle de l'État stratège qui émerge, mais plutôt celle de l'État négociateur. » Bruno Jobert note ailleurs qu'on assiste à des processus complexes de restructuration du domaine public par un redécoupage des frontières (publiques et privées) d'un État qui ne s'affirme plus comme souverain, mais comme un acteur engagé dans une négociation continue et irréversible avec d'autres États. Il évoque plutôt l'image d'un éclatement de l'État en un ensemble hétérogène d'institutions et de secteurs dans des branches différentes prenant des trajectoires obéissant à des logiques spécifiques à un niveau supra national (Jobert, 1999). La métaphore pourrait être inspiratrice, mais rend mal compte de la spécificité de la « négociation » autour du *policing* à l'échelon interne et externe.

Sans doute est-il alors préférable de se rabattre pour l'instant sur la métaphore de l'élargissement du spectre des activités de *policing* que l'État central essaie au mieux de réguler indéfiniment à l'échelon supra- et infranational, en prenant acte du fait qu'il n'y est jusqu'à présent parvenu qu'au prix de donner l'illusion de se faire l'organisateur de défis et de processus qui lui échappent partiellement et qu'il contient de moins en moins bien. Une solution possible semble actuellement résider dans l'injection massive des normes du nouveau management public inspirées du marché dans les bureaucraties policières. Il s'agit d'un pari dans un monde qui y reste pour l'instant mal préparé. Tout se passe en effet comme si on allait pouvoir susciter des économies d'échelle et dégager des gains d'efficacité à moyen terme dans le champ de la production de sécurité publique, sans trop se préoccuper des conséquences possibles à plus long terme en termes de qualité du service public auprès de la société civile.

L'introduction des normes du nouveau management public dans l'appareil policier

Ce nouveau défi ne peut se comprendre en France et en Europe continentale que si l'on garde à l'esprit la découverte de ce que les sciences sociales dédiées au *policing* public anglo-saxon (par les techniques du *new public management*) ont évalué depuis dix ans. Deux observations préalables doivent être rappelées à ce sujet. Quel a été l'apport théorique des sciences sociales critiques du monde nord-américain, britannique ou australien sur les réformes managériales introduites dans les systèmes policiers de cette sphère culturelle du monde ? Et quels enseignements a-t-on tirés de l'évaluation des performances policières en général ?

On sera mieux armé ensuite pour juger de l'efficience des résultats attendus de la performance de l'appareil policier français, sur les injonctions de la Loi organique relative aux lois de finances de 2001, dont on devrait recevoir les premières traductions concrètes à l'horizon de 2007.

Il faut partir du postulat de l'idéologie néolibérale selon lequel toutes les sociétés de l'État providence (*welfare State*) seraient en crise ; en conséquence, il conviendrait d'amaigrir (sinon de mieux rationaliser) les interventions administratives dans la vie économique et sociale et les services publics en faisant une place plus importante au secteur privé.

À tort ou à raison, les services publics sont pris dans la métaphore privée du « fournisseur de services » par rapport à la « demande de l'acheteur de sécurité ». C'est une révolution, car le primat du système hiérarchique légal rationnel qui gouvernait la bureaucratie régalienne cède progressivement la place à celui de l'efficacité (*efficiency*) et de l'efficience (*effectiveness*) des services publics, y compris des « services de police ». Ceux-ci ont désormais vocation à devenir des services publics (des services au public) plutôt que des autorités.

Les normes du nouveau management public (NPM) impliquent une nouvelle *accountability* (une « reddition des comptes », autrement dit une obligation de rendre des comptes ou d'offrir des explications *a posteriori* des conduites des agents par rapport aux réformes engagées). Elles obligent à imposer un contrôle externe aux forces de police par une coopération beaucoup plus proche des administrations et des partis au pouvoir. Ces derniers sont de plus en plus sensibles aux objectifs et à la qualité des services offerts par leurs administrations.

Cela se traduit d'abord par un nouveau discours des réformes administratives en matière d'organisation du travail policier : le langage qui s'impose devient celui du « produit » et du « client », et la notion de « satisfaction du client » dans le domaine policier vient évidemment heurter les relations traditionnelles entre la police et les citoyens. En effet, celles-ci étaient traditionnellement fondées sur une sorte d'échelle officieuse de groupes sociaux ou d'individus préformatés par les polices publiques selon leur dangerosité présumée, leur irrécupérabilité, la nécessité de les corriger, de les punir ou de les neutraliser ou, enfin, de mieux prendre en charge leur vulnérabilité (autre versant thématique classique de la prévention sociale).

Il en résultait en quelque sorte un monde manichéen historiquement forgé par la croyance que certains individus étaient présumés mettre plus en danger la société que d'autres (soit parce qu'ils ne réussissaient pas à s'intégrer pour des raisons psychologiques, soit parce qu'ils étaient des rebelles hostiles à tout système d'autorité intégrateur, soit parce qu'ils avaient connu divers ratés de socialisation)...

Or, ce système de représentation semble désormais s'effacer progressivement dans le monde anglo-saxon. Et c'est par le biais des réformes budgétaires fondées sur l'*accountability* que les représentations traditionnelles de l'action policière tendent à se recomposer à travers une logique de coûts d'activité des services de police (par exemple, les *program performance budgeting system* ou budgétisation par programmes) et tendent à se concentrer essentiellement sur les coûts d'une activité plutôt que sur les dépenses de chaque service pour une administration donnée. En France, le gaullisme naissant (1958) avait bien pensé à procéder à l'évaluation annuelle du coût investi dans l'activité de chaque service public, mais ce système n'est jamais entré dans les mœurs administratives. On reconduit les budgets en les augmentant globalement d'année en année, et notamment dans les domaines régaliens, d'autant que les politiques de sécurité sont devenues des préoccupations principales, mais jusqu'à présent on ne s'est pas trop soucié d'en évaluer l'efficacité ou l'efficience...

Or, les théoriciens du nouveau management public et les politiciens qui leur emboîtent le pas pensent qu'il n'est plus possible de fonctionner de la sorte, qu'il faut briser les résistances. Ils estiment en effet que le fonctionnement du système antérieur aurait produit trop d'apathie collective et d'irresponsabilité sur la qualité du service rendu. Le système antérieur n'aurait fait, selon eux, que renforcer l'emprise des syndicats policiers qui participeraient à cette irresponsabilité, leur résistance s'expliquant d'autant qu'ils perdraient alors de manière non négligeable de leur pouvoir et de leur influence.

Politiciens et nouveaux gestionnaires pensent qu'il faudrait donc apprendre à pallier le manque de formation des agents chargés d'alimenter le système d'information sur le monde policier en données comptables systématiques, et introduire pour cela une culture du résultat de l'effectivité des services, à tous les échelons de la hiérarchie policière.

Cela devrait passer par un apprentissage collectif de la diminution des tensions liées au cloisonnement traditionnel entre agents comptables, seuls redevables des deniers publics (budgétaires, analystes, comptables), et acteurs de la mise en œuvre de l'action publique.

Mais ce que sous-estime en revanche le volontarisme de cette nouvelle idéologie quant à l'espoir de dégager des gains de productivité dans chaque service, est évidemment son point aveugle : elle laisse entendre qu'il serait facilement possible d'évaluer la productivité de toutes les composantes de l'activité policière, et que le système policier lui-même pourrait maîtriser simultanément tous les paramètres de son intervention sur la société. Aucune étude d'évaluation entreprise au sujet de la réforme de la « police de proximité » de 1998, faute de s'être donné les moyens d'un protocole fiable, n'a réussi à mesurer son efficacité auprès des populations, en dépit des nombreux audits scrutant son efficience au sein de l'organisation elle-même.

Quant aux analystes les plus hostiles à la généralisation de l'introduction des normes du nouveau management public dans les services publics, ils se plaisent surtout à en dénoncer les effets ravageurs pour la société quand elles s'immiscent dans le champ policier, au point d'en condamner le principe *a priori*, puisque ces nouvelles options gouvernementales s'inscriraient dans un contexte de généralisation des politiques de la loi et de l'ordre (*law and order*). À travers des programmes de « tolérance zéro », la traduction opérationnelle des dispositifs de *computerization* des faits de désordres montrerait un traitement de plus en plus punitif de la pauvreté. Et prenant l'effet pour la cause, l'analyse des réformes managériales du monde policier redoublerait les mécanismes de la crise de la cohésion sociale et de la dislocation ou de la fragmentation des sociétés, plutôt que contribuerait à les prévenir.

David Garland (2001) soutient que les classes moyennes, autrefois plus modérées dans la pesée de la liberté au regard de la sécurité, souffrant de l'incapacité de l'État post-keynésien à leur garantir un certain degré de sécurité économique, seraient progressivement amenées à rejeter toute obligation de solidarité collective à l'égard des « laissés-pour-compte » d'une croissance économique de plus en plus sélective. Selon lui, la posture punitive actuelle des États néolibéraux viserait à réaffirmer la symbolique de la maîtrise du pouvoir régalien de gouvernement sur les choses par une manipulation des symboles coercitifs, en délégant aux autres pouvoirs résiduels la prise en charge de la réponse sociale de la gestion des émotions liées aux frustrations, aux peurs et à l'insécurité[3].

Pour les partisans de l'introduction des normes du NMP et de la nouvelle redevabilité qui en résulterait, au contraire, la limitation de la traditionnelle indépendance opérationnelle des institutions policières permettrait de réorienter plus facilement les activités de la police comme productrice de sécurité par l'injection massive de procédures de

3. *Dans le même sens en Europe continentale, voir Wacquant (1999), Mucchielli (2002) ou Van Campenhoudt* et al. *(2000).*

contractualisation en partenariat avec les autres acteurs de la prise en charge des dangers et des troubles.

Quel bilan critique peut-on tirer de l'évaluation des performances policières dans le monde anglo-saxon ?

Dans la mesure où l'on assigne un rôle de pilotage accru de l'action policière par le recours à l'instrument des statistiques criminelles, la focalisation sur les seules dimensions « judiciaires » au résultat provoquerait une tendance à la manipulation des chiffres d'élucidation par rapport aux faits signalés par les victimes. D'autres indicateurs d'efficacité et d'effectivité sont d'ores et déjà mobilisés pour évaluer la bonne adaptation des services aux résultats. Au Royaume-Uni comme en Australie, ils reposent cependant de moins en moins sur une hypothétique mesure de résultats à atteindre en termes de sécurité globale que sur la confrontation de la performance des différents services, indicateur par indicateur. Et ce recentrage de la performance bureaucratique s'expliquerait par la détection d'indicateurs carencés à cause des mauvais ciblages de l'action. Les diagnostics en sont d'ores et déjà nombreux : impossibilité de quantifier les effets de la proactivité policière, composante pourtant importante du travail ; qualité des informations transmises sujette à caution ; confusion permanente d'interprétation sur les produits (*outputs*) par rapport aux rendements moyens des services ; négligence du regard sur la comptabilisation de la performance du travail de soutien des personnels administratifs ; négligence du regard sur l'importance des facteurs opérationnels et sociaux dans les organisations policières par incapacité à savoir les évaluer. Le caractère financier de l'*accountability* s'avère par ailleurs redoutable, car il ne parvient pas à être différemment justifié selon les agents et selon les services en présence. Restant globalisée, la reddition des comptes pèserait sur tous les agents de la même façon. Et, du coup, la focalisation générale sur l'usage des indicateurs de performance aurait conduit à redoubler les traits pervers de la bureaucratie que l'on entendait combattre. Face à la pression des activités uniquement chiffrées, les agents concernés contourneraient la pression aux résultats pesant sur leurs épaules en redoublant les stratagèmes d'évitement ou en s'adaptant de manière déviante au rendu en temps réel des statistiques de leurs activités.

Un criminologue du Home Office (Tilley, 1995) a par exemple montré les dérives de l'utilisation outrancière des indicateurs de performance : l'étroitesse, la sub-optimisation et la myopie des résultats à courte vue, la focalisation sur un très petit nombre de contentieux, la corruption délibérée, certes, mais également des comportements de jeu ritualisés dans l'établissement des indicateurs des *street level bureaucrats*, sans compter le potentiel de démoralisation collective à cause du scepticisme ou du sabotage délibéré.

Pourquoi l'évaluation des activités de police est-elle si difficile ? B. Dupont (2002), un analyste du système policier australien, pourtant réputé être l'un des plus imaginatifs au monde dans l'expérimentation des réformes du management policier, en donne quatre raisons principales : les objectifs des organisations policières ne sont jamais simples à définir et restent incertains quant à l'adéquation des moyens employés par rapport aux objectifs à atteindre. Le degré d'*accountability* ou de contrôle exercé par le politique est devenu la principale dimension organisationnelle permettant de comprendre le système d'évaluation lui-même comme une « fin en soi », contredisant ainsi l'objectif promotionnel de satisfaction des « clients » dont on se soucie finalement assez peu. L'homogénéité de l'organisation policière est toujours postulée, alors que la réalité réside dans la complexité de la diversité de ses compétences par rapport aux services qu'elle peut offrir. On ne sait pas évaluer quantitativement une aide policière, ni la résolution d'un problème complexe (*problem solving*) nécessitant la mobilisation de multiples partenaires. Nier enfin les nécessaires marges d'autonomie des agents de première ligne dans l'action policière ne ferait que renforcer la résistance aux impulsions autoritaires verticales.

Les technologies introduites à haute dose peuvent-elles par ailleurs améliorer la performance des institutions policières en remplaçant les savoir-faire policiers artisanaux et intuitifs ? Les banques de données (*data-matching* et *data-mining*) censées aider les policiers par le concours de la cartographie criminelle et la géocriminologie, qui le postulent, n'auraient pas produit les résultats escomptés en termes de prédiction des activités de délinquance, de facteurs de risques anormaux ou de management des cibles suspectes. Elles sous-estimeraient en effet gravement la capacité de réaction et d'adaptation humaine à ces nouvelles technologies, le déplacement ou l'éclatement des *hot spots* et surtout la sophistication et la complexification des entreprises criminelles (leur « contre-intelligence »), les effets pervers des avancées de la biotechnologie (notamment le problème éthique du volontariat pour le recueil des traces) ; la résistance des hiérarchies intermédiaires de l'administration policière à l'érosion du pouvoir discrétionnaire de leurs agents ; les contestations éthiques relatives aux risques d'agissements contre des familles de personnes jugées antisociales, et la résistance à l'entrée dans des cycles de « neutralisation des populations à risques » extrêmement coûteux pour les collectivités elles-mêmes.

Du côté français, la réflexion est restée très pauvre sur ce sujet. Les sciences sociales n'ont pas encore de véritable culture critique concernant l'introduction des normes du NMP au sein de son système policier. Elles prennent pour argent comptant les réflexions les plus critiques de la criminologie anglo-saxonne en les plaquant sur un système mal connu de l'intérieur. Ce n'est pas vraiment leur faute, puisque pour l'instant aucun chercheur indépendant n'a jamais été invité à évaluer l'impact des nouvelles normes de management dans les pratiques policières. Un fonctionnaire de la gendarmerie s'y est cependant risqué (Mattely, 2002), et il vaut la peine de s'arrêter quelques instants sur les conclusions principales de cette monographie isolée. Les conclusions qui s'en dégagent nous paraissent aussi valoir pour l'appareil policier.

Alors qu'il existe de nombreux indicateurs chiffrés de l'activité gendarmique ou policière (bulletins de service, cahiers de service, bulletins d'analyse de procédure, d'analyse d'accidents de la circulation, consultations réalisées sur les fichiers centraux, ou mains courantes informatisées ou non...), toutes ces traces de l'activité (en dehors des procès-verbaux dressés) sont toujours ressenties en interne comme des sources de contrôle du travail parmi les agents. Et plus la hiérarchie se montre tatillonne à ce sujet, plus les stratégies de contournement du résultat chiffré des indicateurs pour offrir des statistiques intéressantes s'aggravent (par les multiples astuces, tricheries, course au rendement chiffré et, surtout, les stratégies de non-dit).

La seule valorisation des indicateurs de répression (contre la délinquance ou l'insécurité routière) est vécue très différemment par les gendarmes :

– En effet, se mobiliser par rapport à des objectifs quantifiables sur un seul objectif peut constituer un facteur de motivation pour les uns si cela doit se traduire par une obligation de résultat dans chaque direction, et, au sein de chaque direction, pour chaque unité, voire chaque agent.

– La crainte exprimée par d'autres s'explique par le fait que, si un agent n'a pas l'occasion de travailler dans le domaine qu'il affectionne (par exemple le contact avec la population, permettant d'obtenir des renseignements qui ne sont pas toujours utiles immédiatement – un des objectifs de la police de proximité) ou que ce domaine est peu valorisé, cet agent sera rapidement démotivé.

– Les hiérarchies ont en général anticipé ce type d'effets pervers, et essaient alors de s'orienter vers un commandement plus participatif. Les objectifs du haut correctement négociés et cosignés avec les corps intermédiaires de la hiérarchie semblent susciter plus d'adhésion. En revanche, le management autoritaire non transparent fonctionne beaucoup plus mal, dès lors que la gratification collective n'est pas au rendez-vous. Il en va de même quand les agents doivent changer d'objectifs sans en comprendre les raisons, par absence de claire communication ou par défaillance de la hiérarchie sur les retours d'expérience collectifs par rapport aux projets mis au point avec les agents de la base.

La demande de résultats demandés auprès des agents de première ligne suscite en général trois types d'attitudes : certains préfèrent être bien calibrés par l'autorité supérieure sans se poser de questions ; d'autres jugent les objectifs assignés peu utiles ; d'autres encore les refusent parce qu'ils considèrent qu'aucun résultat n'est vraiment maîtrisable (en circulation routière par exemple, certains restent persuadés que l'efficacité de la prévention des accidents ne peut uniquement résider dans la soi-disant « peur du gendarme », car la cause de ces accidents serait généralement beaucoup plus complexe que cette rationalisation endogène).

Pour ces deux dernières catégories d'agents, les politiques de quotas par « chiffres d'affaires » ou de « gardes à vue » à effectuer par semaine ou par mois peuvent les inciter à tricher pour rester dans la limite des objectifs assignés.

Que retenir de cette évaluation critique ? De la prudence d'abord. Généraliser à partir d'une seule monographie serait absurde. Mais elle tend néanmoins à nourrir le soupçon que les politiques incitatives ne font en règle générale que conforter les dimensions proactives du travail policier au détriment des dimensions réactives. D'autre part, au sein des hiérarchies intermédiaires, elles engendreraient des pratiques de « lissage des statistiques générales » pour ne pas se faire remarquer « politiquement » comme à la tête d'un service trop ou pas assez zélé (sauf exception opportuniste d'un chef de service)... « Faire du chiffre » en se concentrant sur les délits faciles (sans victimes) permettrait évidemment de favoriser le gonflement de certaines statistiques (concentration sur l'immigration irrégulière, trafic et usage de substances prohibées...) tout en confortant les pratiques de ciblage sur les populations les plus vulnérables au détriment des affaires criminelles plus complexes à élucider qui « rapporteraient » moins dans des politiques à courte vue. Or, l'égalité de traitement des populations devant la sécurité, même si elle n'était qu'un principe théorique assez formel, risquerait de devenir une inégalité encore plus explicite... Et la sécurité publique pourrait y perdre un peu plus de son image flatteuse quand la confiance populaire est toujours moins bien acquise aux juges.

Il en résulte qu'un management intelligent est un management qui se pense aussi bien en interne (qu'est-ce qui change réellement au sein de l'organisation ?) qu'à l'égard de l'ensemble des populations, sans exclusive. Les polices doivent rechercher en permanence la redevabilité auprès des citoyens, non pas seulement à partir de critères et de normes comptables internes, mais surtout à partir de la qualité de leur écoute auprès de toutes les populations, dans la rue comme au commissariat, et en acceptant que leurs actions soient périodiquement évaluées dans des arènes de discussion publique plus ouvertes qu'elles ne le sont généralement.

N'est-ce pas d'ailleurs à cette conclusion qu'invite le CPB Netherlands Bureau for Economic Policy Research ? Dans une récente contribution sur la pertinence des pratiques contractuelles entre l'État central et les polices régionales en Hollande, et l'évaluation du lien entre objectifs quantitatifs à atteindre et répartition des moyens financiers, l'auteur d'un récent rapport de cet organisme concluait : « La police ne tirerait-elle pas plus de bénéfices d'une évaluation au travers de sondages de satisfaction de la population (« clientèle ») et de groupes de discussion de personnes ayant de fréquents rapports avec la police que de tout autre chose ? » (*Polizei Newsletter*, Centraal Planbureau, La Haye). Il n'y a aucune raison de perdre de vue cet horizon prioritaire.

Synthèse et futures pistes de recherches autour de l'État régulateur

Nous savons maintenant qu'il est assez inadéquat d'évoquer dans le domaine étudié la rhétorique de la privatisation des organes de l'État dans des sociétés postmodernes, et plus pertinent d'évoquer les logiques de privatisation de certaines fonctions policières. Le reconnaître ne signifie pas observer un déclin de l'État, mais, au contraire, soumettre l'idée d'un État condamné à devenir efficace autrement, pour garantir une certaine cohésion sociale, quitte à perdre en légitimité dans la gestion des différents ordres économiques et sociaux. Nous ne sommes pas confrontés à une privatisation de fonctions policières pour produire une paix publique plus efficace, comme si l'État devenu faible n'aurait plus qu'à se décharger de fonctions qu'il n'assumerait plus. La « privatisation » reste un véritable objet théorique et pratique qui recouvre des rhétoriques différentes : les rhétoriques de *substitution* des organes (dans quelle mesure des policiers, des militaires, des gendarmes se reconvertissent-ils dans les entreprises privées et quelle marque de fabrique produit l'ordre éventuel qu'ils y imposent) ; les rhétoriques de *délégation contrôlée* fondées sur l'observation de phénomènes qui ne seraient des nouveautés historiques que si nous raisonnions toujours dans le cadre d'un État égal, toujours et déjà puissant (pensons à la différence de nature de la Ferme sous l'Ancien Régime ; au système de la concession du travail en prison plutôt qu'au système de régie directe au XIXe siècle ; ou aujourd'hui au rôle des militaires et des policiers détachés temporaires dans les entreprises de techno-prévention des risques en tant qu'experts en intelligence économique) ; les rhétoriques d'*externalisation ou* d'*internalisation* de fonctions vécues comme plus ou moins stratégiques au sein des organisations complexes (appuyées sur une analyse des coûts de transaction qui font pencher la balance dans un sens ou dans l'autre ; rien ne dit en effet que le futur ne pourrait être marqué par des phénomènes de réinternalisation des fonctions de sécurité au sein des entreprises plus intensifs que les phénomènes d'externalisation actuels) ; les rhétoriques du *brouillage des frontières de l'ordre public et privé produit* au sein d'une *propriété de masse hybride*, engendrant une *police grise*, et sur l'efficacité de laquelle les diagnostics sont loin d'être unifiés.

Même si un État n'est jamais réductible à son fisc, son armée, ses douanes, ses prisons ou ses polices ; même si l'on souhaite diminuer la surcharge pondérale de l'État social au profit d'un État néolibéral, la *privatisation* reste un faux débat si l'on ne raisonne que sur les *organes* : rares sont les cas où les agences policières de l'État auraient vocation à être privatisées dans le domaine des polices de souveraineté, des polices de l'ordre public ou des polices judiciaires. C'est donc à bon droit que Luc Rouban (1994) défend l'idée d'un modèle étatique français, qui, tel qu'il s'est progressivement institutionnalisé, ne serait pas véritablement attaqué aujourd'hui. L'État-nation résisterait, celui qui a servi de cadre à la construction démocratique en organisant l'espace public entier et en influant de façon très importante sur la nature de la hiérarchie sociale. Le reconnaître n'interdit pas de penser que l'État a néanmoins toujours été un enjeu d'appropriation et de pouvoir, et qu'il a toujours dû accompagner, à marche plus ou moins forcée, des plans de réforme d'envergure tels que la décentralisation et l'intégration européenne, sous l'effet des contraintes de l'économie mondialisée, des transformations des mobilisations collectives, et des mutations en matière de régulation de désordres dans des sphères diversifiées de l'activité économique et sociale.

S'agissant d'analyser comment se pilote et se gouverne la sécurité des personnes et des biens aujourd'hui, l'un des défis actuellement posés aux États est de tenir compte de trois contraintes fondamentales :

– l'importance du local à cause des pressions de la mondialisation réfractées sur les sensibilités infranationales (Ascher, 2000) ;

– la perdurabilité réelle du modèle du *welfare* (Castel, 1995, 2003 ; Wyvekens et Donzelot, 2000), qui se recompose néanmoins dans un ensemble pluriel de relations beaucoup plus complexes que par le passé, ce dont il lui faut tenir compte ;

– la conservation par l'État de sa fonction de dépositaire du pouvoir. Sans retomber dans sa tentation de monopole de l'autorité, il lui faut veiller à ce que la marchandisation de la sécurité s'accorde avec une certaine idée du bien public ; il lui faut veiller à ce que l'insécurité existentielle soit mieux combattue par la prévention à organiser avec les collectifs de victimes et par la prévention sociale, à organiser avec les « déviants ». Et cela, sans pour autant succomber à la pression des tendances au grégarisme ou au sécessionnisme communautaire des riches ou des pauvres, tendances porteuses de mort sociale si elles se fondent sur la recherche d'un entre-soi.

Il s'agit de montrer comment la demande locale de sécurité (au vu de la montée du pouvoir associatif de victimes) oblige l'État à gérer différemment les risques, ou à piloter différemment les politiques de sécurité, en en organisant et en en contrôlant la délégation. Admettre à ce sujet l'existence de « politiques publiques de sécurité » (Dieu, 1999), c'est réfléchir aux rapports entre politique et acteurs dans un champ qui implique des changements de stratégies importants puisque les nouveaux systèmes de *policing* s'élaborent dans des arènes de discussions et de confrontations entre des partenaires ayant à s'entendre sur des solutions communes avec des moyens différenciés. On pense au préfet, au procureur, à l'élu, au commissaire de police et à bien d'autres « partenaires », comme les transporteurs publics et privés, les commerçants, les directeurs d'établissements scolaires, les gestionnaires d'habitat social, voire les « habitants » ou les associations de résidents des quartiers.

Sur quoi la sociologie politique pourrait-elle se focaliser pour mieux documenter à l'avenir l'examen de la mise en œuvre des politiques de sécurité ? On peut suggérer trois pistes.

– Elle devrait d'abord examiner quelle dimension prend la montée de l'expertise sur les risques et sur l'(in)sécurité au niveau des politiques publiques locales. La logique managériale de sécurité (basée sur les méthodes du marché) invite en effet à se demander d'où vient l'offre d'expertise : est-elle une offre interne aux collectivités territoriales qui créent une maîtrise d'œuvre technique à ce sujet ? Ou plutôt une offre marchande (cabinets de consultants) ? Est-elle une offre parapublique ? Et quels sont à cet égard les rôles respectivement tenus par l'Institut des hautes études de la sécurité intérieure dans les diagnostics de contrats locaux de sécurité pour les villes contractantes ? par le réseau des villes du Forum français pour la sécurité urbaine ou du Forum européen pour la sécurité urbaine ? par des missions régionales d'appui « droit et ville » ? par les pôles « prévention, sécurité, citoyenneté » de la Délégation interministérielle à la Ville ? Autrement dit, par qui et comment sera arbitré à l'avenir le rapport de forces qui se profile entre expertise publique et expertise privée ?

– Elle devrait ensuite se pencher sur un diagnostic plus nuancé de l'impact du redéploiement effectif de la police de proximité sur les territoires locaux. S'agissant de la réforme française dite de la « police de proximité », la pensée sur le pilotage des partenariats n'a pas le même sens pour un ministère de l'Intérieur, qui commande à ses services des audits démontrant qu'elle se déploie sans encombres sur tout le territoire, pour les élus, pour des chercheurs conseillers techniques qui y croient (Monjardet, 1999, 2000 ; Chalom et Léonard, 2001) ou pour les analystes de sa mise en œuvre (Ferret, 2001). Qu'apportent ces regards à la connaissance du *policing* quand ils pointent de très nettes différences entre doctrine affichée, effectivité interne de la mise en œuvre, et justifications du bien-fondé de la généralisation au nom d'une efficacité auprès des publics plus postulée que démontrée ?

– Elle devrait enfin se focaliser sur la consistance des partenariats organisés asymétriquement et se demander ce que veut dire le besoin de les intégrer dans l'élaboration d'une doctrine commune autour de « cibles urbaines » (territoires, populations, faits ?) sur lesquelles agir. Crawford (2001) a rendu cette question sensible. La pratique de l'efficacité des partenariats doit être référée et problématisée au sein de différents modes de subjectivisation du social dans les trois types de rationalités politiques que connaît le monde occidental (*welfare State*, néolibéralisme, communautarisme), avant d'être évaluée en bonne et due forme quant à ses impacts respectifs dans chacun de ces types de rationalité. Car l'action publique de sécurité et son management dans la configuration transitoire (longue) d'un modèle d'État post-keynésien que nous traversons et qui se cherche encore influent sur les positions théoriques des analystes et des politiques. Plutôt que de chercher à répondre d'emblée à la question de savoir s'il faut abandonner ou renforcer l'État wébérien (Spanou, 2003), une question morale somme toute impossible à trancher, il est préférable de chercher à situer qui parle et qui agit, à partir d'une sensibilité sociétale décentralisatrice ou d'une sensibilité étatique centralisatrice.

Pour les premiers, le modèle « moins de gouvernement et plus de gouvernance de sécurité comme bien commun » aurait tendance à rallier les suffrages. Il peut déterminer les recherches de ceux qui acceptent la rhétorique de la « sécurité » comme une continuation plus réaliste de la prévention sociale des années 1980 par d'autres moyens, explorant une troisième modalité du *policing*, sous la forme d'un réalisme réformiste. On la retrouve aussi bien chez des juristes enseignants, tel Jean-Jacques Gleizal, que chez des magistrats acquis au gouvernement des villes, tel Michel Marcus, ou chez des penseurs, tel Jacques Donzelot.

Pour les seconds, le modèle « moins de gouvernance et plus de gouvernement des risques » est une option mieux représentée par Jean-Gustave Padioleau (1999). Il est vrai que, pour cet auteur, les risques d'émeutes urbaines ou d'insécurité quotidienne ne constituent pas un réel défi, puisqu'ils restent épiphénoménaux par rapport au management des risques technologiques majeurs ou aux risques sanitaires. Mais l'enjeu est bel et bien ici de lutter de façon volontariste contre un affaiblissement très préoccupant de l'État central dans sa gestion des risques et de le remettre en position d'autorité. Cette sensibilité jacobine consiste à sommer l'État de faire des choix moins négociés et de mieux assumer politiquement ceux qu'il arrête. Il est indifférent de savoir si l'État doit être minimal ou social (thatchérien ou chevènementiste, si l'on veut prendre une image), pourvu qu'il soit fortement recentré sur des prérogatives régaliennes et une autorité non négociables.

Au terme de ce parcours, on voudrait plaider pour une sociologie politique mobilisée sur une connaissance plus approfondie des politiques de sécurité et de gestion des risques, avec et non contre les acteurs mobilisés sur le terrain. D'en repartir avec un certain nombre d'acquis, parmi lesquels le *policing* privé (dont on s'est efforcé de présenter ici les différents éclairages possibles) ne serait plus considéré comme un objet de connaissance en soi, mais comme un dispositif légitime prenant sa place dans un plus vaste ensemble.

ANNEXE

Textes fondamentaux sur la réglementation des activités de sécurité privée en France

– **Loi n° 83-629 du 12 juillet 1983** réglementant les activités privées de surveillance, de gardiennage, de transports de fonds (et protection des personnes).

– **Décret n° 79-618 du 26 septembre 1986** relatif à l'autorisation administrative et au recrutement des personnels de ces activités.

– **Décret n° 86-1058 du 10 octobre 1986** relatif à l'utilisation des matériels, documents, uniformes et insignes de ces sociétés et de leurs employés.

– **Décret n° 91-1206 du 26 novembre 1991** relatif aux activités de surveillance à distance (+ arrêté n° 95-641 du 3 novembre 1995 fixant le taux de redevances que doivent les bénéficiaires exerçant des activités de surveillance à distance, en cas de défaillance d'un numéro de téléphone réservé – Économie, Défense, Intérieur).

– **Loi n° 95-73 du 21 janvier 1995** d'orientation et de programmation relative à la sécurité (articles 10, 11 et 12).

– **Décret n° 96-926 du 17 octobre 1996** relatif à la vidéosurveillance en application de l'article 10 de la LOPS (+ circulaire aux préfets du 22 octobre 1996).

– **Décret n° 97-46 du 15 janvier 1997** relatif aux obligations de surveillance et de gardiennage incombant à certains propriétaires, exploitants ou affectataires de locaux professionnels ou commerciaux.

– **Décret n° 97-47 du 15 janvier 1997** relatif aux obligations de surveillance incombant à certains propriétaires ou exploitants de garages ou de parcs de stationnement.

– **Décret n° 97-646 du 31 mai 1997** relatif à la mise en place de services d'ordre par les organisateurs de manifestations sportives, récréatives ou culturelles à but lucratif.

– **Accord cadre du 21 mars 2000** entre l'État et l'Union nationale des organismes français d'habitations à loyers modérés pour une meilleure sécurité des quartiers d'habitat social.

– **Décret du 28 avril 2000** (article 12) créant une commission départementale de la sécurité des transports de fonds.

– **Avant-projet de loi du 17 mai 2000** sur « les activités de sécurité privée », adopté en Conseil des ministres. Principaux objectifs :

• des conditions d'exercice pour les entreprises visées par la loi de 1983 (y compris les agences de détectives) mieux encadrées ;

• des prestataires placés sous la surveillance de la police et de la gendarmerie ;

• une obligation pour policiers et gendarmes d'attendre un délai de cinq ans après la fin de leur service dans la fonction publique pour exercer dans le secteur privé ;

• une reconnaissance particulière des agents des services internes de la SNCF (i.e. 1 500 agents de la SUGE) et de la RATP (700 agents du GPSR) comme agents commissionnés.

– **Loi n° 2000-494 du 6 juin 2000**, créant la Commission nationale de déontologie de la sécurité (CNDS). Cette autorité administrative indépendante veille au respect de la déontologie par les personnes exerçant des activités de sécurité : police, gendarmerie, douanes, polices municipales, administration pénitentiaire et personnels des sociétés privées de surveillance et de gardiennage.

– **Décret n° 2000-1234 du 18 décembre 2000** déterminant les aménagements des locaux desservis par les personnes physiques ou morales exerçant l'activité de transports de fonds. Obligation pour les donneurs d'ordre d'installer des aménagements spéciaux pour éviter les dessertes à pied (sous deux ans).

– **Loi n° 2001-1062 du 15 novembre 2001** sur la « sécurité quotidienne ». L'article 27 étend les pouvoirs des agents privés en matière d'inspection des bagages et sacs à main et en matière de palpation de sécurité, dans toutes les zones aéroportuaires et établissements recevant du public où pèse une menace sur la sécurité publique.

– **Décret n° 2001-1361 du 28 décembre 2001** (pris en application du chapitre VII de la LOPS) relatif aux obligations de gardiennage et de surveillance de certains immeubles d'habitation et modifiant le code de la construction et de l'habitat.

– **Accord cadre du 31 janvier 2002** signé entre le ministère de l'Intérieur et le SNES (Syndicat national des entreprises de sécurité), relatif à l'insertion professionnelle d'ADS de la police nationale qui n'incorporeront pas un corps de fonctionnaires titulaires à l'issue de leur contrat de cinq ans (20 %). En contrepartie, le CAP d'agent de prévention et de sécurité intègre une mention complémentaire intitulée « sûreté des espaces ouverts au public ».

– **Loi d'orientation et de programmation pour la sécurité intérieure du 18 mars 2003** (titre IV, articles 38-42). Ces articles refondent en les complétant les dispositions de la loi du 12 juillet 1983. Ils instituent et organisent le droit de contrôle par les services de police et de gendarmerie nationale, pour le compte de l'autorité administrative. Ils pérennisent le dispositif de la loi du 15 novembre 2001 sur les fouilles de bagages et palpations de sécurité dans les zones aéroportuaires dans les circonstances liées à l'existence de menaces graves pour la sécurité publique. Ils coordonnent les modalités d'agrément des agents privés et celles des détectives privés qui font leur entrée dans le champ de la « sécurité privée ».

Biblio

BIBLIOGRAPHIE GÉNÉRALE

AKRICH, M. et MEADEL, C. (1996), *Anthropologie de la télésurveillance en milieu privé*, Paris, Pirvilles-CNRS-IHESI.

ARNIM A. VON, (1999), « Private Security Companies and Internal Security in Europe », dans R. W. OTTENS, H. OLSCHOK et S. LANDROCK (hrsg), *Recht und Organisation privater Sicherheitsdienste in Europa*, Stuttgart, Boorberg Verlag, p. 61-112.

ASCHER, F. (2000), *Ces événements nous dépassent, feignons d'en être les organisateurs ; essai sur la société contemporaine*, Paris, l'Aube.

AUBUSSON DE CAVARLAY, B. (1987), *Les Filières pénales. Étude quantitative des cheminements judiciaires*, Paris, CESDIP, « Déviance et contrôle social », n° 43 ; (1996), « Les statistiques de police : méthodes de production et conditions d'interprétations », *Mathématiques informatiques, Sciences humaines*, n° 39, p. 134.

AYERS, I. et BRAITHWAITE, J. (1992), *Responsive Regulation : Transcending the Deregulation Debate*, New York (N. Y.), Oxford University Press.

AZIMI, V. (1987), *Un modèle administratif de l'Ancien Régime : les commis de la Ferme générale et de la régie générale des Aides*, Paris, CNRS Éditions.

BADIE, B. (1987), *Les Deux États. Pouvoir et société en Occident et en terre d'Islam*, Paris, Fayard.

BADIE, B. et BIRNBAUM, P. (1979), *Sociologie de l'État*, Paris, Grasset.

BARBERGER, C. (1985), « Justice pénale et administrations : le droit de la discipline des codes administratifs », *L'Année sociologique*, p. 167-177.

BARBERGER, C. et LASCOUMES, P. (1988), « De la sanction à l'injonction, droit pénal administratif et pluralisme des formes sanctionnatrices », *Revue de science criminelle et de droit pénal comparé*, p. 45-65.

BARUCH, M.-O. (1997), *Servir l'État français. L'administration en France de 1940 à 1944*, Paris, Fayard.

BAYART, J.-F. (2004), Le *Gouvernement du monde*, Paris, Fayard.

BAYART, J.-F., ELLIS, S. et HIBOU, B. (1997), *La Criminalisation de l'État en Afrique*, Bruxelles, Complexe.

BAYLEY, D. H. (1975), « The Police and Political Development in Europe », dans C. TILLY, *The Formation of National States in Western Europe*, Princeton (N. J.), Princeton University Press, p. 328-379.

BAYLEY, D. H., SHEARING C. D. (2001), « The New Structure of Policing : Description, Conceptualization and Research Agenda », *National Institute of Justice Report*, Washington, D. C.

BAYLEY, D. H. et SHEARING, C. D. (1996), « The Future of Policing », *Law and Society Review*, n° 30, p. 585-606 ; (2001), « The New Structure of Policing : Description, Conceptualization and Research Agenda », *National Institute of Justice Report*, Washington, D. C.

BECHILLON, D. de (1997), *Qu'est-ce qu'une règle de droit ?*, Paris, Odile Jacob.

BECK, A. et WILLIS, A. (1995), *Crime and Security : Managing the Risk to Safe Shopping*, Leicester, Perpetuity Press.

BECK, U. (2003), *La Société du risque. Sur la voie d'une autre modernité*, Paris, Flammarion.

BECKER, G. S. (1968), « Crime and Punishment, an Economic Approach », *Journal of Political Economy*, n° 78, p. 176 et suiv.

BELHACHE, C. (2002), *Droit et métiers de la sécurité privée. Traité pratique*, La Baule, La Mouette.

BERLIÈRE, J.-M. (1991), *L'Institution policière en France sous la Troisième République, 1875-1914*, Thèse, Dijon, Université de Bourgogne, ronéo.

BERTRAND, R. (2003), « Les virtuoses de la violence. Remarques sur la privatisation du maintien de l'ordre en Indonésie contemporaine », *Revue Tiers Monde*, XLIV, n° 174, p. 323-344.

BIGO, D. (1996), *Polices en réseaux : l'expérience européenne*, Paris, Presses de Sciences Po.

BIGO, D. (1997), « La gestion proactive et la gestion du risque », *Déviance et Société*, XXI, n° 4, p. 423-429.

BIGO, D. (2000), « La coopération policière avec les PECO, entre confiance et exigence », *Les Cahiers de la sécurité intérieure*, n° 41, p. 141-174.

BIGO, D. (2001), « La voie militaire de la guerre au terrorisme et ses enjeux », *Cultures et Conflits*, n° 44, p. 5-19.

BIRNBAUM, P. (1985), « L'action de l'État, différenciation et dédifférenciation », dans M. GRAWITZ et J. LECA, *Traité de science politique*, Paris, PUF, t. III, p. 643-682.

BITTNER, E. (1970), « The Function of the Police », *National Institute of Mental Health, Crime and Delinquency Issues Series*, Rockville (Md.), Center for Studies of Crime and Delinquency ; (1980), *The Functions of the Police in Modern Society*, Cambridge (Mass.), Oerlgeschlager, Gunn et Hain [1re éd. 1970] ; (1990), *Aspects of Police Work*, Boston (Mass.), Northwestern University Press ; (1991), « De la faculté d'user de la force comme fondement du rôle de la police », *Les Cahiers de la sécurité intérieure*, n° 3, p. 224-235.

BLAKELY, E. J. et SNYDER, M. G. (1997), *Fortress in America : Gated Communities in the United States*, Washington, D.C., Brookings Institution Press.

BOISSEAU, G. (1999), « Tiers de confiance ou de défiance : la sécurité collective face au développement de la cryptographie asymétrique », *Les Cahiers de la sécurité intérieure*, n° 34, p. 31-56.

BONN, K. (1993), « La fonction d'enquête dans le secteur privé : développements et conséquences pour les polices publiques », *Déviance et Société*, XVII, n° 2, p. 185-208.

BONNEMAISON, G. (1987), *La Sécurité en liberté*, Paris, Syros.

BOURDIEU, P. (1980), *Questions de sociologie*, Paris, Minuit ; (1993), « Esprits d'État, genèse et structure du champ bureaucratique », *Actes de la recherche en science sociale*, nos 96-97, p. 46-62.

BRAIBANT, G. (1998), *Données personnelles en société de l'information*, rapport au Premier ministre, Paris, La Documentation française.

BRAITHWAITE, J. (2000), « The New Regulatory State and the Transformation of Criminology », *The British Journal of Criminology*, n° 40, p. 222-238.

BRAUD, P. (1998), *Manuel de sociologie politique*, Paris, LGDJ [4e éd.].

BRETON, P. (1997), « Normes pénales et normes professionnelles chez les informaticiens », dans Ph. ROBERT, F. SOUBIRAN-PAILLET et M. VAN DE KERCHOVE (dir.), *Normes, normes juridiques, normes pénales, pour une sociologie des frontières*, Paris, L'Harmattan, t. II, p. 166-182.

BRODEUR, J.-P. (1994), « Police et coercition », *Revue française de sociologie*, XXXV, n° 3, p. 457-485 ; (1995), « Le contrôle social : privatisation et technocratie », *Déviance et Société*, n° 19, p. 127-147 ; (dir.) (1998), *How to Recognize Good Policing, Problems and Issues*, Londres, Sage ; (2001), « Le travail d'Egon Bittner : une introduction à la sociologie de la force institutionnalisée », *Déviance et Société*, n° 25, p. 307-323.

BROGDEN, M. et SHEARING, C. D. (1993), *Policing for a New South Africa*, Londres, Routledge.

BROUSSE, R. (2001), « Fabrication d'une menace », interview de R. Brousse, *Regard sur l'Est*, n° 24.

BRUNETEAUX, P. (1996), *Maintenir l'ordre*, Paris, Presses de Sciences Po.

BUFFAT, J.-P. et LE GOFF, T. (2002), « Quand les maires s'en remettent aux experts. Une analyse des liens entre les cabinets de conseil en sécurité et les maires », *Les Cahiers de la sécurité intérieure*, n° 50, p. 169-196.

CALLENS, S. (2002), *Démocratie et Télésurveillance*, Lille, Presses universitaires du Septentrion.

CALLON, M., LASCOUMES, P. et BARTHE, Y. (2001), *Agir dans un monde incertain, essai sur la démocratie technique*, Paris, Le Seuil.

CAMPBELL, D. (2001), *Surveillance électronique planétaire*, Paris, Allia.

CARTUYVELS, Y., DIGNEFFE, F., PIRES, A. et ROBERT P. (dir.) (1998), *Politique, police et justice au bord du futur*, Paris, L'Harmattan.

CASTEL, R. (1995), *Les Métamorphoses de la question sociale, une chronique du salariat*, Paris, Gallimard ; (2003), *L'Insécurité sociale. Qu'est-ce qu'être protégé ?*, Paris, Le Seuil.

CASTEL, R. et HAROCHE, C. (2002), *Propriété privée, propriété sociale, propriété de soi*, Paris, Fayard.

CATANZARO, R. (1993), « La régulation sociale par la violence ; le rôle de la criminalité organisée dans l'Italie méridionale », dans P. BRAUD (dir.), *La Violence politique dans les démocraties européennes occidentales*, Paris, L'Harmattan, p. 173-186.

CHALOM, M. (1998), *Le Policier et le Citoyen, pour une police de proximité*, Montréal, Liber, 1998.

CHALOM, M. et LEONARD, L. (2001), *Insécurité, police de proximité et gouvernance locale*, Paris, L'Harmattan.

CHALUMEAU, E. et GLORIEUX, P. (1999), « L'expertise en matière de sécurité », *Revue française d'administration publique*, n° 91, p. 399-412.

CHESNAIS, J.-C. (1981), *Histoire de la violence en Occident de 1800 à nos jours*, Paris, Laffont.

CHEVALLIER, J. (2001), « La régulation juridique en question », *Droit et Société*, n° 49, p. 827-846.

CLARKE, R. V. (1983), « Situational Crime Prevention : its Theoretical Basis and Practical Scope », dans M. TONRY et N. MORRIS (eds), *Crime and Justice*, IV, p. 225-256.

CLASTRES, P. (1974), *La Société contre l'État*, Paris, Minuit.

COMMAILLE, J. et JOBERT, B. (dir.) (1998), *Les Métamorphoses de la régulation politique*, Paris, LGDJ.

Commission des maires sur la sécurité (1982), *Face à la délinquance : prévention, répression, solidarité*, rapport au Premier ministre, Paris, Conseil national des villes et du développement social urbain.

Conseil de l'Europe (1990), « Privatisation du contrôle de la criminalité, 27e conférence de recherches criminologiques », Comité européen pour les problèmes criminels, Strasbourg.

Conseil national des villes (1992), *Bilan des 64 propositions du rapport de la commission des maires sur la sécurité*, étude réalisée pour le CNV par T. Kirzbaum, Paris ; (1993), *Les Polices de la ville*, rapport du groupe de travail, Paris.

COPE, S., SAVAGE, S. P. et CHARMAN, S. (2000), « Contracting and the Police Service : from Hierarchy to Contract ? », dans Y. FORTIN et H. VAN HASSEL (dir.), *Contracting in the New Public Management, from Economics to Law and Citizenship*, Amsterdam, IOS Press Ohmsha, p. 215-230.

CRAWFORD, A. (1997), *The Local Governance of Crime, Appeals to Community and Partnership*, Oxford, Clarendon Press ; (2001), « Vers une reconfiguration des pouvoirs : le niveau local et les perspectives de la gouvernance », *Déviance et Société*, n° 25, p. 3-32.

CUNNINGHAM, W. C., STRAUCH, J. J. et VAN METTER, C. W. (1990), *Private Security Trends, 1970-2000, Hallcrest Report II*, Portland, Toronto, Butterwirth- Heinemann.

DARD, P. (1998), « Télésurveillance et gestion de l'habitat public », dans N. ANSIDEI, D. DUBOIS, D. FLEURY et B. MUNIER (dir.), *Les Risques urbains, acteurs, systèmes de prévention*, Paris, Anthropos ; (2001), « Contrôler ou communiquer ? Débat sur la coveillance et ses usages, entretien avec Philippe Dard », *Les Cahiers de la sécurité intérieure*, n° 43, p. 31-48.

DAVIS, M. (1990), *City of Quartz : Excavating the Future in Los Angeles*, Los Angeles (Calif.), Vintage.

DE WAARD, J. (1999), « The Private Security in International Perspective », *European Journal on Criminal Policy and Research*, n° 7, p. 143-174.

DE WAARD, J. et VAN DER HOEK, J. (1991), *Sécurité privée, importance du secteur, législation et réglementation aux Pays-Bas et en Europe*, La Haye, ministère de la Justice.

DECORTE, T., VAN LAETHEM, W. et VAN OUTRIVE, L. (1999), « Des tâches policières privatisées à une police grise, une contribution de la recherche à la théorie », dans J. SHAPLAND et L. VAN OUTRIVE (dir.), *Police et Sécurité : contrôle social et interaction public/privé*, p. 71-100.

DEDECKER, R. (1991), *La Sécurité privée dans l'Europe des Douze*, Bruxelles, Politeia.

DEGAILLER, F. (1998), « Sécurité privée au Québec, un marché en évolution », *Criminologie*, XXXI, n° 2, p. 47-67.

DELAMARE, N. (1738), *Traité de la police*, 4 vol., Paris, Cot et Le Cler du Brillet.

DELUMEAU, J. (1989), *Rassurer et Protéger. Le sentiment de sécurité dans l'Occident d'autrefois*, Paris, Fayard.

DESROSIÈRES, A. (1993), *La Politique des grands nombres. Histoire de la raison statistique*, Paris, La Découverte.

DEWERPE, A. (1994) *Espion : une anthropologie historique du secret d'État contemporain*, Paris, Gallimard.

DIAZ, F. (2001), *La Sécurité des grands rassemblements sportifs et culturels : une gestion particulière des risques*, Paris, IHESI, « Études et recherches ».

DIEU, F. (1999), *Politiques publiques de sécurité*, Paris, L'Harmattan.

DOBRY, M. (1997), « Le renseignement politique interne dans les démocraties, quelques pistes pour l'identification d'un objet flou », *Les Cahiers de la sécurité intérieure*, n° 30, p. 53-85.

DOURLENS, C., GALLAND, J.-P., THEYS, J. et VIDAL-NAQUET, P.-A. (dir.) (1991), *Conquête de la sécurité, gestion des risques*, Paris, L'Harmattan.

DUPONT, B. (2002), *Construction et réformes d'une police : le cas australien, 1788-2000*, Paris, L'Harmattan.

École nationale d'administration (2000), « La sécurité : le rôle de la puissance publique face à l'émergence d'un bien économique », séminaire de questions sociales « Territoires et sécurité », groupe n° 10 de la promotion « Averroès », 1998-2000, Paris, ENA, ronéo.

EHRENBERG, A. (1995), *L'Individu incertain*, Paris, Calmann-Lévy ; (1998), *La Fatigue d'être soi. Dépression et société*, Paris, Odile Jacob.

EISNER, M. (2000), « L'expansion des services privés de sécurité », *Éthique publique, revue internationale d'éthique sociétale et gouvernementale*, n° 2, p. 87-92.

ELIAS, N. (1939), *La Civilisation des mœurs*, Paris, Agora Press Pocket.

ERICSON, R. V. et HAGGERTY, K. D. (1997), *Policing the Risk Society*, Oxford, Clarendon Press ; (2001), « La communication sur les risques, la police et le droit », *Droit et Société*, n° 47, p. 185-204.

ESMEIN, A. (1895), *Histoire de la procédure criminelle*, Paris, Larose et Forcel.

ESTEBE, P. (1994), « Police, justice et politiques locales : de l'antagonisme au contrat », *Les Cahiers de la Sécurité intérieure*, n° 16, p. 25-35.

ETZIONI, A. (1993), *The Spirit of Community. The Reinvention of American Society*, New York (N. Y.), Touchstone.

EVENO, E. (1997), *Les Pouvoirs locaux face aux technologies d'information et de communication*, Paris, PUF.

EWALD, F. (1986), *L'État providence*, Paris, Grasset.

FAGET, J. (1997), *La Médiation, essai de politique pénale*, Toulouse, Érès.

FAVRE, P. (1999), « Autour de la *Sociologie de la force publique* de D. Monjardet : quelques livres et articles récents de sociologie de la police en langue française », *Revue française de sociologie*, XL, n° 4, p. 753-764.

FAVRE, P. et JOBARD, F. (1997), « La police comme objet de science politique », *Revue française de science politique*, XLII, n° 2, p. 204-210.

FAYARD (1991), « Les agents privés de recherche », *Les Cahiers de la sécurité intérieure*, n° 3, p. 131-135.

FEELEY, M. et SIMON, J. (1994), « Actuarial Justice : the Emerging New Criminal Law », dans D. NELKEN (ed.), *The Futures of Criminology*, Londres, Sage, p. 173-201.

FERRET, J. (1998), « Les polices municipales en France, une perspective sociopolitique », *Déviance et Société*, n° 3, p. 263-288 ; (2001), « Police de proximité en France, une expérience de recherche institutionnelle à l'IHESI entre 1998 et 2001 », *Les Cahiers de la sécurité intérieure*, n° 64, p. 97-118.

FERRET, J. et MOUHANNA, C. (dir.) (2004), *Peurs sur la ville. Vers un populisme punitif à la française ?*, Paris, PUF (à paraître).

FERRET, J. et OCQUETEAU, F. (dir.) (1998), *Évaluer la police de proximité. Problèmes, concepts, méthodes*, Paris, La Documentation française.

FIJNAUT, C. (1980), « Les origines de l'appareil policier moderne en Europe de l'Ouest continentale », *Déviance et Société*, n° 4, p. 19-37.

FIXLER et POOLE (1988), « Can Police be Privatised ? », dans I. A. LIPMAN, « The Private Security Industry : Issues and Trends », *The Annals of the American Academy of Political and Social Science*, vol. 498.

FORST, B. et MANNING, P. K. (1999), *The Privatization of Policing*, Washington, D. C., Georgetown University Press.

FOUCAULD, J.-B. DE (1995), « Qu'est-ce qu'un service universel de l'information ? », dans F. SERUSCLAT, *Les Nouvelles Techniques d'information et de communication pour la vie des hommes : l'homme cybernétique ?*, Paris, Office parlementaire d'évaluation des choix scientifiques et techniques, Assemblée nationale-Sénat.

FRIEDBERG, E. (1993), *Le Pouvoir et la Règle. Dynamiques de l'action organisée*, Paris, Le Seuil.

FROMENT, J.-C. (1998), « La surveillance électronique à domicile : une nouvelle économie du pouvoir de punir ? », *Cahiers de la sécurité intérieure*, n° 34, p. 149-168.

GAMBETTA, D. (1991), *The Origins of the Mafias*, Cambridge (Mass.), Mimeo.

GARLAND, D. (1996), « The Limits of Sovereign State : Strategies of Crime Control in Contemporary Society », *The British Journal of*

Criminology, n° 36 ; (1998), « Les contradictions de la “société punitive” : le cas britannique », *Actes de la recherche en sciences sociales*, n° 124, p. 49-67 ; (2001), *The Culture of Control. Crime and Social Order in Contemporary Society*, Chicago (Mi.), University of Chicago Press.

GATTO, G. et THOENIG, J. C. (1993), *La Sécurité publique à l'épreuve du terrain*, Paris, L'Harmattan.

GIDDENS, A. (1994), *Les Conséquences de la modernité*, Paris, L'Harmattan.

GILL, M. et HART, J. (1999), « Enforcing Corporate Security Policy Using Private Investigators », *European Journal on Criminal Policy and Research*, n° 7, p. 245-261.

GIMENEZ-SALINAS (1999), « La situation de la sécurité privée en Espagne », dans J. SHAPLAND et L. VAN OUTRIVE (dir.), *Police et Sécurité : contrôle social et interaction public/privé*, Paris, L'Harmattan, p. 115-126.

GLEIZAL, J.-J. (1974), *La Police nationale : droit et pratiques policières en France, Grenoble*, PUG ; (1985), *Le Désordre policier*, Paris, PUF.

GOLDSTEIN, H. (1977), *Policing a Free Society*, Cambridge (Mass.), Ballinger ; (1977), *Problem-Oriented Policing*, New York (N. Y.), McGraw-Hill.

GUÉRY, F. (1991), « La sécurité comme politique et comme idéologie », dans C. DOURLENS, J.-P. GALLAND, J. THEYS et P.-A. VIDAL-NAQUET (dir.), *Conquête de la sécurité, gestion des risques*, Paris, L'Harmattan, p. 253-256.

Guide pratique de la police de proximité (2000), Paris, La Documentation française.

GUISNEL, J. (1995), *Guerre dans le cyberspace, services secrets et Internet*, Paris, La Découverte.

HAAS, P. (1997), *Atlas européen. En toute sécurité, 1998*, Paris, Technopresse.

HAAS, P. (2000), *Atlas européen. En toute sécurité, 2001*, Paris, Technopresse.

HAAS, P. (2001), *Atlas européen. En toute sécurité, 2002*, Paris, Technopresse.

HANOT, D. (1996), *Liberté télésurveillée et télégraphiquement surveillée*, Paris, L'Harmattan.

HASSID, O. (1997), *Police publique, police privée, institutions alternatives ou complémentaires*, mémoire de DEA d'économie et d'industrie et des services, Université Paris-I, Faculté de sciences économiques, ronéo ; (2002), *La Sécurité, une affaire publique ou une affaire privée ?*, thèse pour le doctorat de sciences économiques, Université Paris I, ronéo.

HEILMANN, E. (1998), « La vidéosurveillance à l'école : du maintien de l'ordre à l'autodiscipline », dans M. ANSIDEI, D. DUBOIS, D. FLEURY et B. MUNIER, *Les Risques urbains, acteurs, systèmes de prévention*, Paris, Anthropos, p. 231-240.

HEILMANN, E. et MORNET, M.-N. (2001), « L'impact de la vidéosurveillance sur les désordres urbains : le cas de la Grande-Bretagne », *Les Cahiers de la sécurité intérieure*, n° 46, p. 197-211.

HIBOU, B. (1999), « De la privatisation des économies à la privatisation des États : une analyse de la formation continue de l'État », dans B. HIBOU (dir.), *La Privatisation des États*, Paris, Karthala, p. 11-67.

HOOGENBOOM, A.-B. (1992), « Grey Policing : a Theorical Framework », *Policing and Society*, n° 2, p. 17-30.

HUG, P. (2000), « Les agents de sécurité privée noirs : un exemple de discrimination dans le monde de la sécurité », *Les Cahiers de la sécurité intérieure*, n° 40, p. 93-118.

Institut des hautes études de la sécurité intérieure (1998), *Guide pratique pour les contrats locaux de sécurité*, Paris, La Documentation française ; (2003), *L'Intelligence économique est-elle une stratégie étatique de transfert aux acteurs privés ?*, Actes du colloque du 25 mars 2003, Paris, IHESI, « Études et recherches ».

JOBARD, F. (1999), *Les Violences policières : état des recherches dans les pays anglo-saxons*, Paris, L'Harmattan ; (2001), « Comprendre l'habilitation à l'usage de la force policière », *Déviance et Société*, n° 25, p. 325-345 ; (2002), *Bavures policières ? La force publique et ses usages*, Paris, La Découverte.

JOBERT, B. (1999), « L'État en interaction », dans *L'Année de la régulation*, n° 3.

JOHNSTON, L. (1992), *The Rebirth of Private Policing*, Londres, Routledge ; (1999), « Private Policing in Context », *European Journal on Criminal Policy and Research*, n° 7, p. 175-196.

JONES, T. et NEWBURN, T. (1998), *Private Security and Public Policing*, Oxford, Clarendon Press ; (1999), « Urban Change and Policing : Mass Private Property Re-considered », *European Journal on Criminal Policy and Research*, n° 7, p. 225-244.

JOSEPH-AFFANDI, E. (1999), « Sécurité et prévention à Kourou, la tentation militaire et l'enjeu de l'intégration », *Les Annales de la recherche urbaine*, nos 83-84, p. 41-52.

JUSTI, J. H. G. VON (1761), *Die grundfeste zu der Macht und Glückseelichkeit der Staaten, oder ausführliche Vorstellung der gesamten Policey-Wissenschaft*, 2 vol., Königsberg et Leipzig, Hartung, II.

KAKALIK, J. S. et WILDHORN, S. (1977), *The Private Police : Security and Danger*, New York (N. Y.), Crane.

KALIFA, D. (2000), *Naissance de la police privée. Détectives et agences de recherche en France, 1842-1942*, Paris, Plon.

KANGASPUNTA, K., JOUTSEN, M. et OLLUS, N. (dir.) (1998), *Crime and Criminal Justice in Europe and North America, 1990-1994*, Helsinki, HEUNI.

KELLING, G. et al. (1991), *The Kansas City Preventive Patrol Experiment*, Washington, D. C., Police Foundation, traduit en français dans *Les Cahiers de la sécurité intérieure*, n° 5, p. 277-316.

KEMPA, M., CARRIER, R., WOOD, J. et SHEARING, C. D. (1999), « Reflections on the Evolving Concept of "private policing" », *European Journal on Criminal Policy and Research*, n°7, p. 197-223.

KERVERN, G. Y. et RUBISE, P. (1990), *L'Archipel des dangers*, Paris, Laffont.

L'HEUILLET, H. (2001a), *Basse politique, haute police. Une approche historique et philosophique de la police*, Paris, Fayard ; (2001b), « La police et la violence », *Res Publica*, n° 27, p. 19-23.

LAMBROPOULOU, E. (2004), « La sécurité des citoyens, la confiance des entreprises et la police grecque », *Revue internationale des sciences administratives*, n° 70, p. 95-118.

LANDREVILLE, P. (2002), « Va-t-on vers une américanisation des politiques de sécurité en Europe ? », dans L. MUCCHIELLI et P. ROBERT (dir.), *Crime et Sécurité, l'état des savoirs*, Paris, La Découverte, p. 424-433.

LANE, F. (1966), *Venice as History*, Baltimore (Md.), Johns Hopkins Press.

LAPIERRE, J.-W. (1978), *Vivre sans État ?* Paris, Le Seuil.

LASCOUMES, P. et LE BOURHIS, J.-P. (1997), *Administrer l'environnement*, Paris, L'Harmattan.

LE CLERE, M. (1973), *Histoire de la police*, Paris, PUF.

LE GALES, P. (1996), « Politiques urbaines en Europe », dans S. PAUGAM, *L'Exclusion, l'état des savoirs*, Paris, La Découverte, p. 554-565 ; (1999), « Le desserrement du verrou de l'État ? », *Revue internationale de politique comparée*, n° 6, p. 627-652.

LE ROY, E. et TROTHA, T. VON (dir.) (1993), *La Violence et l'État, formes et évolution d'un monopole*, Paris, L'Harmattan.

LECA, J. (1995), « La gouvernance de la France sous la Cinquième République, une perspective de sociologie comparative », dans P. MULLER et J.-L. QUERMONNE, *Politiques publiques en Europe*, Paris, L'Harmattan, p. 329-365.

LEROUX, N. (1997), *Les Agents de sécurité à la RATP*, thèse de doctorat de sociologie, Université de Lille ; (2002), « Un métier en clair-obscur : les agents de sécurité du métropolitain », dans F. PIOTET (dir.), *La Révolution des métiers*, Paris, PUF, p. 99-121.

LÉVY, R. (1987), *Du suspect au coupable, le travail de police judiciaire*, Paris, Méridiens Klincksieck ; (2002), « Les livraisons surveillées de stupéfiants : légaliser pour mieux contrôler ? », *Questions pénales*, XV, n° 5.

LIANOS, M. (2001), *Le Nouveau Contrôle social. Toile institutionnelle, normativité et lien social*, Paris, L'Harmattan.

LIANOS, M. et DOUGLAS, M. (2001), « Danger et régression du contrôle social : des valeurs aux processus », *Déviance et Société*, n° 25, p. 147-164.

LIPMAN, I. A. (dir.) (1988), « The Private Security Industry : Issues and Trends », *The Annals of the American Academy of Political and Social Science*, vol. 498.

LIPSKY, M. (1980), *Street-Level Bureaucracy : Dilemnas of the Individual in Public Services*, New York (N. Y.), Basic Books.

LITTON, R. A. (1982), « Crime Prevention and Insurance », *The Howard Journal*, XXI, n° 6, p. 22.

LOPEZ, R. (1996), « Un nouvel apartheid social, hautes murailles pour villes riches », *Le Monde diplomatique*, mars, p. 1 et 12.

LOTTER, F. (1995), « Coûts de transaction et fondements de l'intervention publique », *Revue d'économie industrielle*, n° 71, p. 163-173.

LOUBET DEL BAYLE, J.-L. (1992), *La Police : approche sociopolitique*, Paris, Montchrestien.

MAC MAHON, M. (1996), « La répression comme entreprise : quelques tendances récentes en matière de privatisation et de justice criminelle », *Déviance et Société*, n° 20, p. 103-118.

MANN, P. (2000), « La genèse de l'État moderne : Max Weber revisité », *Revue française de sociologie*, n° 41, p. 331-344.

MANNING, P. K. (1987), « Ironies of compliance », dans C. D. SHEARING et P. C. STENNING (dir.), *Private Policing*, Newbury Park, Sage, p. 293-316.
MARIAGE-CORNALI, C. (2000), *Les Enjeux de la légalisation et de la mise en œuvre de l'enregistrement audiovisuel de l'audition des mineurs victimes*, Paris, IHESI.
MARX, G.-T. (1973), « L'agent provocateur et l'indicateur », *Sociologie du travail*, n° 3 ; (1988a), *Undercover : Police Surveillance in America*, Berkeley (Calif.), University of California Press ; (1988b), « La société de sécurité maximale », *Déviance et Société*, n° 12, p. 147-166.
MARY, P. (2001), « Pénalité et gestion des risques : vers une justice "actuarielle" en Europe ? », *Déviance et Société*, n° 25, p. 33-52.
MATHIESEN, T. (1997), « The Viewer Society : Michel Foucault's Panopticon revisited », *Theoretical Criminology*, n° 1, p. 713-757.
MATTELY, J.-H. (2002), « Une obligation de résultat pour les gendarmes ? », *Les Cahiers de la sécurité intérieure*, n° 49, p. 187-206.
MÉNARD, C. (1990), *L'Économie des organisations*, Paris, La Découverte.
MENDRAS, H. (1994), *La Seconde Révolution française*, 1965-1984, Paris, Gallimard.
MENY, Y. (1992), *La Corruption de la République*, Paris, Fayard.
MIDOL, A. (1995), « Le recours à la technologie dans la sécurité privée », *Les Cahiers de la sécurité intérieure*, n° 21, p. 43-52.
MOATTI, J.-P. (1989), *Économie de la sécurité. De l'évaluation à la prévention des risques technologiques*, Paris, La Documentation française-INSERM.
MONJARDET, D. (1996), *Ce que fait la police. Sociologie de la force publique*, Paris, La Découverte ; (1997), « Professionnalisme et modernisation de l'action policière », dans Ph. WARIN (dir.), *Quelle modernisation pour le service public ? Les usagers au cœur des réformes*, Paris, La Découverte, p. 131-151 ; (1999) Réinventer la police urbaine, *Les Annales de la recherche urbaine*, n° 83, p. 15-22 ; (2000), « La police de proximité et son avenir », *Hommes et Libertés*, n° 109, p. 34-35.
MONJARDET, D. (2003), « Le terrorisme international et la cage d'escalier, la sécurité publique dans le débat politique en France, 2003-2004 », communication au colloque « En quête de sécurité », Montréal, 19-22 février (actes à paraître).
MONJARDET, D. et GORGEON, C. (1993), *La Socialisation professionnelle des policiers, étude longitudinale de la 121e promotion des élèves gardiens de la paix*, t. I, *La formation initiale*, ronéo ; (1996), t. II, *La titularisation*, ronéo.
MONJARDET, D. et LÉVY, R. (1995), « Undercover Policing in France : Elements for Description and Analysis », dans C. FIJNAUT et G. T. MARX (eds), *Undercover Police Surveillance in Comparative Perspective*, La Haye, Kluwer Law International, p. 29-53.
MOREAU DE BELLAING, C. (1999), « Une civilisation de la matraque ? Naissance et institutionnalisation des CRS », *Les Cahiers de la sécurité intérieure*, n° 38, p. 185-198 ; (2001), « Les matraques françaises ont-elles lu Norbert Elias ? Réflexions à propos de l'adoucissement des techniques de maintien de l'ordre », *Alternatives non violentes*, n° 118, p. 20-26.

MORN, F. (1982), *The Eye That Never Sleeps. A History of the Pinkerton National Detective Agency*, Bloomington, Indiana University Press.

MUCCHIELLI, L. (2002), *Violence et Insécurité. Fantasmes et réalité dans le débat français*, Paris, La Découverte.

MUCHEMBLED (1998), *La Société policée. Politique et politesse en France du XVIe au XXe siècle*, Paris, Le Seuil.

NALLA, M. K. (2002), « Private Security and Industrial Security », dans J. DRESSLER (ed.), *Encyclopedia of Crime and Justice*, III, New York (N. Y.), Macmillan, p. 1108-1114.

NAPOLI, P. (2003), *Naissance de la police moderne. Pouvoir, normes, société*, Paris, La Découverte.

NOGALA, D. (1996), « Le marché de la sécurité privée : analyse d'une évolution internationale », *Les Cahiers de la sécurité intérieure*, n° 24, p. 121-141.

NOGALA, D. et SACK, F. (1999), « Private Reconfigurations of Police and Policing : the Case of Germany », dans J. SHAPLAND et L. VAN OUTRIVE (dir.), *Police et Sécurité : contrôle social et interaction public/privé*, Paris, L'Harmattan, p. 53-70.

O'TOOLE, G. (1978), *The Private Sector : Private Spies, Rent-a-Cops and the Police Industrial Complex*, New York (N. Y.), Norton.

OCQUETEAU, F. (1986), « Police(s) privée(s), sécurité privée : nouveaux enjeux de l'ordre et du contrôle social », *Déviance et Société*, X, n° 3, p. 247-281 ; (1990), « L'État face au commerce de la sécurité », *L'Année sociologique*, n° 40, p. 97-124 ; (1992), *Gardiennage, surveillance et sécurité privée : commerce de la peur et/ou peur du commerce de la sécurité ?*, Paris, CESDIP ; (1993), « Les centres commerciaux, cibles d'incivilités et promoteurs de sécurité », *Déviance et Société*, XVII, n° 3, p. 235-260 ; (1994), « Assurances et marché de la protection "anti-malveillance" », *Risques*, n° 16, p. 77-101 ; (1995), « État, compagnies d'assurances et marché de la protection des biens », *Déviance et Société*, XIX, n° 2, p. 151-158 ; (1997), *Les Défis de la sécurité privée. Protection et surveillance dans la France d'aujourd'hui*, Paris, L'Harmattan ; (1998), « La sécurité privée en France : état des lieux et questions pour l'avenir », *Les Cahiers de la sécurité intérieure*, n° 33, p. 105-127 ; (1999), « Technologies de sécurité et modalités publiques et privées de production de l'ordre : l'exemple français », dans J. SHAPLAND et L. VAN OUTRIVE (dir.), *Police et Sécurité : contrôle social et interaction public/privé*, Paris, L'Harmattan, p. 127-137 ; (2000), « Les caméras nous menacent-elles ? », *La Recherche, « Supplément Villes »*, n° 337, p. 50-51 ; (2003), « Réponses à l'insécurité. Concessions aux pouvoirs locaux et reprises en main du pouvoir central », *Annuaire 2003 des collectivités locales*, Paris, CNRS Éditions, p. 81-91 ; (2004), « Observer les délinquances. Où, pourquoi et comment ? Genèse de l'Observatoire national de la délinquance », dans J. FERRET et Ch. MOUHANNA (dir.), *Peurs sur la ville. Vers un populisme punitif à la française ?*, Paris, PUF (à paraître).

OCQUETEAU, F. et HEILMANN, E. (1997), « Droit et usages des nouvelles technologies. Les enjeux d'une réglementation de la vidéosurveillance », *Droit et Société*, nos 36-37, p. 331-344.

OCQUETEAU, F. et POTTIER, M.-L. (1995), *Vigilance et sécurité dans les grandes surfaces*, Paris, L'Harmattan.

OCQUETEAU, F. et SOUBIRAN-PAILLET, F. (1996), « Champ juridique, juristes et règles de droit : une sociologie entre disqualification et paradoxe », *Droit et Société*, n° 32, p. 9-26.

OCQUETEAU, F., FRENAIS, J. et VARLY, P. (2002), *Ordonner le désordre. Contribution au débat sur les indicateurs du crime*, Paris, La Documentation française.

OLGIATI, V. (1993), « Control for Hire : Private Security Agencies in Italy », dans M. FINDLAY et U. ZVEKIC (dir.), *Alternative Policing Styles, Cross-Cultural Perspectives*, Deventer, Kluwer, p. 181-202.

OSBORNE, D. et GAEBLER, T. (1993), *Reinventing Government*, New York (N. Y.), Plume.

OTTENS, R. W, OLSCHOK, H. et LANDROCK, S. (hrsg) (1999), *Recht und Organisation privater Sicherheitsdienste in Europa*, Stuttgart, R. Boorberg Verlag.

PADIOLEAU, J.-G. (1999), « L'action publique post-moderne : le gouvernement politique des risques », *Politiques et management public*, n° 17, p. 85-127.

PÉCAUD, D. (2002), *L'Impact des dispositifs de vidéosurveillance sur la sécurité dans les espaces publics et les ERP*, Paris, IHESI, « Études et recherches ».

PÉNOMBRE Association (1999), *Chiffres en folie : petit abécédaire de l'usage des nombres dans le débat public et les médias*, Paris, La Découverte.

PERETTI-WATEL, P. (2000), *Sociologie du risque*, Paris, Armand Colin.

PÉROUSE DE MONTCLOS, M.-A. (1997), *Violence et sécurité urbaine en Afrique du Sud et au Nigeria*, Paris, L'Harmattan ; (2004), *De l'ordre dans les coulisses de la périphérie mondiale : des polices tropicales à l'épreuve de la privatisation*, Paris, L'Harmattan (à paraître).

PETERS, B. G. (1993), « Managing the Hollow State », dans K. ELAISSEN et J. KOOIMAN (eds), *Managing Public Organizations*, Londres, Sage.

PEYREFITTE, A. (rapport du comité présidé par) (1977), *Réponse à la violence*, Paris, La Documentation française et Presses Pocket.

PEZZINO, P. (2000), « La mafia, l'État et la société dans la Sicile contemporaine, XIXe et XXe siècle », *Politix*, XIII, n° 49, p. 13-33.

PICARD, E. (1986), « Forces de police : définition et missions », Droit administratif, fascicule 201-1, p. 1-16 ; (1991), « Commentaire de l'article 12 de la Déclaration des droits de l'homme et du citoyen », *Les Cahiers de la sécurité intérieure*, n° 5, p. 201-224.

PRENZLER, T. (1998), « La sécurité privée et le problème de la confiance : l'expérience australienne », *Criminologie*, XXXI, n° 2, p. 87-109.

REICHMAN, N. J. (1987), « The Widening Webs of Surveillance : Private Police Unravelling Deceptive Claims », dans C. D. SHARING et P. C. STENNING (eds), *Private Policing*, Beverley Hills (Calif.), Sage, p. 247-265.

REINER, R. (1985), The Politics of the Police, Brighton, Wheatsheaf Books ; (1993), « Du mythe à la réalité, le modèle britannique », Les Cahiers de la sécurité intérieure, n° 13, p. 25-59.

Revue française d'administration publique (1999), n° 89, « La Protection des données personnelles ».

REY, H. (2002), « La sécurité dans le débat public », dans L. MUCCHIELLI et P. ROBERT (dir.), *Crime et Sécurité, l'état de savoirs*, Paris, La Découverte, p. 25-32.

RIFKIN, J. (2000), *L'Âge de l'accès, la révolution de la nouvelle économie*, Paris, La Découverte.

ROBERT, P. (1977), « Les statistiques criminelles et la recherche : réflexions conceptuelles », *Déviance et Société*, n° 1 ; (dir.) (1992), *Entre l'ordre et la liberté, la détention provisoire, deux siècles de débat*, Paris, L'Harmattan ; (1999), *Le Citoyen, le crime et l'État, Paris, Genève, Droz.*

ROBERT, P. et AUBUSSON DE CAVARLAY, B., POTTIER, M.-L. et TOURNIER, P. (1994), *Les Comptes du crime*, Paris, L'Harmattan.

ROCHE, S. (1993), *Le Sentiment d'insécurité*, Paris, PUF ; (2004), « Vers la démonopolisation des fonctions régaliennes : contractualisation, territorialisation et européanisation de la sécurité intérieure », *Revue française de science politique*, n° 54, p. 43-70.

ROCHETTE, B. et MARCHANDET, E. (1998), « Vidéosurveillance et télésurveillance, médiations techniques et médiations politiques », dans M. ANSIDEI, D. DUBOIS, D. FLEURY et B. MUNIER, *Les Risques urbains, acteurs, systèmes de prévention*, Paris, Anthropos, p. 185-206.

ROSE, N. (2000), « Government and Control », *The British Journal of Criminology*, n° 40, p. 321-339.

ROSENBAUM, D. (1986), *Community Crime Prevention : Does It Work ?*, Beverley Hills, (Calif.), Sage.

ROUBAN, L. (1994), *Le Pouvoir anonyme. Les mutations de l'État à la française*, Paris, Presses de Sciences Po.

SALOMON, J.-C. (1997), « Internet : enjeux, menaces et protection », *Les Cahiers de la sécurité intérieure*, n° 29, p. 157-164.

SAVAS, E. S. (1982), *Privatizing the Public Sector*, Chatham (N. J.).

SCIARRONE, R. (2000), « Réseaux mafieux et capital social », *Politix*, XIII, n° 49, p. 35-56.

SERUSCLAT, F. (1995), *Les Nouvelles Techniques d'information et de communication : l'homme cybernétique ?*, Paris, Office parlementaire d'évaluation des choix scientifiques et technologiques, Assemblée nationale-Sénat.

SHAPLAND, J. et VAN OUTRIVE, L. (dir.) (1999), *Police et Sécurité : contrôle social et interaction public/privé*, Paris, L'Harmattan.

SHEARING, C. D. (1996), « Public and Private Policing », dans W. SAULSBURY, T. NEWBURN et J. MOTT (dir.), *Themes in Contemporary Policing*, Plymouth, Latiner Trend and Co.

SHEARING, C. D. et STENNING, P. C. (1981), *Private Security and Private Justice : the Challenge of the 80'*, Montréal, Institute for Research on Public Policy ; (1983), « Private Security : Implications for Social

Control », Social Problems, n° 30, p. 493-506 ; (1985), « From the Panopticon to Disney World : the Development of Discipline », dans A. N. Doob et E. L. Greenspan (dir.), *Perspectives in Criminal Law*, Toronto, Canada Law Book, p. 335-349 ; (dir.) (1987), *Private Policing*, Newbury Park, Sage.

Shearing, C. D., Stenning, P. C. (1982), « Snowflakes or Good Pinches ? Private Security's Contribution to Modern Policing », dans R. Donealn (dir.), *The Maintenance of Order in Society. A Symposium*, Ottawa, Canadian Police College, p. 96-105.

Simula, P. (1999), *La Dynamique des emplois dans la sécurité*, Paris, IHESI-CEREQ, « Études et recherches ».

Sina, F. (2002), *Champ de la sécurité et prévention des illégalismes*, thèse de doctorat en sociologie, université de Nantes, ronéo.

Skogan, W. G. (1990), *Disorder and Decline*, New York (N. Y.), Free Press ; (1993), « La police communautaire aux États-Unis », *Les Cahiers de la sécurité intérieure*, n° 13, p. 121-149.

Sommier, I. (1998), *Les Mafias*, Paris, Montchrestien.

South, N. (1988), *Policing for Profit*, Londres, Sage ; (1991), « La sécurité privée en Grande-Bretagne. Entretien avec Nigel South », *Les Cahiers de la sécurité intérieure*, n° 3.

Spanou, C. (2003), « Abandonner ou renforcer l'État wébérien ? », *Revue française d'administration publique*, n°s 105-106, p. 109-120.

Stella, M. (2003), « La menace déterritorialisée et désétatisée : le cyberconflit », *La Revue internationale et stratégique*, n° 49, p. 165-171.

Theys, J. et Fabiani, J.-L. (1988), *La Société vulnérable. Évaluer et maîtriser les risques*, Paris, Presse de l'ENS.

Thoenig, J.-C. (1994), « La gestion systémique de la sécurité publique », *Revue française de sociologie*, XXXV, n° 3, p. 357-392.

Thuillier, F. (2000), *L'Europe du secret. Mythes et réalité du renseignement politique interne*, Paris, La Documentation française.

Tilley, N. (1995), *Crime Detection and Prevention Series : Thinking About Crime Prevention Performance Indicators*, Londres, Home Office Police Research Group, rapport n° 75.

Tilly, C. (1985), « War Making and the State Making as Organized Crime », dans P. Evans, D. Rueschmeyer et T. Skocpol (eds), *Bringing the State Back In*, Cambridge (Mass.), Cambridge University Press, p. 169-181 [traduit dans *Politix*, 2000, XIII, n° 49, p. 97-122] ; (1990), *Contrainte et capital dans la formation de l'Europe*, Paris, Aubier.

Tonnies, F. (1887), *Gemeinschaft und Gesellschaft*, Leipzig, Reisland [traduit et édité par C. P. Loomis, *Community and Society*, East Lansing, Michigan State University Press, 1957].

Trotha, T. von (1993), « La dépossession du pouvoir et la "déresponsabilisation" de l'individu dans l'évolution vers la constitution de l'État et l'acquisition de son monopole de la violence », dans E. Le Roy et T. von Trotha (dir.), *La Violence et l'État. Formes et évolution d'un monopole*, Paris, L'Harmattan, p. 15-34.

TZOUKALA, A. (2000), « The Social Construction of Migration as a Threat in Southern European Countries », *Annual Convention of the International Studies Association*, Los Angeles, 14-18 mars, non publié.

VAN CAMPENHOUDT, L., CARTUYVELS, Y., DIGNEFFE, F., KAMINSKI, D., MARY, P. et REA, A. (dir.) (2000), *Réponses à l'insécurité, des discours aux pratiques*, Bruxelles, Labor.TZOUKALA, A. (2002), « Le traitement médiatique de la criminalité étrangère en Europe », *Déviance et Société*, n° 26, p. 61-82.

VAN OUTRIVE, L. (1998), « Des tâches policières privatisées à une police grise : quatre recherches en la matière », *Criminologie*, XXXI, n° 2, p. 7-30 ; (1999), « Morphologie des agents et agences privés dans six pays », dans J. SHAPLAND et L. VAN OUTRIVE (dir.), *Police et Sécurité : contrôle social et interaction public/privé*, Paris, L'Harmattan, p. 179-194.

VARESE, F. (1994), « Is Sicily the Future of Russia ? Private Protection and the Rise of the Russian Mafia », *Archives européennes de sociologie*, XXXV, n° 2, p. 224-258.

VAUJOUR, J. et OCQUETEAU, F. (1991), « Genèse et développements de la sécurité privée : le point de vue de M. Jean Vaujour, président de la FFOPS », *Les Cahiers de la sécurité intérieure*, n° 3, p. 31-52.

VINDEVOGEL, F. (2002), *Sécurité publique et initiative privée : un partenariat pour le maintien de l'ordre à New York*, thèse de doctorat, Université Paris VIII.

VIRCOULON, T. (2003), « La sécurité sans l'État ? Sécurité privée et communautarisme sécuritaire en Afrique du Sud », *Les Cahiers de la sécurité intérieure*, n° 53, p. 171-184.

VITALIS, A. (dir.) (1994), *Médias et nouvelles technologies*, Rennes, Apogée.

VOLKOV, V. (2000), « Les entreprises de violence dans la Russie post-communiste », *Politix*, XIII, n° 49, p. 57-75.

WACQUANT, L. (1999), *Les Prisons de la misère*, Paris, Raisons d'agir.

WEBER, M. (1995), *Économie et Société, les catégories de la sociologie*, Paris, Plon-Pocket.

WERNER, K. F. (1998), *Naissance de la noblesse. L'essor des élites politiques en Europe*, Paris, Fayard.

WILES, P. (1999), « Policing Late Modernity in Britain », dans J. SHAPLAND et L. VAN OUTRIVE (dir.), *Police et Sécurité : contrôle social et interaction public/privé*, Paris, L'Harmattan, p. 139-154.

WILLIAMSON, O. (1994), *Les Institutions de l'économie*, Paris, Interéditions [1re éd. 1985].

WYVEKENS, A. (1997), *L'Insertion locale de la justice pénale*, Paris, L'Harmattan.

WYVEKENS, A. et DONZELOT, J. (2000), *Souci du territoire et production de la sécurité collective*, Paris, IHESI, « Études et documents ».

Achevé d'imprimer
Septembre 2004

Imprimé en France par Dupli-Print

2, rue Descartes
Z.I. Sezac - 95330 Domont
Tél : 01 39 35 54 54
Fax : 01 34 39 09 95
www.dupli-print.fr